［増補改訂版］

パウロの生涯と神学

朴 憲郁［著］

教文館

増補改訂版序文

『パウロの生涯と神学』初版（二〇〇三年三月）からはや一八年ほど経過した。その間に、韓国語訳が大韓基督教書会から二〇〇五年一一月に発行された。日本語の初版は発行の数年後に品切れとなったので、出版社との相談の上、第二版の準備作業に入ることとなった。しかし、本文の随所に聖書神学研究者の名前は挙げられても、それらの文献と当該箇所の明示がないのは、一般読者が平易に読める配慮からであったにしても、やはり専門研究者には物足りなさを抱かせるものであったので、それらをすべて埋め合わせる作業が求められた。だが現職として多岐に亘って多忙を極めていたゆえに、残念ながらそれを果たせず今日に至ってしまった。ようやく数年前に現役の職務を終えたことにより、初版の原稿復元の作業から始めて各章ごとに文献等の注を付して、このたび増補改訂版として発行する運びとなった。

他の学問研究の場合と同じく聖書神学研究の分野においても、新たな発見・視点・方法論・主張が提示されて、目覚ましい展開がみられるものではあるが、同時に、過去の基本的な論文や研究書などは数十年に遡ってなお研究者間で闊達に受容・批判され、議論されているのが実情である。したがって、この増補改訂版もまたそのような意味においては、内容上の変更を加えてはいない。ただし本文「Ⅱ　パウロの神学」の諸項目を見直す過程で、使徒パウロによるイエス・キリストの福音を明らかにするために、それに先立つ旧約「律法」の再考が重要不可欠であるが、それが取り上げられていなかったので、この項目だけを新たに書き加えた。実に律法問題の考察は、次に述べる三つのパウロ像の少なくとも第一と第三の変化とも密接に関わっている。

ここで、前世紀後半のパウロ研究の流れを一瞥して気づく諸特徴を一言して、序文の言葉としたい。二〇世紀六〇年代、七〇年代以後のパウロ研究において、パウロ描写と結びつく少なくとも三つの持続的な一大変化があった。その第一は、エキュメニカルなパウロ像である。宗教改革五百周年（二〇一七年）を迎えるまでに、ドイツのカトリック教会とプロテスタント教会を中心に、世界の教会で「信仰義認の教理」に関して互いに歩み寄る共同宣言や合意文書が取り交わされ、共同研究がなされた。こうして、宗教改革以来支配してきた論争神学的な立場の諸特徴は、今日広範囲に、パウロに関するエキュメニカルな合意に場所を譲った。その第二は、古代的パウロ像である。社会史的・文化人類学的視点においてパウロは、古代地中海文化の批判者のような代表者と見られる。すなわちパウロ神学は、ローマ帝政社会の基本的な価値基準を、例えば地位や名誉や恥辱に対する姿勢・態度を、問題視する批判的神学として再構成される。第三に、ユダヤ的パウロ像である。第二次大戦時に起こったユダヤ人へのホロコーストによって誘発された「新たな視点」（new perspective. 本文「Ⅱ　パウロの神学」の〈律法〉の項目で言及する covenantal nomism の提唱）は、パウロを「宗教改革的な体裁」から解放し、彼とイスラエルとの結合を際立たせようとする。だが、この提唱を巡る論点を指摘する本文の当該箇所では、むしろパウロ神学における律法の積極的・弁証法的な意義と関連づけに焦点が当てられ、それが取り上げられる。そこでは、パウロと初期ユダヤ教との神学的な連続性と非連続性を再構成することが課題となるであろう。

本書が多くの読者のパウロ理解を深め、議論をさらに深める機会となるならば幸いである。このたび教文館で増補改訂版の企画を快く引き受けてくださった旧友の渡部満社長と、出版作業に携わった出版部の髙橋真人氏に心より感謝を表したい。

朴　憲郁

初版まえがき

昨年の秋、筆者はハーバード大学のフォッグ美術館を訪れた際に、フランドル派の画家ルーベンスの描いた「聖パウロ」（一六一五年）を思いがけずに目にして、心を引きつけられた。ルーベンスは、老熟した使徒パウロの姿を連想して、彼を斜め横から見事に捉えた。彼の金白色の薄い頭髪と豊富な顎髭の間からのぞく顔はやつれているが、眉を険しくした小さな鋭い両眼はある一点を見つめている。赤いコートをまとった彼の右手の逞しい指は、使徒職を象徴するかのように一本の杖を握り締めている。パウロは確かに、人生の劇的転換を経て、自己の後半生のすべてをイエス・キリストと神に捧げ尽くし、諸民族に福音を伝え、人々に新しい人間観と世界観を指し示した初代キリスト教会の代表的な使徒であった。彼を差し置いて、新約聖書とその後のキリスト教を理解することは困難であろう。

実は一九七〇年代の初め、筆者の若き日に、パウロの生涯とその神学に魅せられた最初のきっかけは、G・ボルンカムの『パウロ』を独語原書で一読した時であった。それ以来、彼を通してパウロ神学に踏み込み、さらにそれを通して福音書に記されたナザレ人イエスの神の国運動、および彼において起こった神的救済の出来事を探求し始め、後にはドイツ留学にまで至った。パウロ神学に関心を抱いた個人史的な背景理由を付け加えるならば、彼の出自（タルソス）と後日の活動領域に見られるように、ユダヤ人が故国を離れて周囲に離散したヘレニズム・ディアスポラの世界がまさに彼と新約聖書の舞台であったことを知り、そこに筆者の在日ディアスポラ性の現在と将来を重ね合わせ得る意味を知ったからである。

概して人は絵画や書物や出来事など、ある契機や媒体を通してでなければ、苦渋に満ちた自己の人生と周辺世界の深遠な意味と目標についてグローバルに見つめ、思い巡らすことができないのであろう。微力ながら、その間に神学教育（おもにキリスト教教育分野）と教会での説教・牧会に携わりながら積み重ねてきたパウロ研究の一成果としての本書もまた、これを手にする読者の間で、またキリスト教界で指導的に奉仕する人々の間で、聖書に証言された真実なものを把握する手立てになるならば、この上ない喜びである。

最近の諸研究をも意欲的に取り扱った本書が学問的に、忌憚のないご批判と合わせて、読者の間でパウロ神学の発展的な対話と研究を促すことになれば幸いである。筆者のパウロ研究の立場・方法論などは本書における仔細な議論の中で、また〈結び〉にも要約的に表明したが、パウロ理解と不可分な仕方で聖書諸文書を貫く「聖書神学」成立の可能性を伝承史的に提示したことが、一つの特色であろう。

最後になったが、パウロ神学の全体像を一書に著し得たのは、二〇〇〇年一〇月より過去二年間に亘って毎週、「パウロに学ぶ」と題して一般読者向けに連載する企画をキリスト新聞社が立てて、筆者にその執筆の依頼をなさったお陰である。当新聞社と特に阿部川直樹氏に心から感謝したい。本書は、その時の勢いある筆致の内容をできる限り生かしつつ、さらに訂正、加筆、項目分類等の手を加えて完成させたものである。出版に至る労を快く引き受け、ご配慮くださった教文館の出版部にも合わせて感謝の意を表したい。

二〇〇三年二月

研究滞在地　アトランタのエモリー大学にて

朴　憲　郁

目　次

目　次

目　次

装幀　長尾　優

凡例

◉ 聖書書名の略記（旧約聖書続編を含む）については、日本聖書協会発行の『聖書——新共同訳』（一九八七年）ならびに『聖書——聖書協会共同訳』（二〇一八年）の凡例に従った。

◉ 旧約聖書偽典に属するユダヤ教文書の略記は以下のように示した。

『第四エズラ書』→四エズ
『エチオピア語エノク書』→エチ・エノ
『シリア語バルク黙示録』→シリ・バル
『ソロモンの詩編』→ソロ詩
『第四マカベア書』→四マカ
『ヨベル書』→ヨベ

◉ ミシュナ、トーセフタ、タルムードについては、篇名の前に以下のアルファベットを付して区別した。

ミシュナ→M
トーセフタ→T
バビロニア・タルムード→BT
パレスチナ・タルムード→PT

◉ ヨセフスの著作の略記は以下のように示した。

『ユダヤ古代誌』→『古代誌』
『ユダヤ戦記』→『戦記』

◉ その他、死海文書などのユダヤ教文献、使徒教父文書などのキリスト教文献、ギリシャ・ローマ文献については、略記を採用せず、書名をそのまま記した。

序

かつて、「パウロは伝道者であって、神学者ではない」という一文を読んだことがあるが、それは原理と事実において正しくない。なぜならば神学原理的に見て、広義における伝道的神学でないキリスト教神学は存在しないからであり、他方事実としても、歴史上のパウロは神学者として執筆し、かつ伝道者として働いたからである。実際にパウロは、自己を「キリストの僕」（ドゥーロス・クリストゥー）として特徴づける時以外は、主から遣わされた使徒（アポストロス）と自称する。このように、二つの規定はパウロにおいて対立的にでなく、一つの事柄として基礎づけられ得る。

そこでまず最初に、伝道者としてのパウロの自覚的言表のいくつかに注目したい。彼は、「キリストに代わってお願いします。神と和解させていただきなさい」（二コリ五・二〇）と、あたかも神ご自身が彼を通して勧告したかのように、大使の職務を遂行する者として自己を規定する。彼はただ語っているのではなく、むしろ人々をキリストに向けて獲得するために、あらゆることをなそうとする（一コリ九・一九―二二）。それは告知または説教することであって、制度を指導することではない。「キリストがわたしを遣わされたのは、洗礼を授けるためではなく、福音を告げ知らせるためであり……」（一コリ一・一七）。彼は平易な道を避け、「他人の築いた土台の上に建てないために、キリストの名がまだ知られていない所で福音を告げ知らせようと努める」（ロマ一五・二〇）、まことに先駆的な伝道者であった。さらに、彼が行ったことはそれ自体、彼が宣べ伝えた福音の一部分であって、彼が語った福音は信じるすべての者に幸いをもたらす神の力であり、そこにおいて神の義が啓示されている（ロマ一・一六―一七、現在時制）。彼が語った時、人はそこでキリストの言葉を聞き取った（ロマ一〇・一四参照）。

では、このような伝道者に徹したパウロが、同時に神学者でもあったのであろうか。確かに彼は、啓示論、神論、創造論、救済論などと項目順に組織神学の教書を書いたわけではない。しかし、初期原始キリスト教時代の使徒や信徒たちの中で、彼ほどに組織的に思考し、伝承的に重要な諸主題を認識し、その相互関連を理解する能力を持ち合わせ、当時の哲学思想との関連でキリスト教的真理を表現し得る者は他にいなかった。その意味において彼は、組織的神学者でもあったと言えよう。

パウロにとって、彼の後に続いた幾世紀もの教会史の中で形成された「キリスト教的伝統」なるものは存在しない。イエスの復活後、わずかな時を経てパウロはキリスト者になったが、彼以前に、イエスの歴史を真剣に神学的に扱い得た人はいなかった。「聖書に書いてあるとおりわたしたちの罪のために死んで……復活した」キリストの証人たちについて言及するあの最古の信仰告白伝承（一コリ一五・三―五）を、「月足らずで生まれたような」パウロ自身も原始教会から聞き入れ、重要な伝承としてそれに依拠しているのではあるが、その告白定式自体にはさらなる省察の跡が見られない。たとえば、キリストの死がいかに他の人々の罪に効力を及ぼし得るのであろうか？　彼の死と復活が聖書に従って起こったというが、聖書のどの箇所なのか？　またどのような成就の概念が前提とされているのであろうか？　しかしこれらの問いをパウロは明瞭に表現して取り上げ、それに答えようとした。彼は伝道者としてのみならず、神学者としてもパイオニアであった。そしてそのことが、後代の組織神学的な展開の素材と基礎を提供することにもなった。

彼独自の神学的な思惟は、右に述べたキリスト論にだけでなく、神観の問題にも及ぶ。旧約聖書とユダヤ教を背景に持つパウロにとって、神について語ることは困難でないが、キリストの使徒として彼は、ユダヤ教的次元を乗り越え、あるいは変形しなければならなかった。すなわち、神が創造したものの中には少なくとも潜在的な神認識が存在する。しかしこの認識がただ潜在的なものに留まるのは、この認識を受容すべき人間が決して必然的なものと思うほどにこの認識を受容しようとは欲しないからである。つまり、彼らは神を神として賛美し、神に感謝しようとは望まず（ロマ一・二〇―二一）、かえって創造者をないがしろにし、神に代わって彼らの手で作ったものを崇める。その結果、彼らの道徳と理性は暗くなり、倫理的なあるいは形而上学的な思考までも倒錯する。これらの言表は一般に、旧約聖書の創造物語の解釈（外典の『知恵の書［ソロモンの知恵］』参照）に基づいているが、『知恵の書』と比較すると、パウロの思考は一層深まっている。

神学的な思索を深めるパウロは、ユダヤ教の神信仰（審判者として常に義を行う神）に対するあのアブラハムの問いかけ（不義の世界に残る少数の義人ゆえの神の審判留保。創一八・二五）よりもっと鋭利な問いを新たに立てる。神は罪ある者と無い者とを峻別なさるが、実はもはや罪の無い人は存在しないのだ。「正しい者はいない。一人もいないのだ」と、旧約聖書から引用する（詩一四・三、ロマ三・一〇）。この徹底的な認識によって、神学者パウロは最後の神学的な問題を捉える。それは、正しい神がいかになおも（少数の義人らのゆえに）苦難の世界を許されるであろうかという問いではなく、正しい神がいかに例外なく罪を負う人間に災いを下さないでおられようか、また、人間は誰一人として義とされ得ない神無き者であるとすれば、義なる神がいかに同時に審きの対象となるべき人間を義となし得ようか（ロマ三・二六、四・五）という問いである。彼はこの自覚的な問いに対して、「わたしたちがまだ罪人であった時の」神の一方的な愛の行為という一点に集中して、答えを見出す（ロマ五・八、八・三八―三九）。逆説的な問いが逆説的な答えを見出すのである。神は初めより終わりまで、予見から栄光に至るまで、救済の主導者である（ロマ八・二九―三〇）。

神の愛を何ら要求し得ない人間を、神が一方的に愛するという証言は、キリストが私たちのために死んだことに基づく。それは、キリスト・イエスにおける神の愛であって、それから我々を引き離すものは何もあり得ない（ロマ八・三八―三九）。このようにパウロはキリストを語ることによって、初めて神の意図を新たに見出し、明かす。

以上のことからしても、使徒が伝道者にして神学者であったことは困難なく理解することができる。しかしより困難な問いは、彼の生と活動におけるこの二つの側面がいつどのように結び合ったのかということである。確かに、「福音のためなら、わたしはどんなことでもします」（一コリ九・二三）と言う時、その福音は同時に使信であり神学であるということ、つまり神学的な使信と宣教的な神学が表明されている。新たな神学的洞察は伝道を要請し、伝道は常に新たな神学的営みを要求した。しかしこの相互循環は単なる円環でなく、パウロの人生において一つの出発点をもっていた。それは彼の生を二分した回心の出来事であり、そこにあの二つの側面が重なり合う場があった。

神から離反したり、他の神に仕えていた者が真の神信仰に立ち返った場合に使用される「回心」は、厳密な意味でパウロの場合には妥当しない。なぜなら彼は、キリスト者となった後も、ユダヤ教徒として律法遵守をもって信従していたヤハウェ神とは別の神を拝むわけではないからである。その意味では彼の回心はむしろ派遣を含む「召命」体験であったと言える。事実、彼はそのキリスト教的生活の開始を描写するのに、「わたしを母の胎内にあるときから選び分け、恵みによって召し出してくださった神（ヤハウェ）が……」（ガラ一・一五。イザ四九・一参照）と、旧約の預言者召命の表現様式を用いる。だが他方において、彼は同じガラテヤ書一章の終わりで、極めてラディカルな生の変化について、「かつて迫害した者が、あの当時滅ぼそうとしていた信仰を、今は福音として告げ知らせている」（ガラ一・二三）と、他人からの評価の言葉を介して報じる。この興味深い表現が示すように、彼が福音の告知者とされた事態は、新しい生活様式であるに留まらず、それが信仰の変化から生じたことを示す。以前の彼にとってキリスト教信仰は容赦しがたいものであったが、それは今や彼が堅持し、さらに広めなければならないほどに正しいものと思われた。この際に、信仰的認識の転換が伴った。すなわち、ダマスコ途上でのキリストの顕現はパウロにとって、殺害されたイエスが今再び生きていることの発見であった。それは神が彼を甦らせたゆえにのみ可能であって、そのことは同時にイエスがイスラエル人を誘惑した偽預言者でなかったことの証明となった。今やイエスこそ正しく、それに対して、イエスの敵対者らは不義であったのだ。こうしてパウロはユダヤ教神学の終末論的枠組みを再構成し、終末が今や実現し始めたことを確信するに至る。つまり異邦人／諸民族の使徒としての召命体験は、ユダヤ教神学からキリスト教神学への変革の体験でもあった。

召命の段階から不可分であった伝道と神学が、その後の使徒的活動におけるパウロという一人の人格の中でどのように関わり合ったのかは、今後我々の種々のテーマに従ったパウロ書簡の考察から明らかになるであろう。否、むしろその二つの側面を方法的に自覚してこそ、パウロ書簡の意図と目的を正しく解釈し得るに違いない。

I　パウロの生涯

キリスト教神学を最初に基礎づけたキリスト教の伝道者・神学者パウロの活動は、すでに述べたようにダマスコ途上の召命体験に端緒をもつ。人々はそこを起点にしてパウロの生涯とその後を探索しようとする。したがって、召命前のユダヤ人サウロ（シャウル）は彼らから忘れられてしまった。ここ百年の間、このキリスト教の使徒に関する研究文献の数は膨大であるが、教会迫害者であったあのファリサイ人に関するものはきわめて少ない。そもそもパウロ自身が彼の前キリスト教的過去を、「キリストを知ることの絶大な価値のゆえに」（フィリ三・八）まったく非本質的なもの、過ぎ去るべき古いもの（二コリ五・一七）と判断しており、自分自身のために自己のユダヤ教的過去を語ろうとはしない。あのキリスト体験が、いかに自負心に満ちたサウロの主体性を危機と崩壊に陥らせたことか。だが後の論争的文脈の中で、使徒がかろうじて触れる自伝的な証言（一コリ一五・九、二コリ一一・二二、ガラ一・一三―一四、フィリ三・五―六、ロマ九・三―四）は、ルカが使徒言行録の中でパウロの伝記的部分について提供する二次的資料に先だって、きわめて重要かつ注目を集める。いったいどうして重要なのか。

パウロ書簡には、純粋にキリスト教神学としてはなかなか理解し得ない彼固有の神学的論理と表現によって帰結に至る箇所が随所にみられる。しかしそのユダヤ・ヘレニズム的由来が明らかになる時、我々は彼の思考形成の背景に気づかされる。いわば彼の過去の素養は、否定媒介的にキリスト教神学の掘り下げに活用されている。つまり、「ユダヤ教徒」サウロに対する知識は「キリスト教徒」パウロを理解する前提となる。両者間の対照と関連において、前者は後者の理解を一層明瞭にする手だてとなるので、前者は重要なのである。

1　生い立ちと周辺世界

(1)　タルソス出自のファリサイ人

さて、パウロの回心／召命前の生い立ちについて、主要な事柄を選んで解説したい。パウロの出自をもっぱら「ヘレニズムのディアスポラ・ユダヤ人」と規定しようとする近年の研究傾向に対して、何よりもパウロ自身の手紙における自己証言に従って、「ユダヤのパレスティナと結合したファリサイ人」との規定が全面に立つことに、改めて関心が寄せられる。その場合に、地理的にエルサレムが他の場所よりも重要になる。前者の規定は、ルカだけが我々に報ずる「キリキア州の首都タルソス出自」（そことローマの市民権をパウロが持つ。使二一・三九、二二・三。使一六・三七―三八、その他）にまず基づいている。もしもルカの報告がなければ、人がパウロの出自をカイサリア、ティベリアス、ダマスコ、デカポリス、あるいはエルサレムの中の一つから推定したとしても何ら不自然ではない。だがもちろんこの際、ルカの報告を疑う必要はない。当時の古代ヘレニズムの地理学者ストラボンは、「タルソスの人々が哲学および教養一般に向ける熱心さは大変なもので、アテナイおよびアレクサンドリアすら凌駕されるほどだ」と記し、さらにこの町が何人ものストア哲学者を生んだこと、皇帝アウグストゥスの師となったアテノドロスがこの町に戻り、皇帝の庇護のもとに活発な行動をしたこと、学徒らが修辞学を習得したことなどを報じている（『地理書』一四・五・一三、一四・六七三以下）。ルカがパウロのタルソス出自を何度も強調することによって、使徒が後にローマ属州の主要都市中心の伝道を実施したことを読者に容易に理解させようと意図しているにしても、実際に若いサウロがそこで早い時期から文学的な手法も可能なほどのギリシャ語を母国語のように身につけたであろう、と人々が推測するのは当然である。少なくともパウロのギリシャ語は、ディアスポラのユダヤ人として一般ギリシャ語の会話と文化に精通していたことを示す。しかし問題は、彼がこれらのかなりのギリシャ的素養に習熟し得る年齢（青年期）までタルソスに居住していたかどうかである。これについては、使徒言行録二二章三節によれば、彼はすでに少年期にエルサレムに移り、そこでユダヤ教の学校およびラビ・ガマリエル一世のもとで教育を受けたとされる。だがかなりの研究者たちはガラテヤ書一章二二―二三節との関連で、このルカ証言の資料的価値に疑いを挟み、パウロはむしろ青年時代と修業時期をタルソスで過ごし、そこで確固たるヘレニズムの教養を積み、のちにキリスト者となって初めてエルサレムの原始教団と接触した、と推定する。だがこの批判は諸事実に耐え得ない。何よりも使徒言行録二二章三節の実証的研究は、そこで古典的な範例に従って青年期に至る三つの発達段階が区別される。すなわち、タルソスにおけるパウロの誕生（ゲンネーシス）、幼少年者が受ける養育（トゥロフェー）、そしてそれに結合した教育（パイデイア。ユダヤ教基礎学校とガマリエルの膝元で）の三つである。

有名なラビ・ヒレルの後継者としてエルサレムで最も尊敬され、ファリサイ派の律法学者であったガマリエル一世（紀元二五―五〇年の間）のもとで、当時多くの者が律法を中心とするラビ的思考を習得したのみならず、それに加えてギリシャの知恵（言語と修辞学）をも学んだという。これに比べて、紀元七〇年以前のエルサレム外における組織化されたディアスポラ・ファリサイ主義の学校と本物のトーラー研究について、我々は何も知らされていない。したがって先に述べた使徒言行録二二章三節の記述はむしろフィリピ書三章四―六節とガラテヤ書一章一三―一四節と一致する。一方において、パウロがタルソスでせいぜい幼少年期まで生育したことに合致して、当時強力にヘレニズム化されていたキリキア地方の首都「タルソスでの彼のヘレニズム的教養」（ギリシャの叙事詩、詩歌、喜劇・悲劇［エウリピデスのバッコスの信女らに、敬虔なファリサイ派ユダヤ人はひどい嫌悪感を抱いた］）については、当時の一般哲学や格言（例・一コリ一五・三三）などを除いて、我々は何も知らされていない。他方、これに比して、パウロが聖なる書物（ヘブライ語と七十人訳の旧約聖書）と律法に精通し、ラビの解釈諸規定を自由自在に取り扱い、アラム語（ヘブライ語）とギリシャ語に熟達し、それに修辞的な磨きをかけた手紙を書くといった彼の能力については、確かに良きユダヤ教的学校教育を指し示す。

このような特徴をとらえて、M・ヘンゲル(1)は「彼はギリシャ的衣をまとったれっきとしたユダヤ人」、と言い表す。同じく、我々はタルソス出身のパウロを、「エルサレムで教養を積んだディアスポラのファリサイ人」と見なすことができる。パウロは、外見的には確かにヘレニズムとヘブライズム間の遍歴者とみられるが、その神学的な思考と論証と記述は実に驚くほどの一致を形作っている。つまり、ユダヤ人サウロであった時にすでにそうであったにちがいない。それぱかりか、ダマスコ体験を境にユダヤ教とキリスト教という彼の人生を二分したその両部分の間にも一致が見られ、密な歯車の噛み合わせがあったに違いない。すなわちそれは、メシア・イエスへの信仰がこのユダヤ人にとって何ら異質な要素が外から持ち込まれたものでないことを明白にする。それゆえに、ゴッペルト(2)やシェップス(3)が憶測したように、タルソスで祭られる植生神サンドン・ヘラクレスの公的祭儀や、ヘレニズム・ローマの統治者奉献の諸称号に遡って、後期パウロのキリスト論が少なくとも彼の青年時代に受けたそれらの宗教的印象によって間接的に影響された、という主張は、今日もはやまったく支持されない。

次に、パウロの社会的家柄と職業について考えてみたい。使徒の社会的家柄に関しては、「富裕な地位ある家庭で育った」（W・M・ラムゼイ、H・リーツマン）、「父が天幕布織り工場をもっていた」（E・マイヤー）、「習得による職人ではあったが、立派な市民階級家庭の一員であった。というのも、『秀でた小都市住民たち』だけがローマ市民権によって優遇されたからである」（T・モムゼン）などと多様に推測されたが、不確かな域を出ない。後に使徒が、自分の貧困と骨折りの手仕事について証言したことから、彼は所有を剝奪された最下層階級の出身であったにちがいないとの考えが、今日多くの釈義家に共感的に受けとめられている。だが他方、当時の奴隷身分から解放された者がやがて財を蓄えていった報告が多々あることから、パウロも解放奴隷の家族の出身であったことが推測される。しかし、これらも推測の域を出ない。ちなみに、ルカだけが証言する「天幕作り」（スケーノポイオス、使一八・三）というパウロの手仕事とその意味は、後の古代教会の中で多様な解釈を誘発したが、少なくとも貧困との結合はみられない。

一般に、紀元二世紀のラビたちが人々に自分の息子に手仕事を教えるよう勧めた、ということは認められているが、この慣習は明らかにそれ以前に（R・F・ホック）の見解とは反対に）、紀元前一世紀の初期ファリサイ派時代（コヘレトとベン・シラの時代以来）に遡る。そして、紀元七〇年以前のファリサイ派律法学者らは確実な生計を立て、その手仕事は当時すでに「金の基盤」を築いていた。その際に、この自立的な手仕事は自由な時間配分を可能にしたので、トーラー研究の重要性が強調されると、それに合わせた個人的な生活形態を可能にした。この種の経済的独立は、ギリシャの修辞学者や哲学教師とは違って、門下生らを報酬抜きで受容することを可能にした（ガマリエルがサウロを受容したように）。パウロの場合、エルサレムで身につけた自活性の「理想」がなおも、伝道者としての被扶養権の自覚的な放棄（一テサ二・九、一コリ九章、二コリ一一・七―一一、一二・一三―一四）にまで影響したかもしれない。

(2)　血筋に関する自己証言

さらにもうしばらく、回心前のパウロの背景を探ってみたい。使徒は後の論争的文脈の中で、あえて自分の優れた家系について述べることがあるが、「ヘブライ人、イスラエル人、アブラハムの子孫」（二コリ一一・二二）、「イスラエル人、アブラハムの子孫、ベニヤミン族の者」（ロマ一一・一）、さらに印象的に「八日目に割礼を受け、イスラエルの民に属し、ベニヤミン族の出身で、ヘブライ人の中のヘブライ人で、律法に関してはファリサイ派の一員」（フィリ三・五―六）と列挙することに、我々は関心を寄せる。まず初めに、「ベニヤミン族出身のヘブライ人」と言う場合のヘブライオスは、ほぼ同語発音の形容詞ヘブライスティ（ヘブライ語の、アラム語の）以外の意味では決してないであろう。つまり、パウロが論敵と競合するように自分のことを「ヘブライ人」と言う時、それは、聖なる言語もしくはアラム語を話すパレスチナ・ユダヤ人かディアスポラ・ユダヤ人――その家系と教育は母国と密接に結びついている――を意味するのであって、文脈からして異邦人と対置する単なる「ユダヤ人」の同義語として使用してはならない。次に、「生まれて八日目に割礼を受けた」（創一七・二、レビ一二・三）は、パウロ自身も両親も（ユダヤ教に改宗した）異邦人ではなく、むしろ律法に忠実なユダヤ人・イスラエル人として尊敬されたに違いないことを示す。当時一般に、離散のユダヤ人による聖書の割礼規定の実行が必ずしも自明のことと思われていなかっただけに、パウロはオクタエーメロス（生後八日目の「割礼」）と特記する必要があった。彼はさらに、（シオンの神殿とダビデ王朝に忠実であり続けた）「ベニヤミン族」の祖先に自分を連ねて、イスラエルの地の住民であることを明らかにしようとする。自分の意志に先立って譲り受けたこれら三つ、四つの優れた血筋を明示した後、パウロは自分の決断でファリサイ派の一員となり、キリスト教徒迫害者となって律法に忠実であろうとしたことに触れる（フィリ三・五―六）。

ベニヤミン族への言及は、パウロの家族がバビロン捕囚前のイスラエル初期時代に遡る正確な系図を誇ったことを表す（代上七・六―一一、八章、九・七―九参照）。この部族の家系に属する名高い人物に、エステル記に登場するモルデカイがおり（エス二・五）、またミシュナの編集者であった族長のイェフダ・ハ・ナシも、確かな筋によれば、先祖としてのベニヤミンを引き合いに出した。後代のラビ伝承によれば、全族長の中でベニヤミンのみイスラエルの地で生まれたので、ベニヤミン族が全部族の内で最も高貴な部族であると考えた。ギリシャ語を話すディアスポラ・ユダヤ人の内で、この種の報告はどこからも聞かれない。このような事実は、我々がパウロを無理矢理にパレスチナ伝承に毒されなかった「純粋な」ヘレニズムのディアスポラ・ユダヤ人に仕立てることを防ぐ。

使徒のユダヤ名はルカによれば「サウロ」であるが（使九・四、一七、二二・七、二六・一四、他で言及する）、その名前自体がベニヤミン族の者およびイスラエル最初の王を示唆する。離散のユダヤ人は通常セム語の名前と並んで、その発音に近い第二のローマ・ヘレニズムの名前をもった（他に、ヨシュアとヤソン、シラスとシルワノなども）。パウロは、この第二の名前をヘレニズム世界でもっぱら使用した。彼にはエルサレムに嫁いだ一人の姉妹がいたとされるが（使二三・一六）、彼自身は結婚しなかった（一コリ九・五）。

最後に、「律法に従えばファリサイ人」（フィリ三・五）ということが成り立つ場所は、パレスチナ外をも含む広域であるよりは、やはりパレスチナの母国を指しているにちがいない。そのことはガラテヤ書一章一三―一四節の箇所との関連で一層明瞭になる。すなわち、そこで叙述されたパウロの教育は、「ユダヤ教の教えにおける生活の歩み・進展」によって際立ち、それによって同年齢者たちを上回り、先祖のトーラー伝承への情熱を生み出し、パレスチナの律法習得へと導いた。それは紀元七〇年以前に、エルサレム以外にはどこにも起こらなかったことである。七〇年の神殿崩壊以前のエルサレムは、厳格なユダヤ人――パウロも厳格な家族の出――にとって、トーラーを学習・研究する唯一の正しい場所であった（G・ボルンカム参照[9]）。彼は、ガラ一・一二も、回心前のパウロのエルサレム滞在と学習の時期を否定する典拠とはならないと主張）。この点を多くの、特にドイツの研究者たちは余りにも考慮しなかった。

しかし、パウロの言うファリサイ主義をただ排他的にパレスチナのそれにのみ関連づけてしまうことには問題があり、ヘレニズム・ディアスポラのそれとの関連にも正当な考察がなされる必要がある。一例として、パウロのギリシャ語用法と当時のヘレニズム修辞学との関係が近年、強力な関心を集めている。もちろん彼は、十字架の言葉を「優れた知恵の言葉で」語ることはしないので（一コリ二・四）、修辞学的手法に力を注ぐわけではないが、たとえば修辞学の一つの言辞類型である審判発話を、パウロは弁証的場面で用いる（一コリ一―四章、九章、一五章、二コリ一〇―一三章など）。

(3)　ヘレニズム世界との関わり

回心前のパウロがその成長過程において、ヘレニズム的教養をも身につけることができたにせよ、基本的にはパレスチナに方向づけられたディアスポラ・ユダヤ人であったことを、先に見てきた。

しかし、回心と共に諸民族・異邦人への使徒として召命を受けた彼はその後、一貫して異邦人教会の設立に携わり、その教会員たちのヘレニズム的な社会適応と由来にきわめてよく通じることができた。使徒の手紙のやりとりの中に、彼が当時のユダヤ教伝統の諸関連でヘレニズム的観念をいろいろと語っている証拠がある。たとえば、ストア哲学の自然的啓示という思想がいかに異教世界に対する典型的なユダヤ教的論争に結合され得たかを、ヘレニズムのシナゴグはパウロに伝え知らせた（ロマ一・一八以下、二・一二以下）。先に、ローマ書一章一八節以下の論述の背景に旧約聖書外典の『知恵の書（ソロモンの知恵）』があると指摘したが、実はこの『知恵の書』自体がすでにヘレニズム、ストア哲学の影響を受けている。しかしそれによって変質したというのでなく、本質的にはほとんど完全に箴言の枠、つまり旧約聖書の原理の中に留まっている。使徒言行録一七章二二―三一節でパウロのアレオパゴス説教がルカ的手法で描写されるが、その説教の言表と思想の背後にもヘレニズム・ユダヤ教があり、その一例に当時のストア哲学の影響を被った『知恵の書』があることを加山の研究が突きとめている。[10]

同じく、異教世界の神々に対する彼の知識と判断は、すでにキリスト教以前にあったものに由来する（一テサ一・九、一コリ八・一―六、一〇・一四―二二参照）。パウロはディアスポラのユダヤ教徒であった時にすでに、ヘレニズム化したユダヤ教の勧告（パレネーゼ）をおそらく知っており、それを彼は後にキリスト教徒としてもう一度変形したのであろう（ロマ一章とガラ五章の悪徳表を参照）。

だが、ギリシャ的精神を吸い込んでいる寓喩的な方法もまた、第一コリント書一〇章一―一三節やガラテヤ書四章二一―三一節で用いられているが、この方法はギリシャ語旧約聖書（七十人訳）に対するシナゴグ的解釈というものをすでに知っている。それを特に印象的に例証しているのが、パウロより若干古い世代の人でエジプトのユダヤ人哲学者フィロンである。以上のようないくつもの例が明示するように、パウロはユダヤ人として、ヘレニズム文化にも関わっている。

しかしパウロにまつわるヘレニズムというものは、右に述べたように典型的にユダヤ教に媒介された枠組みの中に現れる、というだけではない。キリスト教的教えの諸関連の中で、彼はギリシャ人のように自分を直接的に表明することがある。例えば、ギリシャのギムナジウムの円形競技場での試合を例にとって、使徒としての存在が描かれるが（一コリ九・二四―二七）、彼のこのような描写には、ヘレニズム都市の社会的適応の姿が反映している。そこでは様々な事象から教訓を汲み取るような、一般哲学的伝統への依存もしばしば見られる。パウロはまた洗礼について語る文脈の中で、ヘレニズム密儀宗教の一般化した観念や言語を用いる（ロマ六・一参照）。ただし、彼がその宗教祭儀の中心にある死と再生の観念から洗礼理解への手がかりを初めて得た、と早急に結論づけることは困難である。

教会を「キリストの体」とする表象も、その本質と由来の議論は別にして、少なくとも教会に対する実践的勧告の脈絡でそれが用いられる場合に（ロマ一二・四以下、一コリ一二・一二以下）、統合的社会を一つの有機的な体と捉える当時のギリシャ哲学的な背景なしには説明できない。いわゆる愛の賛歌（一コリ一三章）において、ヘレニズム的伝統との形式的かつ内容的な関連を薄暗がりの中に押し込んでしまう人は、その精神史的な背景をまったく適切に説明することができなくなる。さらにストア思想の「神的全権」定式は、原始キリスト教の信仰告白文と見なされるローマ書一一章三六節や第一コリント書八章六節の中にみられる。

このように、パウロにはヘレニズム的思想の習得過程が見られるが、それと同様なことは本来、ヘレニズム・ディアスポラのシナゴグにも総じて跡づけられ得る。たとえば、競技の試合は『第四マカベア書』に、密儀言語はフィロンにおいて、第一コリント書一三章は『第三エズラ書（＝ギリシャ語エズラ記）』四章三四―四〇節に、それぞれ並行の表象を見ることができる。

パウロがヘレニズム的思考を容易に習得していくことができた素地は、回心前のエルサレムで彼が身につけたユダヤ・ヘレニズム的教養の時期においてのみならず、むしろそれ以前のタルソスの彼の生育環境においてすでに醸成されたにちがいない。前に述べた事と重複するが、彼はタルソスで生まれ、パレスチナの母国語と結びついた厳格なユダヤ教の（ファリサイ的傾向の）家庭に育った。しかも他方、彼の父はローマの市民（または解放奴隷）であり、さらに社会水準の高い都市タルソスの市民であったと思われる。それゆえに、この家庭ではきっとギリシャ語がもっぱら語られ、したがってヘレニズム的感性を備えていた。

しかし彼はまた（旧約）聖書と礼拝の「聖なる言語」であるヘブライ語と、ユダヤ・パレスチナの方言であるアラム語をもマスターした。もしも彼がギリシャ語だけを話す律法に忠実なファリサイ人であり、「ヘブライ人の中のヘブライ人」であるならば、彼は「木に竹を接ぐ」という矛盾した存在となってしまう。

(4)　パレスチナの精神的多元性

ローマ軍による紀元七〇年のエルサレム神殿崩壊の後、ファリサイ派のラビ的律法学者らの指導の下に、パレスチナの（ヤブネを拠点とした）ユダヤ教が比較的早く統合化を進めていったのに比べ、陥落前のエルサレムのそれはいわば「多元主義的」であった。例えば、ファリサイ人らと彼らの律法学者による指導集団と並んで、神殿を中心とする祭司貴族と富裕な平信徒の指導的男性による貴族階級的なサドカイ人らの一党があった。またエルサレムでも確固たる住居を構えて団結したエッセネ人らは、後のキリスト教的修道院のように、確かにエルサレム神殿祭儀を批判する精神的刷新の中心として影響を及ぼした。それと並んで、政治・宗教的「急進主義者」（ゼローテ党、シカリ党、チュダのような終末論的預言者の信奉者ら）、洗礼運動の信奉者ら、黙示的熱狂主義者ら、および（それぞれのシナゴグで集会をもっていた）ギリシャ語を話すディアスポラ・ユダヤ人帰還者らがいた。エルサレムにおける多様に絡み合ったこの多元性こそ、当時のあの来訪者パウロに与えた印象であったにちがいない。とは言っても、これらの多元性にもかかわらず、ファリサイ派が紀元前二世紀以来すでに国民の間でやはり精神的指導の一群として、最大の信奉者を獲得していたことは看過されてならない。

しかしユダヤがローマの属州となった紀元六年からユダヤ戦争勃発の六六年までの時期に（ヨセフス『古代誌』一八・四―一〇、『戦記』二・四一一参照）、対ローマ関係における（右に述べた）諸グループ間の立場や利害の相違による対立が激化して、ファリサイ人らは政治的に分裂し、しかもこの分裂はヒレル学派とシャンマイ学派の諸論争とも絡んだ。あるラビ伝説は、ユダヤ戦争が始まった時にこの両学派間に血で血を洗う対立が生じたことを報じている（PTシャバット一・五・三C・三四以下、BTシャバット一七A、Tソータ一四・九。ビラベック注解[11]参照）。七〇年以後のヤブネにおける律法学者らの統合化の努力の目的は、特にこれらの分裂を克服することにあった。

キリストに出会う以前のパウロをこれら両学派の一方に帰属させることは余り意味がないであろう。むしろ、「律法に対する熱心」とそれに直結する彼の暴力行使の準備（フィリ三・五―六）は、彼を急進主義者の側に立てる。

次に、ラビ文献との関係を一瞥してみたい。エルサレムにおける一世紀前半のファリサイ派塾の内容を把握することは困難であるが、少なくともそれと、二世紀のラビ的教師とは本質的に相違するので、その両者を混同することは許されない。しかしそれにもかかわらず、かつて若い時期にエルサレムで習得したことが後の構築に生かされることになった使徒パウロの神学と、後期ラビ文献（二〇〇年頃のミシュナ、三世紀のトーセフタとミドラーシュ・タンナイーム）とが驚くほど何度も接触し合う。その理由として、これらのラビ文献は、諸福音書の場合と同じく、ラビ・アキバ（五〇年頃―一三五年）の時代に遡る前段階のいくつもの文書を含むからである。それは別言するならば、七〇年以後のラビ学派（ヤブネにおけるヨハナン・ベン・ザッカイと彼の後継のガマリエル二世）とエルサレムにおける七〇年以前のファリサイ派との間に明らかに内的関連がある[12]。ヤブネにおける初代（九〇―一一〇年頃）の総主教（ナーシー）となったガマリエル二世は、パウロの師（使二二・三）とされるシモン・ベン・ガマリエル一世――ラビ・ヒレルの子もしくは孫で、二五―五〇年の間に最も尊敬されたファリサイ派の律法学者としてエルサレムで教えた（使五・三四参照）――の子である。このあたりに、パウロ神学との関連性を見ることができよう。

次のような箇所が、ラビ文献との関連性を跡づけるものとして挙げられる。パウロの多くの手紙は非ギリシャ的な挨拶、むしろパレスチナの平和の挨拶の性格をもって綴られる。ローマ書について言うならば、一章二〇節以下で異邦人の罪を判定し、二章で神を世界の審判者として描き、ユダヤ人の自己意識を述べる。その際一章と二章において、パレスチナ的要素とユダヤ・ヘレニズム的要素とが継ぎ目のない一致へと融合している。さらにローマ書四章とガラテヤ書三章におけるアブラハム・ミドラーシュ（聖書注解）はラビ的釈義に対応し、それは同様にローマ書九―一一章、第一コリント書七章一―一二節または一〇章一―一三節にも当てはまる。ローマ書六章七節の死による律法義務からの自由、ないしは七章二―三節の夫の死による夫婦の結合からの自由も引き合いに出され得る。ローマ書七章七節以下には、律法の助けを借りて悪しき衝動に対する良き衝動の戦勝というラビ的教説の裏返しが見られよう。使徒はこういった方法を用いて、かつて彼を義務づけていた教説を確かに論駁しようと試みている。両者における積極的な対応関係だけでなく、その対照的な反対命題としても引き合いに出される。ミシュナ（口伝による教育の意）のサンヘドリン一〇章一節の「全イスラエルが将来の世界に与る」は、ローマ書一一章二六節にその類似が見られる（他に、一コリ一〇・六―一〇対Mサンヘドリン一〇・三―四など多数）。

(5)　黙示文学とエッセネ派

我々は決して宗教史学派の立場を取るわけではないが、使徒の神学構築に直接間接に使用されたり影響を与えた宗教的、文化的背景の諸要素を広く知るために、依然として回心前の彼の生い立ちをおもに追っている。先に、使徒の神学とラビ文献との関連性を確認したが、その取り扱いには注意を要するのであって、パウロ書簡との類似をもっぱら一方的に後期ラビ文献の中に探し求めることは、まったく誤りである。なぜならばここでは常に、紀元七〇年以前のエルサレムにおける精神的多様性が基本的に考慮されなければならないからである。

そのためにはむしろ、ファリサイ的環境から発生した『第四エズラ書』と『シリア語バルク黙示録』に代表されるユダヤ教黙示文学の諸テキストとの並行が注目されるべきであろう（一コリ一二・一以下参照。二コリ四・八、一コリ一三・一も）。それらの文書は、ハガダー（説教、物語の意）の一作品で、天の宮殿に開する文書である「ヘクハロート」の諸テキスト――それらは、クムラン宗団（前二世紀中葉から紀元六八年。↓エッセネ派）による死海文書の一つ『安息日犠牲賛歌（4QShirShabb）』に表れた天的典礼の確認によって、エッセネ派の前段階を含むことが分かった――との関係を築いている。

したがって、エルサレムにおけるあの若いファリサイ的学徒のパウロに影響を与えたこれらの黙示的思潮が、まず考慮されてよい。エッセネ派の人々は他の村落や荒野ばかりか、都会にも住み、おそらくエルサレムでも影響力をもって居住していた（ヨセフス『戦記』二・一二四、五・一四五）。エリート的・秘教的で、ことに祭司的で、しかも同時に黙示的な特質を帯びたこの運動が、その厳格な清浄志向と共に、一大精神的な吸引力をもったことは疑われ得ない。それは、古代の報告者たち（ヨセフスとフィロンとディオ・クリュソストモス）が報じているように、パレスチナ・ユダヤ教の境界を超えてさらに広がり、ヘレニズム世界に浸透した。ヨセフス（三七年頃誕生）は、一四歳の時にファリサイ派とサドカイ派の教説のみならず、エッセネ派の教説をも学ぼうとしたが、それをも超えて、洗礼による禁欲主義の隠者バンヌスのもとでしばらく修道生活を送った、と言う。これは誇張し過ぎた報告であろうが、確かに歴史的核をもっている（ヨセフス『自伝』一〇―一二）。野心に燃えた若いパウロの精神的な関心は、エルサレム出自のヨセフスに優るとも劣らぬ程、意欲的かつ多様なものであったにちがいない。だがその多様性の中でも、すべての「異端者」がその中で排除されてしまう後代のラビ文献よりも、本来もしくは結局はハシディーム（敬虔派）として同根であったファリサイ派とエッセネ派の方がおそらく、本質的に彼にもっと近い関係にあったと思われる。

そこで次に、パウロとクムランとの諸関連が具体的に問題になるが、これは過去数十年間、何度となく論争的に扱われてきたが、簡潔に要約すると次のように言うことができる。クムラン文献とエッセネ派運動をパウロに結びつけるものは、終末論的・二元論的な基本態度、古い今のアイオーン（時代・世）の間近な終結に関する知識、そして――もちろんパウロの場合はまったく別の、メシアの到来によって特質づけられた形式においてであるが――不信仰者に隠された救済の現在に関する知識、聖書をそれと同質の精神によって現在に向けて解釈することをも可能にする終末論的な霊の賜物、神の主権的選びに関連する予定の思想、およびそれと絡んで、自由意志によって自分から救いに達することが人間には不可能であること――これはヨセフスによれば当時のユダヤ教で大変問題になっていた傾向であった――などである。この最後の傾向に対しては、『シラ書』からサドカイ人とファリサイ人を経て、ラビ・アキバと後期ラビ的教師に至るまで、人間の自由意志ということが強調された。「すべては（神によって）予見されているが、（しかし）しかしそれでも決断の自由が与えられている。善意によって人類（ハッコール）は方向づけられているが、（しかし）多くの行為に対応してである」（Mアボート三・一五。『古代誌』一八・一二―一五、ソロ詩九・四、一四・八、四エズ七・二一―二五、七二以下、八・五六―六一、九・一一その他、シリ・バル八五・七も参照）。直接それに続く、会計帳簿をもった商人に関する比喩は、（エッセネ的、パウロ的思考とは反対に）アキバのもとでいかに「業の報酬」（カタ・オフェイレーマ。それをロマ四・四は言及）を巡って神による決算が強く要求されるかを示している。もしかして、パウロが制限なしのまったくの律法服従を鋭く要求することも（ガラ三・一〇、一二、五・三、その他）その完全さを求めるエッセネ的なトーラー厳格主義と関連しているかもしれない。その場合には、パウロがフィリピ書三・六による若かったファリサイ人として、そういった服従が可能であると考えていたことになる。

エッセネ派神学との接触は「神の義」、「光の子ら」、「罪の肉」（『宗規要覧［1QS］』一一・九）、「義人と清浄との結合」（『宗規要覧』一一・一四）、現在の「悪い時代」（『ハバクク書注解［1QpHab］』五・七―八、他）か「新しい創造」（『感謝の詩編［1QH］』一三・一一―一二）、といった子細な専門用語にまで及ぶ。

1　生い立ちと周辺世界　注

（1）M. Hengel, Paulus und das antike Judentum, WUNT 58, Tübingen 1991, 186.

（2）L. Goppelt, Die apostoliche und nachapostolische Zeit, KIG 1A, Göttingen 1962, A48.

（3）H.-J. Schoeps, Paulus, Tübingen 1959, 5f.

（4）W. M. Ramsay, St. Paul the Traveller and the Roman Citizen, London（1895）1908^{10}, 32-34.

（5）H. Lietzmann, Paulus, WdF 24, Darmstadt 1982^{3}, 381（元来、Heft 5 von : Der Weg der Kirche, Berlin 1934）.

（6）E. Meyer, Ursprung und Anfänge des Christentums（3 Bde.）, Stuttgart/Berlin 1923, 314.

（7）T. Mommsen, Die Rechtsverhältnisse des Apostels Paulus, ZNW 2, Berlin 1901, 82.

（8）R. F. Hock, The Social Context of Paul's Ministry. Tentmaking and Apostleship, Philadelphia 1980, 22-25.　R・F・ホック『天幕づくりパウロ』笠原義久訳、日本基督教団出版局、一九九〇年、三六―三九頁。

（9）G. Bornkamm, Artikel „Paulus", in: Religion in Geschichte und Gegenwart, 3. Aufl.（RGG^{3}）, hrsg. v. K. Galling, Band 5, Tübingen 1961^{3}, 168.

（10）加山久夫『使徒行伝の歴史と文学』ヨルダン社、一九八六年、二三一―二三二頁・注9、二三六頁・注37、二五六頁など。

（11）H. L. Strack/P. Billerbeck, Kommentar zum Neuen Testament aus Talmud und Midrasch, Band III, München（1926）1965^{4}, 106.

（12）土岐健治『初期ユダヤ教と聖書』日本基督教団出版局、一九九四年、五三頁参照。

2　キリスト教徒への迫害と回心／召命

(1)　キリスト教徒迫害の理由

使徒は過去を振り返りながら、かつて教会を熱心に迫害した理由が自己の従来の生き方を規定していた「価値観」にあったと証言している（フィリ三・六―七）。それは明らかに、あの若いファリサイ派の律法学徒にとって本質的であった神学的な理由・動機である。当時、ユダヤ教伝統に囲まれたエルサレム在住の、ペトロやヤコブなどに代表されるユダヤ人キリスト教徒（＝ヘブライスト）よりも、パレスチナ外の生活圏の自由な空気を吸ったギリシャ語を話すヘレニズム・ユダヤ人キリスト教徒（＝ヘレニスト）の方が、律法（神殿礼拝、割礼、食物規定など）に対してはるかに自由な福音理解を抱いていた、と一般に言われる。それについては後で論じるが、実はエルサレムに誕生したキリスト教会に加わったヘレニストたちこそ、若いファリサイ人サウロにとって容赦できない、迫害の対象となった。なぜなら彼は、神がイスラエルに与えた高貴な救済の財が彼らの宣教と振る舞いによって脅かされている、と見たからである。

この衝突の最初の兆しは、おそらく一種の宗教社会学的な一般事情の中にある。当時の多くのシナゴグ共同体は、自己の存続のために会員の結束と支援に努める強固な社会的団体を形作っていた。したがって、このかなり閉鎖的団体の中に熱狂的な分派論者が押し入って、旧来の健全な諸秩序の変更を迫った時には、この団体の者たちを激怒させ、彼らに家庭の出入り差し止めや破門などの厳格な対抗的防衛措置を取らせたに違いない。それは、使徒言行録におけるパウロ伝道の描写、およびパウロ書簡における実際的事例（一コリ五・九、一三）、または牧会書簡からヨハネ書簡を経てエイレナイオスに至る後期の異端反駁などにも表明される。

それゆえにこの点では、今日の我々には不寛容と思われるであろうが、継承すべき真理を堅持する必死の取り組みをしたまさにあの時代において、初期のキリスト教はユダヤ教と同じ性格を引き継いでいる側面があり、しかもユダヤ教内の一末裔と初めはみなされていた。つまりここで二つのことが相互的に、あるいは相前後して起こった。一つはまず最初に、ユダヤ教の身内から出た異端的な分派論者たちがその秘密集会を自分の側でも防衛しつつ、他のユダヤ教徒らの宗教的自己同一性に根本的な疑問を付して伝道を押し進め、遂にはユダヤ教的神権政治に関する伝統的理解を脅かすに至った時、まったく危険な衝突がユダヤ教界に生じた、ということである。これが具体的な迫害事件として、ステファノ集団・ヘレニストたちのもとで起こったのではないであろうか。「この聖なる場所と律法に対する暴言」（使六・一三）を耳にして、あの厳格なユダヤ教信徒のサウロはただ「律法への熱心」によって反応し、必要とあれば暴力をも辞さないで神の栄誉を防衛することができた。もう一つのことは、やがて後になって、キリスト教徒たち自身が力を得るようになった時、彼らが信仰的真理主張の態度に関しては、あのユダヤ教と何ら別様に振る舞うことがなかった、ということである。

さて、聖都エルサレムに戻っていたヘレニストたちは、神の宮と諸戒律に対する特に鋭敏な感覚を備えていながら、否、その感覚を備えていたゆえにこそ、神殿を中心とする巡礼の宗教経営化、位階制度、倫理律法に優る祭儀律法の強調といったことに対する確かな批判を抱いていた。その点ではかえって、かつてのパウロと一脈通じ合うものがあったのではないか。もちろんだからといって、パウロはステファノへの石打ち刑に居合わせながら（使六―七章参照）、彼らヘレニストの態度に一抹の共感を抱き始めていた、との心理的憶測は当を得ていない。むしろ彼の決定的な批判の理由は、後述するように、別のところにある。彼らの倫理律法の重視の「ゆえにこそ」が意味することは、次のことである。確かに、ユダヤ教徒らの間でステファノの石打ち刑を引き起こした動機と、それより少し後に若いシャウル（サウロ）、すなわちパウロを「熱心さによって」（カタ・ゼーロス。フィリ三・六）迫害者にした動機との間に、本質的な相違はないにちがいない。だがそうだとは言え、ヘレニストのステファノとその仲間が初めから（後のアンティオキアにおける場合のように）トーラーの救済的な意味を根本的に批判し、トーラーから自由な異邦人伝道を積極的に展開した、と言うのは正しくない。年代記的に言うならぱ、むしろ当初彼らは、誕生したばかりの小さな終末論的キリスト教会に加わり、イエスの死後まだ数年間は決してパレスチナ領域を超えて進出していない。だから、ユダヤ教的諸条件に囲まれたエルサレムやガリラヤにおいて、ユダヤ教徒らに直接反感を抱かせるそのような福音伝道は不可能な状況であった。

そこで一つの帰結として言えることは、原始教会やアンティオキア教会がそうであったように（使一〇・一―一一・二六参照）、ヘレニストたちにとっても、「徐々に」原理的に律法から自由な異邦人伝道へと導かれたと思われる。ただヘレニストは、ディアスポラ会堂で一般に見られる「神を恐れる人々」（割礼を強要されずに、ユダヤ教信仰に共感した異邦人ら）との接触の中で、原始教会の人々よりもいち早くその方向における先駆者となった。

律法への熱心さによって、パウロがステファノを含むヘレニストたちに怒りを抱いた核心的な原因は、律法や神殿そのものよりも、イエスという人物を巡る事柄にあった。奇妙なことに、多くの新約学者の間で、原始キリスト教の歴史がイエス運動にすぐ続く最も近い時期に発生した、という事実がほとんど自覚されない。したがって、この根本的な年代経緯の問題が容易に見過ごされてしまって、あたかもイエスが地上で生きなかったか、もしくは急速に忘れ去られてしまったかのように、人はしばしば原始キリスト教会を見つめ、議論したりする。だがトーラーと神殿に対するヘレニストの批判は、わずか一年から三年前に遡って鮮明に想起されるイエス自身の宣教の開始を、さらに前進させたものであるに違いない。たとえば、戒めを愛の戒めに集中させること、山上説教の対立命題、ファリサイ派の「長老たちの言い伝え」の棄却、あるいは祭儀における清浄規定の疑問視など（マコ七・五以下、一五以下。ルカ一〇・七―八）である。常に異教的周辺世界と折衝せざるを得ないディアスポラ・ユダヤ人にとって、律法は（あのフィロンの場合のように）すこぶる普遍的、倫理的に妥当する性格をもった。それゆえに彼らの間で、特殊な枠を崩すイエスの律法批判はよく聞かれ、その豊かな土地に落ちて実を結んでいった。すなわち、ディアスポラ・ユダヤ人の間にキリスト教徒（＝ヘレニスト）が次々と生まれた。

イエス（伝承）から引き継いだヘレニストらの批判精神は、今述べた具体的な個々の点だけでなく、最後にイエスの捕捉と裁判の場で訴えられた神殿批判、神殿清めの点でも確かに発揮された（マコ一一・一七、一四・五八、マタ二六・五一。ヨハ二・一九も参照）。しかも、死刑に処したイエスの死が「多くの人のため」であるということ（マコ一〇・四五、一四・二四）は、聖所での贖罪犠牲の祭儀を初めから無効なものにしてしまうゆえに、律法に忠実な大多数のユダヤ教徒らを挑発し、憤らせた。そしてこの憤怒は、原始キリスト教会に対して、とりわけイエスの振る舞いに対してむしろ保守的なヘブライスト（主の兄弟ヤコブなど。後四二、四三年のアグリッパ一世によるキリスト教会迫害の時期）よりもっとラディカルなヘレニストの方に差し向けられた。

しかし、怒りを引き起こした決定的なものは、「十字架に架けられたメシア」の告知であった。申命記二一章二三節（七十人訳。ガラ三・一三に引用）によれば、死罪に当たる律法違反を犯して「木に架けられた者」は、当然ながら神の呪いの下に置かれる。クムランの『神殿の巻物（11QT）』はこの呪いを、「十字架刑」に処せられた者たちにも転義的に用いた（六四・七―一二）。こういった旧約的、ユダヤ教的背景から考えるならば、十字架刑に処せられた神冒瀆者、民衆誘惑者のイエスをイスラエルのメシアとして布告することは、冒瀆以外の何ものでもないと思われたのではないか。事実、この十字架事件の約二〇年後に、使徒パウロが印象的に、十字架に架けられたキリスト（メシア）がユダヤ人にはスカンダロン（憤慨の対象となる躓き、ばかげたこと、恥ずべきこと、などの意）であると強調する時（一コリ一・二三）、彼はそれによってただ現在の伝道活動中に遭遇した経験を再現するのみでなく、むしろ以前ファリサイ派の律法学者としてのトーラー理解に基づいて、「十字架死のメシア」を内容とする使信に対して抱いていた彼独自の不快感・憤激を再現している。ガラテヤ書三章一三節の彼の解釈もまた、このような背景から最もよく説明がつく。一〇節（申二七・二六の引用）も同様である。さらに、あの事件から約二五年後に、使徒が自己の情熱や神の熱情について語る時（二コリ一一・二、二九）、彼はそこに以前の自己像を投影させることができた。確かに、昔エルサレムで育った一青年ファリサイ人の「熱心さ」は、今老いていく使徒のそれに引けを取るものではなかった。彼は当時、そのように振る舞い得たに違いない。

かなり小グループであったヘレニストたちは、ユダヤ教徒から種々の処罰を受け、打撃を被って、エルサレムから隣接する領地や町々に逃れた。しかしシャウル（サウロ）は、エルサレムのシナゴグからダマスコに派遣されて、そこに逃れた扇動者たちを縛り上げようとした。ところがその目標に達する直前に彼は、十字架上で死んで復活した人のあの幻に遭遇し、それによって彼の古い生き方は打ち砕かれ、まったく新しい予期しない将来が彼に開かれた（使九・一以下、他）。

実にパウロ神学は、この出会いに基づく従来の価値と目的の根本的転換に基づいている。すなわち、このユダヤ教の教師は異邦人／諸民族の伝道者となり、「律法のための熱心さ」に代わって律法から自由な福音の告知が場を占め、「トーラーの業」による正しい人の義認に代わってただ信仰による神なき者の義認が場を占め、業による自由意志に代わってただ恩寵により賜った信仰が場を占め、さらに十字架上で呪われた似非メシアへの憎悪から「十字架の神学」――それは十字架におけるメシアの代理的な呪いの死によって、人類の救済を基礎づける

――は生起する。

⑵　イエスに対する認識の転換

ダマスコ途上での根本的な転換は、イエスとその十字架死に対する認識・判断の根本的変化でもあった。その転換を示唆する箇所が第二コリント書五章一六節であると思われる。「したがって、私たちは今後だれをも、肉に従って知ることはしません。私たちが肉に従ってキリストを知っていたとしても、今はもうそのように知ることはしません」（私訳）。そこで、神学的に極めて含蓄に富み、論争されたこの一六節を中心に考察したい。

文頭の「したがって」という接続詞が示すように、その前の一四―一五節に表明された、キリストの愛と彼の贖いの十字架死に対する告白――キリストがすべての人のために死んだゆえに、すべての人もまた彼と共に（罪と自己賞賛に対して）死んだ。それゆえに、彼らはもはや自分自身に対して生きるのでなく、むしろ彼らのために死んで甦った方のために生きるべきである――は、一六節を理解するために重要である。つまりこの告白の帰結として、一六節が提示されている。キリストのために生きる人は、人間と世界を競争相手または搾取の対象と見なすのでなく、まったく別様に認知して、すべての人間の中に、キリストがそのために死んだ兄弟と姉妹を見ることができるようになる（一コリ八・一一）。「したがって」、このような見方、生き方のためには、キリストと人間に対する正しい認識（一六節）もまた不可欠とされる。

さて、問題は一六節後半の「肉に従って」（カタ・サルカ）が目的語の「キリスト」に掛かるのか、動詞の「知る」に掛かるのか、という釈義上の論争である。もしもキリストにかかるとすれば、肉的なキリスト、すなわち自然の身体的・地上的なキリストということになり、この節は、パウロが使徒として召命を受けて以来、もはや地上の史的イエスへの関心をもたず、彼の神学にあっては福音宣教の内容（ケリュグマ）である「イエスの十字架の死と復活」が根本的な意味を持つのだと言っている、というようにしばしば理解された。とりわけ、ブルトマン[1]とその学派[2]はこの一節を、かつての宗教史学派のW・ブセット[3]が行ったように、ケリュグマに集中する釈義の正当性を提供する箇所と解した。それによれば、パウロはここで「肉に従ったキリスト」を、すなわち肉的、この世的に存在しているキリストなどというものを、信仰にとっては無意味なものとして拒否したのだ。それゆえに新約聖書の釈義家にとって、歴史的イエスの問題は文献的に解き得ない問題と見なされるばかりか、神学的な邪道としても回避されねばならない。正しい信仰は、それが十字架と復活のケリュグマという信仰の事柄に基礎づけられるゆえに、ナザレのイエスのどんな伝記をも必要としないのだ。さらに、一六節のいわゆる「生活の座」として、パウロの敵対者たちとの論争が視野に入れられる。パウロの使徒性の失墜を狙ってコリントの教会員たちを扇動した彼らは、（敵対者の出自と規定についてはケーゼマンやゲオルギなど、学者によって異なるが[4]）自分の使徒的な権威づけを直接・間接に地上のイエスに遡らせ、自分たちは地上のイエスのことを熟知していると言って、特定のイエス像を伝達し（二コリ一一・四）、肉的イエスについてまるで無知なパウロは使徒に値しない、と非難し批判したが、まさにこれらの敵対者にパウロはここで反論しているのだ、と解釈する。

しかし、最近の釈義家たちが新たに見ているように、少なくともこのテキストの用法上、「肉に従って」の語が目的語の「キリスト」の前に置かれるのは、この言葉が副詞的に用いられて動詞にかかり、いわば「肉的に知る」という認識の仕方を特徴づけていることを指し示す。しかも第二コリント書において、特定のイエス像、キリスト論はテーマ化されておらず、むしろ一貫してキリストを認識する側の使徒性がテーマ化され、注目され続けている。[5]

そこで、「キリストを肉的に知った（エグノーカメン、完了時制）」とは、パウロが自分の生涯の中でまったく肉的に、したがってその結果、犯罪的な仕方でキリストを認識・判断し活動した一時期、つまりあのスカンダロを指す。

ン（躓き）のゆえに、ヘレニズム・キリスト教徒への徹底的な迫害者として振る舞った時期がある、という事実

　だがこの「肉的」なキリスト判断（イエス＝律法違反者）は、ダマスコにおける神の啓示による回心以来（二コリ四・六、ガラ一・一六―一七）克服され、キリストに対する急激な判断転換の「今や」（アポ・トゥー・ヌン）が起こった。つまり彼は、神に呪われ木に架けられたという聖句（申二一・二三）が、実は「私たちのために」神が呪いにかけた義人の死に関する言及であることを知った。このことはガラテヤ書三章一三節で表明され、上で瞥見した一六節に先立つ一四―一五節の内容とも一致する。イエスの教えと行動が、神との同等性を求める冒瀆的な権威主張（マコ二・五、一四・六二参照）に根ざすのでなく、神の意志に従う苦難の「神の僕」が担う課題遂行として生起したことを（二一節の背後にあるイザ五三・四―五、一一―一二）、パウロは悟った。ここにおいて、彼が出会い認識する高挙のキリストは、十字架の死を遂げた地上のイエスと同一人物となる。

　第二コリント書五章一六節に続く数節、特に一八―二一節は「和解の言葉」に関する有名な箇所であるが、十字架と復活の救済史的な出来事は、単に「言葉の出来事」に集約されてしまってはならない。なぜならば、和解の「言葉」はキリストによる神の和解の「行為」（一八節前半、一九節前半）に基礎づけられるからである。神は当時、ゴルゴタ上の御子の贖いの死に際して現存し、罪のない者を「私たちのために罪となした。それは、私たちが彼によって神の義となるためである」（二一節）。歴史における決定的な時となった「当時」、神の一度限りの完全な和解行為がまず打ち立てられた後、これに基づいて、和解への使徒的奉仕、つまり和解の言葉を告知する「今」が起こったのである。

　この和解思想の背後には、義人として多くの人の罪を負う「神の僕」の贖罪死を歌った、イザヤ書五三章があるに違いない。処罰が義なる神の僕に下ったことによって私たち罪人に平和がもたらされ、彼の打ち傷によって

私たちに癒しが、すなわち神の御前に耐え得る義が分与された（イザ五三・五を二コリ五・一八、二一と比較のこと）。イザヤ書五三章五節の「平和」は、パウロがこの一八―二一節で語る和解と同じ意味である。そしてイザヤ書五三章においても、その僕に対する神の行為と、この出来事に関する預言者的使信とがはっきり区別される（一節）。さらに、この一節の使信・知らせ（シェムアー）の伝達に関わる「私たち」という文体（六節まで使用）は、二コリ五・一一―二一に表れる使徒的「私たち」用法と対応していて注目される。その他にも重要な相互関連を見出し得る。

イザヤ書五三章一節について付言するならば、タルグム（旧約聖書のアラム語の翻訳・解釈。ミドラーシュの原初的形態）はヒブル語のシェムアーをアラム語のベソラー（＝福音）と言い直して、次のように記す。「誰がこの私たちの福音を信じ、神の力の強い御腕を信じるであろうか？　その御腕は誰に開示されたであろうか？」（これはロマ一・一六にある中核的諸概念を提供し得る）。この一節の「知らせ」の中に我々は、新約聖書が用いる名詞のユーアンゲリオン（＝福音。もちろんその内容はキリストの十字架と復活であるが）概念の由来を見る。しばしば、この名詞の創始者はパウロであり、彼によってそれが中心的、キリスト教的単語となったと言われるが、その彼が拠り所としたのはイザヤのこの一節と思われる。

さて、以上の文脈を踏まえて、再び第二コリント書五章一六節に戻るが、パウロが肉に従ったイエス認識のゆえにキリスト教徒迫害の一途を辿った末に、復活した高挙のキリストの顕現に遭遇したが、それは彼の人生を二分した。今や彼にとって、イエス・キリストこそ、人間によって蔑視されたが、神によって承認された神の僕（イザ五三・三―四）である。この認識から出発する時、人間に関しても新たな認識と判断が生じる。すなわち、御子の十字架死を人間に対する神の最後の愛と救済行為として新しく評価するに至る（フィリ三・一〇参照）。その中心にあるキリスト認識（キリスト＝神の子）こそ人間に対する新たな態度の基礎を築くのだ、とパウロは論争的に強調している。

さて、一六節に関する以上の考察からすれば、パウロが史的イエスに無関心であると言う結論は決して出てこない。しかし同時に、パウロが地上のイエスを個人的に知っていたかどうかについては、この節は積極的にも消極的にも手がかりを与えない。ルカが報告するように、パウロがエルサレムのガマリエル一世のもとで薫陶を受けたとすれば（使二二・三。七・五八、二六・四以下も参照）、パウロがエルサレムで、受難の過程にあったイエスを目撃したかもしれないという興味深い可能性を、まったく拭い去ることはできない。したがってさらに、彼のキリスト教徒へのあの憎しみは、早くともこの時期に醸成され始めていたと推測する。だが、もしも個人的な接触によるイエスとの敵対関係がすでにあったとすれば、パウロはこれを後に表明することによって、突如彼を回心に至らせた神の一方的な恵みをもっと鮮明かつ対照的に、そして有効に証言したはずである。ところが、パウロのどの書簡にも、それらしき言及は見当たらない。むしろ、彼はもっぱらキリスト教会に敵対し、迫害したことを、繰り返し指摘している。そういうわけで、右のような推測は、何ら決定的な根拠を持っていない。

しかし、以上述べたように、使徒の（肉的でなく霊的な）キリスト認識は、彼固有の仕方で地上のイエスへの関心を深めている。O・ミッヒェルの次の見解[(6)]は受容されてよい。「霊的認識とは、決して歴史的経験を止揚したり危険にさらすことではなく、むしろ反対に、歴史的現象を新たな次元へと深化し、獲得する事である」と。使徒はいわば、イエスがその生涯の中で振る舞ったことの本質的意味を、その生涯の最後に起こった歴史的な出来事の中に決定的に読み取ろうとする。

2　キリスト教徒への迫害と回心／召命　注

（1）　R. Bultmann, Theologie des Neuen Testaments, 7. Aufl., hrsg. v. O. Merk, Tübingen 1977^7, 294.　R・ブルトマン

『ブルトマン著作集4　新約聖書神学Ⅱ』川端純四郎訳、新教出版社、一九六六年、一五五頁。Ders., Zur Frage der Christologie, in: Glauben und Verstehen, Band 1, Tübingen（1933）1980^{8}, 101. 同「キリスト論の問題によせて（一九二七年）」『ブルトマン著作集11　神学論文集Ⅰ』土屋博訳、新教出版社、一九八六年、一一七頁。

（2）例えば、D. Georgi, Die Gegner des Paulus im 2. Korintherbrief, Neukirchen-Vluyn 1964, 290.

（3）W. Bousset, Kyrios Christos. Geschichte des Christusglaubens von den Anfängen des Christentums bis Irenäus, FRLANT 21, Göttingen（1913）1967^{6}.

（4）朴憲郁「新約釈義　コリント人への第二の手紙」『聖書と教会』二八六号、日本キリスト教団出版局、一九九〇年一月、三七—四一頁参照のこと。

（5）O. Betz, Jesus. Derr Herr der Kirche, WUNT 52, Tübingen 1990, 114-128; Th. Schmeller, Der Zweite Brief an die Korinther（2KOR 1,1-7,4), EKK VIII/1, Neukirchen-Vluyn 2010, 324-326.

（6）O. Michel, Erkennen dem Fleisch nach（2Kor 5,16), Ev.Th. 14, 1954, 23f, in: ders., Dienst am Wort, Gesammelte Aufsätze, hrsg. v. K. Haacker, Neukirchen-Vluyn 1986, 117f.　第二コリント書五章一六節の解釈とそれを巡る議論は、拙論「パウロにとってのイエス」『イエス・キリストの再発見』中央出版社、一九九四年、一〇五—一三二頁でも取り上げた。

3　諸民族のための使徒の召命

(1)　資料とその解釈

今まで、パウロの前史に当たる部分を多様な角度から考察してきたが、次に、彼が諸民族への使徒として召し出された出来事そのものの経緯と内容を見極めたい。そのためには、まず方法論の問題が取り上げられる必要があろう。すなわち、このテーマを扱うための確かな資料として、自らそこで証言する真正の七つ（または九つ）のパウロ書簡が第一次資料としてあり、次に、それと比較しながら、ルカが記した使徒言行録、およびパウロの名によって記した書簡（第二次パウロ書簡）が第二次資料として、注意深く考慮される必要がある。

さて、キリスト教徒迫害者から律法に対して自由な福音の伝道者への転換が起こった後、早くからこの使徒の人物とキリスト教会での彼の位置の特殊性を確定するいわゆる「パウロ物語」が、教会側の視点から生まれた。おそらく噂から始まって形をなしていったこの物語は、当時の他のキリスト者たちとの相違を際立たせる彼の例外的存在を示す内容のもので、彼に関するそのような一般的な伝承が流布していた。興味深いことに、パウロは自分に関するその噂を、ガラテヤ書一章二三—二四節で自覚的、意図的に次のように捉えている。「ただ彼ら（ユダヤのキリスト者たち）は、『かつて我々を迫害した者が、あの当時滅ぼそうとしていた信仰を、今は福音として告げ知らせている』と聞いて、わたしのことで神をほめたたえておりました」（告知したり滅ぼしたりする「信仰」の絶対的用法は確かにパウロ的でない）。

ここに引用した言葉は、右の伝承がユダヤとガリラヤを含む広域のキリスト教徒全般に知られていたことを前提とする。ガラテヤ書一章は、物語風に潤色された使徒言行録九章（二二・三以下、二六・一二以下も同様）の報告と比べると、この出来事が突然の出来事であったこと、パウロの人生が典型的な仕方で二分したこと（かつての迫害者、現在の伝道者）、その内容がイエスの啓示であったことなど、基本的な点で同じ内容を持つ。特に注意を引くのは、彼の迫害行為を特徴づける「滅ぼす」（ポルセオー）というまれな動詞使用の一致である（使九・二一とガラ一・二三。他に一三節。この箇所以外、新約聖書のどこにも使用されない）。つまり両箇所とも、原始キリスト教のパウロ物語に依存するところで一致点がみられる。

原始キリスト教の諸形態の中で、特記すべきキリスト教徒たちにまつわる一連の物語が、教会の信仰に有益な仕方で同じく形成された。そのようにして、ペトロは最初のキリスト復活の証人であり（ルカ二四・三四、一コリ一五・五）、ステファノはキリスト教徒の最初の殉教者と見なされ（使六―七章）、エパイネトはアジア州の最初の受洗者として知られた（ロマ一六・五）。それと並んで、パウロはかつての迫害者で、今は信仰を告げ知らせる者として位置づけられる。このパウロ物語は、復活後の最初期キリスト教徒らの視角から形成された。その際、パウロがユダヤのキリスト教徒らにまだ知られていない（ガラ一・二二）ことが前提となるので、この物語は彼の召命後にいち早く、そしてもちろん使徒会議前に生まれた。

使徒後時代のパウロ受容との関連で、さらに二つのテキストが知られている。それらは真正のパウロ書簡とは別に、パウロ物語に規定され、使徒の人生のあの転換を反映する。使徒言行録九章一―二二節（二二・三―二一、二六・九―二〇）と第一テモテ書一章一二―一六節がそれである。後者のテキストに記される物語は、パウロの生の転機を、キリストにおいて神が罪人を愛する範例として捉える。すなわち、パウロは神冒瀆者、教会を迫害し戦いを挑む者であったが、これはアレオパゴス演説における異邦人の偶像崇拝のように（使一七・三〇）、無知のゆえに起こったことなので、神の「憐れみ」の下で（一六節。ロマ二・二参照）、恵みによって赦され得る。しかし、右のパウロ物語を内包する第一テモテ書のテキストが伝道的な回心説教に適応しているのに比べて、パウロは自分の迫害行為を別様に判断する。彼においては、赦され得る無知に代わって、人間の赦され得ない性質が置かれる（ロマ一・三二、二・一、三・九以下）。彼が自己の召命を範例化する場合においても（フィリ三章）、その召命は、彼の古い生における積極的なものをも無価値なものにする罪人の義認に対する範例であって、それ程に無知な罪人が回心するということの範例ではない。

前者の使徒言行録九章（二二章、二六章も）のテキストは、パウロの決定的転機に関して、今日までキリスト教徒の一般的意識に深く刻まれている。もちろん接近して見ると、このテキストもまたパウロの召命の自己理解との距離がある。この九章には本質的に、ルカに先立つ一般的なパウロ物語の伝承が察知される。

使徒言行録においてルカは、地上のイエスと歩みを共にし、また彼の復活の証人であった者こそ「使徒」である（一・二一）、との理解に立つゆえに、キリストの昇天・聖霊降臨・教会誕生・使徒たちの福音伝道の後に天的幻によって回心したパウロに対して使徒称号を付与することをしない（一四・四、一四は、教会宣教者の意味で使用）。パウロはダマスコ体験の直後に、使徒たちとは違って、アナニアから洗礼を受け、主への奉仕を指示される（九・一五―一九）。

しかしそれに対してパウロ自身は、人間的権威に依存せず、直接神に召されたと自覚し（ガラ一・一〇―一七）、主を見たことを復活顕現に組み入れ（一コリ一五・一〇―一七）、ペトロと他の人々と同じく自分にも同様の使徒称号を要求する（一コリ九・一五、ガラ一章）。

このようなパウロ自身の召命理解とのずれを見せるルカは、前に指摘した第一テモテ書一章（一三節・「神冒瀆者、迫害者、暴力者」）のパウロ物語の意味とまったく同じく、パウロの転換を把握する。すなわち、迫害者のパウロがもっぱら罪人の具体例となるが、回心と共に恵みが与えられ、こうして彼の人格は神の憐れみというキリスト教的救済の教えの典型となる。それゆえに、使徒言行録の中で注目すべきことに何と三回も、パウロの回心が包括的に描写される（九・一―二二、二二・三―二一、二六・九―二〇）。そこでルカはさらに、回心をもって終止符を打ったパウロの迫害行為に対して、この神の恩恵の結果である彼の偉大な伝道成果を対置させることができる（これもまた一テモ一・一四と類似する）。

しかし、パウロ自身とのずれをみせ、また使徒言行録九章内部であれこれと個々の点でルカ的加筆のことが論じられるにせよ、ルカは手中にある確かな伝承を自分の言葉で再現している。しかもその伝承の構造は、おそらくパウロ自ら引用するパウロ物語（ガラ一・二三―二四）に対応する。結局、使徒言行録は使徒の召命を史実的に理解する手助けを与えるのでなく、むしろ使徒の身近にあった伝承を教会の建徳のために物語的に発展させたのである。

以上のように二次的資料を把握した上で、次に、使徒の重要な自己証言のテキストに移りたいが、そのためにまず方法論的な問題を少し考慮しておきたい。決定的な三つのテキストは第一コリント書一五章一―一一節、ガラテヤ書一章一三―一七節、フィリピ書三章二―一四節である。しかし、（特にローマ書七章七―二五節や第二コリント書四章六節でなされているように）それらのテキストの短い諸言及のどれが重要な意味をもつべきか、という問いは開かれている。また使徒の召命経験と重要な最古テキスト（一コリ一五章）との間に、二〇年以上の時間的隔たりがあるので、隔たりをもつ諸テキストの中にどれ程に本来の解釈と後の見解とが絡み合っているのか。パウロは自分のダマスコ経験を単に体験としてでなく、その後の彼に持続的で有効な諸結果を見つめつつ、それについて語る。最後に考慮すべき事は、まさに召命に関するパウロのテキストがいかにさらに典型的な言語によって形造られているかということである。パウロは実に、自分の召命をできるだけ普遍妥当的に語るために、一般的言語の型を引き寄せることを目論んでいる。そこでは、特に個人的なものは少し背後に退くことになる。いずれにせよ、テキストの持続と史的距離と典型的言語という三つの事柄にぶつかる聖書箇所を用意周到に取り扱うことによって、我々は使徒の召命の経緯を正しく理解することができる。

そうでなければ、思弁に陥ったり、あるいは解釈者の神学をそこに鏡のように反映させてパウロがそのことの尻拭いをさせられる、ということになる。例えば、ある人々はパウロテキストの中に敬虔主義的な回心の出来事を再び見出し、また他の人々は原始キリスト教のケリュグマ（宣教の言葉）――それは典型的な仕方で新たな自己理解を含む――に対する決断を引き出す（例、R・ブルトマン[1]）。

また歴史的により良く理解し得るために、人はそれを心理学的に解釈する。ある人にとってパウロ描写における召命は、単に周辺的な数行の価値しかもたないが、他の人にとってそれは総じて使徒の全神学に対する鍵となった。さらに他の人は、変革状況における不変なものを提供した宗教史的連続性を求め、そのために例えば、パウロがその枠組みの下で律法とキリストを交換したとされる黙示文学を見出した。もちろん、これらの試みのすべてがただ排除されればよいと言うのではないが、そこではしばしば、パウロの伝記と神学との一致ということが考察されない。

この関連で関心をひくのは、ファリサイ人パウロとダマスコ会堂のキリスト教徒らとの出会いであるが、それは彼の生全体の規定と変化に関係する。

(2)　迫害の場所との関係

使徒の召命を記した資料とその解釈について先に論じたことを踏まえた上で、次に、召命経緯の具体的な諸局面を追っていきたい。第一は、パウロの迫害の場所を巡る問題である。

実に多くの原始キリスト教史とパウロに関する研究において、充分な根拠づけがないままほぼ自明の原則となっていることは、パウロがダマスコにあるキリスト教会を迫害した、という主張である。それは、彼が在住のエルサレムから出発して（シリアの）ダマスコに向かう途上での迫害活動を報じるルカ記述（使九・一―二。二一・五、二六・一二も参照）を文学的創作と考えて、それとは反対の立場を取る。この主張が依って立つ共通の根拠は、ガラテヤ書一章の二二節（「……ユダヤ［その中心がエルサレム］の諸教会の人々とは、顔見知りではありませんでした」）と二三節、およびそれと結合させた一七節の解釈に基づき、パウロがファリサイ派の律法学者としてエルサレムにいたことを一般に否定することである（だがこの見解こそ否定され得る一般的状況について、我々は先に述べた）。

H・D・ベッツは二一―二二節について正しく、「パウロはシリアとキリキアの地方へ旅立ったので、ユダヤのユダヤ人キリスト教会に個人的に知られずにいた」、つまりエルサレムでの一五日間に（一八節）彼は「彼らの集いに参加したり彼らの指示を受けることができなかった」、と述べる。(2) おそらくその後も当分の間、個人的面識はなかったであろう。また我々の理解によれば、二二節で述べる「ユダヤ」でもって、パウロはエルサレムの教会やユダヤの（人が集住する）一地方だけでなく、サマリア、ベレア、ガリラヤ、沿岸諸都市を含むローマのユダヤ属州全域（四四年のアグリッパ一世の死後、再びローマの属州に戻された）を考えている。

先の主張者たちがさらに関連させる一七節には、「エルサレムに上って、わたしより先に使徒として召された人たちのもとに行くこともせず、アラビアに退いてそこから再びダマスコに戻った」とある。彼らはこの「再び」を解して、彼が迫害したダマスコにもう一度戻ったと推論する。確かにこの節から明らかに、パウロが彼の回心の時（またはその直後）に、しかもアラビア滞在の前に、ダマスコにいたことがあり、だから回心後そこに「戻った」と言えるのは実際の経緯にちがいない。そして、そのダマスコで新たに回心した彼がかなりの期間活動した（ルカもそれを報告）。しかし果たして、回心後に彼は「かつて迫害した場所」に戻ったというのであろうか。むしろ、ある確かな理由でエルサレムに戻ることを避けて、彼を受け入れたダマスコの教会に戻ったのではないか。前者の見解に従えば、一三節に描かれた「神の教会」の「徹底的な」迫害と彼らを撲滅する試みは、ダマスコで行われたことになる。しかしこれは、その迫害状況と並行する次の一四節との関連からして、ほとんどありそうにない。「また、先祖からの伝承を守るのに人一倍熱心で、同胞の間では同じ年ごろの多くの者よりもユダヤ教に徹しようとしていました」と描く一四節の状況は、前にすでに明らかにしたように、シリアのオアシス都市ダマスコでなくむしろ「聖都エルサレム」において、若いファリサイ派律法主義者として彼がトーラー研究に熱心であった時の状況を指し示す。ダマスコにおけるファリサイ的、ラビ的律法研究の特別な場所について、当時のユダヤ教諸資料は何も言及していない。一体いかにして、このユダヤ人ファリサイ人がタルソスから直に遠方のダマスコにやって来て、キリスト教会を激しく迫害したのか、理解できない。

それゆえに、ガラテヤ書一章だけを考察した場合の結論としても、初期パウロの経緯に関する地理的順序は、エルサレムから始まって、回心後にダマスコ、アラビア、ダマスコ、そして短期間エルサレムとなる。「ユダヤの諸教会」に二三節のパウロの噂・物語を伝えた被迫害者の「我々」とは、きっとエルサレムから追放されたヘレニストらであろう。追放された彼らの間でのみ、パウロは迫害者として実際に、「個人的に知られていた」のであって、ガリラヤからユダヤを経て南のイドマヤに至るユダヤ人の母国にある諸教会全般においては（わずかの個々人は例外としても）そうでなかった。もちろん、その諸教会の中心にエルサレムがある。このパウロ物語がすでに彼のケファ訪問の時に（一八節）エルサレムにまで伝わっていたとしても、上述したように、他のユダヤ人キリスト者たちとの個人的面識はなかった。

母国のユダヤ人キリスト者らがパウロの一大転換の噂を聞いて驚きつつ、「わたしのことで神を賛美していた」

（二四節）ことは、パウロに対していまだ残る疑念と神学的留保を示唆する。これらのことは、ルカ的描写と順序に対応する。

(3)　召命の意味

諸資料の正しい取扱いと解釈によって、ダマスコを巡るパウロの事実的経緯への関心を寄せてきたが、その関心を並行させつつも、次にはおもに、彼の一大転換の神学的、本質的な意味を中心的に究明したい。使徒言行録の当該箇所が描くように、パウロ自身もまた、自分がキリストにおける神の恵みによって打ち負かされ、福音の告知者へと変えられた決定的「回心」の出来事を承知している（一コリ九・一六と共に二コリ二・一四―一六を参照）。それにもかかわらず、彼が自分の書く手紙のどこにも自分の内面的「回心」については述べず、むしろ常に使徒への「召命」（クレーシス）についてのみ語るのは、実に特徴的である。

この召命について詳述するガラテヤ書一章一一―二四節を内側から見つめたものが、第二コリント書四章三―六節である。その上でパウロは、第二コリント書五章一六節において、「キリストを肉的に知ることはしない……」と言う（その意味はすでに論じて明示した）。これらの証言と並行して、他に二つの報告がある（一コリ一五・八―一〇とフィリ三・四b―一一）。これらの魅力的で多層的なテキストは、彼の実際の召命から二〇年も経って後に作成されている。そこで前に述べたように、パウロがかつての事実にどれだけ後の神学的反省の表現を添えたのかは、留意されるべきであろう。しかし右の自己証言的テキストは、それらよりもっと古くて良質で別の文面の諸資料があり、それを自由に扱い得る、ということが実際にない以上、史実的な信用性に欠けるものとする訳にはいかない。よって人は、使徒が書く事柄にまず依存することができる。

さて、これらの召命記事を手にして、三つの問いが立てられる。それは、「何が」パウロにキリスト教会の迫害を引き起こさせたのか、イエスの顕現によって「何が」彼に明らかになったのか、これらの出来事によって彼の使徒職と「神の福音」は彼に対して「どのように」明示されたのか、という問いである。

実は第一の問いに対しては、キリスト（メシア）・イエスの教えに基づく神殿批判を展開したステファノに代表されるエルサレムの（そしてダマスコへと散らされた）ヘレニストに対して、ユダヤ教徒の迫害の手が及んだことに、パウロも基本的に合流した、という状況説明を伴う理由を、すでに再三明らかにした。

第二の問いに対して、パウロの召命テキストから中心的事柄として確認できるのは、ダマスコ途上で天からの「キリスト顕現」が彼の身に起こったということである（使九・三、二二・六、二六・一三とも対応）。それは彼を、なかなか容認し得なかったイエスが真に神に由来する方（キリスト）であったし、現にそうである、との認識へと導いた（ガラ一・一二、一六、一コリ一五・八、二コリ四・六、五・一六、ロマ一・四―五、フィリ三・七―一〇参照）。それは次のような展開内容をもつ。

パウロもまた、自分より先に召し出された使徒たちと同じく（一コリ一五・五―七参照）、十字架の死から復活したイエスを、神によってその右の座に挙げられた神の子の栄光と力の中で（ロマ一・四）見つめ、いわばその目撃の証人となることを許されたのである。このようなキリスト顕現が具体的に、ダマスコのユダヤ人キリスト教徒をシナゴグ法廷に連行しようと彼が息巻く途上で起こったのである。以前の彼にとって、彼が迫害する者たちの告白する「主イエス・キリスト」は、当然「律法違反者」として十字架の木に架けられ、神に呪われた似非メシアとしてしか映らなかった。しかし、今やこのキリストは彼に対して、神の栄光の光輝をもって現れた。第二コリント書四章六節（創一・三引用）でパウロ自身が、神の業によるこの「イエス・キリストの啓示」（ガラ一・一二、一六参照）を「輝き」として、つまりより厳密に言うと、創造者なる神の意志によって輝く認識（グノーシス。それは、神の威光［ドクサ＝ヒブル語のカーボードゥ］がイエス・キリストの顔に向けられたことの認知）として特徴づける。

義認の範疇で語るフィリピ書三章七―一一節においてパウロは、この「イエス・キリスト（へ）の認識（グノーシス）」が文字通り彼に根本的な転換を引き起こした、と告白する。迫害者パウロにとってトーラーはすべてであり、イエス・キリストは誹謗されるべきであったのに対して、ダマスコ途上のキリスト顕現によって彼を照らした認識は、神の意志に従ってキリストがすべてであり、シナイ律法への戦闘的情熱を燃やした彼が実は神の救いの道を冒瀆する者になった、ということである。それにもかかわらず、彼は滅びの判決に引き渡されたのでなく、むしろ恩赦が与えられて、今まで彼が神冒瀆者として誤認していたほかならぬキリストに対する証人、奉仕者たることへと召し出された。その意味において彼はダマスコ途上で、彼のキリスト認識の転換を経験した（二コリ五・一六と一致）。

ダマスコ途上の「主イエス・キリスト」との出会いを、パウロは「恩寵行為」と感じ取った。彼がそこにおいて、裁きに代わって受容と和解を経験したからである。彼はこの出会いに伴う召命により義とされ、キリストに奉仕するかつての犯罪者として出現した（一コリ一五・一〇、二コリ二・一四、一テモ一・一二―一七と関連させたロマ一五・七―八を参照）。言うなれば、義認教説はパウロ神学の展開過程で形成されたのでなく、彼は神なき者の義認を説いた（ロマ四・五、五・六）以前に、初期のダマスコ途上の段階で義認を自分の身に経験したのである。

召命経験のもう一つの側面がある。ダマスコ途上でパウロに明らかとなったのは、彼ではなく彼が迫害したヘレニストとその同士たちこそが、彼らの告白と教えによって神に正しいと認められた、ということである。この洞察によって、トーラーと福音との関係は彼の中で逆転した。つまり、人が神の審判座の前で得る決定的な義は、なおそれほどに忠実で熱心な律法遵守によってでなく、ただ主イエス（キュリオス・イエースース）に対する告白と信従によるのであった。それをあるいはパウロの優れた一文（ロマ一〇・四。釈義的論争の箇所）によって定式化すると、次のようになる。「パウロはダマスコ以来、十字架につけられ神によって甦らされたキリストの中に、（救いの道としての）律法の終焉（テロス。新共同訳は「目標」）を見ることを学んだ」。彼に示されたイエスの復活顕現は、彼が今まで迫害したキリスト者たちの復活告白に彼を連ならせたのみならず、さらに彼固有の遍歴状況に基づいて、啓示史における革命的な次の洞察へと導いた。すなわち、キリストは神にとってモーセ律法以上に優るものに値し、高挙のキリストの顔にある神の威光は律法特有の栄光を希薄なものにした（二コリ三・七―一一参照）。この洞察が、諸民族・異邦人へのキリスト伝道に彼を向かわせ、彼を特質づけたのである。

召命記事における第三の問い（使徒職と神の福音の問題）について考えてみたい。第一に、パウロへのキリスト顕現と使徒任命とは密接に関係する（ガラ一・一二、一六、一コリ九・一、一五・八―一一、二コリ四・三―六、ロマ一・一―七、一五・一五―一六参照）。彼も復活の主キリストの顕現に遭遇したことを指摘しつつ（一コリ九・一、一五・八）、彼以前に召し出された使徒たちと同等の使徒（アポストロス）たることを要求した。確かに、ペトロら十二人はすでに地上のイエスに選ばれ、彼らへの復活顕現によって主の来臨の日まで「主イエス・キリスト」の使者に召し出されていた者として、傑出していたであろう。だが神から、そして高挙のキリストによって、パウロに明瞭に啓示されたのは、イエスの十字架死と復活における神の救済意志が唯一の主（キュリオス）によるユダヤ人と異邦人の終局的な救出を目指した、ということである。まさにこの啓示認識は、彼を他のすべての使徒たちに対して同等かつ自律的なものにした。

パウロはダマスコ顕現によって、信仰による伝道者として召し出された。この信仰は、救いをもはやユダヤ教的な律法遵守に依存させず、ひたすら「我々のために」十字架につけられ神によって甦らされた「主イエス」への告白に依存するものとした（ロマ一〇・九参照）。

もう一度事実関係に目をやるならば、ダマスコに戻ったパウロは（ガラ一・一七）、ダマスコ教会の伝道活動に入り、キリストを主、メシアとして告知し始めた。考えてみると、そこのユダヤ教諸会堂に参集する同等のユダヤ人、改宗者、神畏敬者たちと「イエス・キリストへの信仰」について論じるためには、回心したファリサイ派律法学者のパウロほど適任な人は確かに他にいなかったに違いない。しかも歴史的に理解できるのは、彼がそこに動員されたユダヤ人らに直ちに会堂法廷に引き出され、「ユダヤ人に四十に一つ足りない鞭打ち」刑を言い渡されたこと（二コリ一一・二四）、そして遂に彼らが「アレタ王の代官」（それはダマスコにあるナバテア王国の執政官を指すと思われる）に彼を捕らえて殺害させるよう企んだことである（二コリ一一・三二―三三、使九・二三―二五参照）。このように執拗につけ狙って、ユダヤ人らがただ目論んだのは、パウロ自ら以前にヘレニストらを迫害したのと同じ手段によって、彼の口を封じることであった。

少し先に話を進めるが、パウロは、自分が数十年に及ぶ伝道活動の中でやっとこの派遣任命に慣れていったことを知らせている（ガラ一・一八―二四、使一一・二五―二六参照）。しかしこの習熟ということは、神なき者の義認の福音の本質的諸要素が、彼の召命経験およびダマスコ（とエルサレム）のキリスト者らの信仰告白伝承を介して、すでに彼に差し出されていた（一コリ一五・三b―五、ロマ三・二五―二六、四・二五、二コリ五・二一参照）という事実と、相争うものではない。

召命記事における第三の問い（使徒職と神の福音の問題）について看過し得ない第二の点は、パウロにとって「使徒職と福音とが不可分であった」ことである。このことはすでに、自己の召命を回顧するガラテヤ書一章一六節からの定式に明らかである。すなわち、「わたしが神の御子を異邦人／諸民族に告知するために、御子を啓示すること」は、神の御心であった。この両者不可分な関係において自己の召命を把握する仕方は、その後の彼の手紙に一貫して見られる（ロマ一・一、一五・一六）。このことは遂に、第一コリント書九章一五―二三節における使徒職の指導に関する有名な釈明報告に表明される。パウロは義認の福音を常に、自分がとにもかくにも仕えずにはおれなかった啓示の基準とみなした（一六節参照）。その意味において使徒は、彼に委ねられた福音と共に立ちもし倒れもする、だが同時にまた福音は、彼と共に立ちもし倒れもするのである。

こうして、（二コリ一一・四の論敵とは対照的に自己を語る）ガラテヤ書一章一二節と一六節、第二コリント書四章四―六節、およびローマ書一章一―七節の諸定式に頼るならば、パウロに委託された「神の福音」の決定的内容がダマスコ途上で彼に現れたキリストであることは、明らかとなる。使徒はこのキリストと共に立ちもし倒れもする。しかし、キリストは彼よりも限りなく遥かに偉大である。

我々はさらに、使徒としての召命に端を発する、神学的に重要な諸局面を追ってみたい。もちろんパウロが自己の召命時に、それらの諸局面のすべてをただちに認識し、神学的に定式化し得たということではない。むしろ彼は、使徒的活動の中で、事柄の明瞭な認識による概念化に到達したにちがいない。しかし、それらの諸概念の揺るぎない根拠となったのは、やはりあの召命経験であった。

ダマスコを前にパウロは、福音の宣べ伝えを委ねられ、それ以来、福音に「奉仕」することが彼の生を占めた。彼は後にこの奉仕のことを、第二コリント書三章八―九節で、「霊（へ）の奉仕」、「義の奉仕」として特徴づけ、五章一八節ではそれを神ご自身によって与えられた「和解の奉仕」だと呼ぶ。これは明らかに、かつてダマスコ途上でパウロの身に起こった和解の出来事を言い表している。それ以来彼は、神が（律法に対峙して新たに）打ち立てた「和解の言葉」である福音に奉仕した（二コリ五・一九）。

召命経験から、パウロの「啓示」の見解もまた規定される。イエスはダマスコ途上で「主」（キュリオス）の顕現として使徒に明示されたが、これに基づく彼の啓示理解は、イエスの派遣と贖罪死と死者からの復活とによる、救済論的にこの上ない神の「自己証明」ということにある。

パウロは後の書簡において（ロマ四・二四。ロマ八・一一、二コリ四・一四、ガラ一・一、他をも参照）、他のキリスト者たちと共に、神を「私たちの主イエスを死者の中から復活させた方」と告白し、またフィリピ書のキリスト讃歌（二・六―一一）に従って、神は救済をもたらす御子イエスの派遣を実現した後、神名キュリオス（ヘブライ語のヤハウェ。イスラエルに対する「救済的自己証明」としてのヤハウェ啓示が出エジプト記三・一四に記述。イスラエルと全被造物に対する神の救済的自己証明は、ヨブ記と諸預言書に古典的かつ感動的に記される。H・ヒュブナー『新約聖書神学I』(3)参照）をイエスに与えた、との信仰的確信をパウロは抱いた。すなわち、神は世を御自分と和解させた時に、ただキリストの中に現存したのみならず（二コリ五・一九）、神は常に新たに、甦って高挙し栄光を受けたキュリオス・イエスの中で出会い、自己を明らかにする。このような理解の根底には、神がこのキュリオスをダマスコ途上でパウロに啓示した（ガラ一・一六、二コリ四・五―六）事実がある。それ以来パウロは、「イエス・キリストの僕」としてその務めを果たした（ガラ一・一〇、その他）。

第二コリント書四章三―六節によれば、心の目がくらませられない聴衆者に対するパウロの福音伝道により、「神の似姿であるキリストの栄光の輝き」が放たれる。実にこの栄光の輝きは、神がダマスコ途上でパウロに照らしたものと同一である。ここにおける特徴的把握は、使徒の宣べ伝える福音が聴衆に信仰をもたらし、救いの啓示に対する告白と理解を可能にする神の語りかけとして彼らに臨む、ということである（一テサ二・一三。ガラ三・二など随所に）。

数箇所の典拠によれば（一テサ四・一五、一コリ一五・五一、二コリ一二・一、八―九、一コリ一二・七）、パウロはダマスコ啓示を超え出た神の啓示の言葉、幻、聴聞、霊の顕示をも知っていた。しかし彼は、それらをどこにもあの召命の出来事とは等置せず、ただ「信仰との一致（アナロギア）によって」（ロマ一二・六。すなわち、聖書の証言と信仰伝統によって）妥当なものと分かる限りにおいてのみ、それらに重要な位置を与える。

⑷　召命後——洗礼と伝道——

ここで、我々の興味をそそる使徒の召命経験後の洗礼と教会接触の問題に触れる。

Ｊ・ヴァイスの古典的代表作『原始キリスト教』[4]は、原始キリスト教の洗礼執行時期を遅く想定し、サウロ／パウロの受洗は後に形成されたアンティオキアあたりである、と考える。さらに最近ではＪ・グニルカが、パウロの洗礼自体をも総じて否定する（『タルソスのパウロ』[5]）。しかし彼は、その主張がローマ書六章三節と矛盾することに気づかない。むしろ筆者の見解では、パウロがキリストの名において確かに洗礼を受けたことは、彼の全伝道実践に基づいて、また特に「私たちはキリスト・イエスへと洗礼を受けた」（ロマ六・三。一コリ一二・一三参照）との一人称複数の用法のゆえに、前提とされ得る。そして彼の洗礼は歴史的に、アラビア滞在後に再び戻ったと言う（ガラ一・一七）ダマスコ以外のどこでも執り行われ得ない。ルカはそれを、アナニアという人物が関わる物語として報じている（使九・一八—一九、二二・一六。前者の箇所にある「洗礼を受け、食事をして」は、悔悛断食の終了を指すだけでなく、洗礼に伴う主の晩餐への参与をも示唆している）。

パウロはキリスト啓示によって信仰に至り、同時に諸民族への使徒に任職されたが（ガラ一・一五—一六）、彼はもはや非受洗者・非弟子・以前の迫害者のままで、イエス・キリストの使徒であったり、時折自らキリストの名で洗礼を授けたりすること（一コリ一・一四—一六）はできなかったはずである。

この関連で、ルカ記述に従って付言するならば、聖霊降臨の結果起こったエルサレムの終末論的救済共筒体を生み出す基本前提は、イエスの名による洗礼である。この洗礼はあのヨハネの洗礼に結合し、イエス（に従う）共同体を終末的エクレシア（カーハール）に結び合わせる。ルカによれば、原始キリスト教会の初期に、ヨハネの洗礼をすでに受けていてエルサレム教会の仲間に加わった信徒らは、イエスの名において再び洗礼を受けることはしなかったのかもしれない（使一・一五、二一—二二。一八・二五のアポロの場合も）。しかしパウロの場合はもはやそうでなく、彼らに再度洗礼を授けた（一九・一—七）。

さて、彼が召命後まもなく洗礼を受けた時、まずダマスコのユダヤ人キリスト者らとある接触をもったにちがいない。ガラテヤ書の一章一五—一七節には、それは何ら言及されていない。しかしこのテキストの文脈を考えるならば、パウロは、彼の敵対者らがガラテヤで広めた見解、すなわちパウロの福音伝道がエルサレム教会の権威者たちに依存している、との見解に反論して、キリスト啓示のみによる彼の使徒職と彼の使信の独立性を強調し、さらに最小限度の接触（一八—一九節。ケファ、ヤコブとのそれ）以外は単独伝道に向かったのだと断言する（二〇節。その後一五—一七年間ほど、たぶん使徒会議の時までエルサレムをもはや訪問しなかった）。実はこの論争的文脈において、ダマスコは脇役を演じることになる。つまり、彼が召命直後に、エルサレムとは反対方向に位置する（アラビアと）ダマスコに行ったことの強調である。しかもこの場合に、論敵への反駁を意識した使徒性の主張であるので、彼はダマスコのユダヤ人キリスト教徒たちとの接触について何ら言及しないのである。

それにもかかわらず、使徒の召命を受けた後に、彼は第三者から本質的なキリスト教伝承を、しかもそれを主からのものとして受け取ったと言明する（一コリ一一・二三—二五、一五・一—七）。つまり彼は、単なる神学的独我論者ではない。ここでは、高挙の主の現在的な御業と、（時には生きた記憶に基づく）人間の歴史的伝承行為という、縦と横の線が結合し合う。そして彼が「私たちにしても彼らにしても、このように宣べ伝えている……」（一コリ一五・一一）と言って、先に挙げた復活の証人たちの告知との基本的一致を印象的に強調する時、それは第三者によって彼に伝達された共通の伝承基盤に立ってのみ可能である。しかしこの基本的「一致」の言表は、現代の新約聖書神学や神学史の中でどうも握りつぶされている。

単なる推測であるが、もしかしてパウロに本質的な新しい使信のいくつかは、彼の召命前の時期に、論争と審問を通してキリスト教徒らの口から告白されていたのかもしれない。しかしもっと確かなのは、彼はダマスコで洗礼を受けた時に、主イエスの名を呼び求め、この方に自己を告白したことであろう（使二二・一六参照）。その際にこの洗礼が、（二世紀末頃から制度化した受洗志願者教育［カテクーメナート］の意味での教示などはここにまったく見出せないのだが、）この新しい信仰による、すなわちイエスへの信仰の根本内容に関する、いかなる教示も責務もなしにパウロに対して執行された、と推定されてはならないであろう。

(5)　諸民族のための使徒

この章を一応締めくくるに当たり、パウロがそのために使徒とされた「諸民族／異邦人」（エスノス。パウロは主に複数形のエスネーを使用。ガラ一・一六、その他）と、彼が一時退いた「アラビア」、この二つについて考えてみたい。

旧約的用法と密接に関係する前者のエスネーは、(1)イスラエル民族をも含む世界の「諸民族」、(2)非ユダヤ的「諸民族」、(3)非ユダヤ民族の個々人を指す「異邦人」（否定的意味を含む）という三様の意味をもち、時には相互に重なり合う（ガラ一・一六は(1)と(3)の意味）。パウロ書簡におけるエスネー用法に基づく諸民族伝道の考察は、筆者が別の機会に論究したが、[6]ここでは、使徒の召命時のその意味と実相を一瞥するにとどめたい。

使徒は新たな使信の告知者となった最初の時点から、母国以外の非ユダヤ人をも念頭においた。それに比べてルカは、ダマスコの会堂（シナゴグ）でユダヤ人を前にした福音の告知について語る（使九・一八b―二二）。だが二二・二一は異邦人への派遣を強調）。しかしよく見極めると、パウロが捉えるエスネー状況は、ルカの記述内容とそれほど対立するものでないことに気づく。つまり、以前に述べたように、彼が接近するエスネーは特に第一に、ユダヤ人会堂にいる（非割礼異邦人でユダヤ教に同調し、ユダヤ教の）「神を畏れる人々」である。そうであるならば、パウロは常にそこに居合わせたユダヤ人「にも同時に」語りかけたはずである。否、彼は伝道の初期から、同族の民ユダヤ教徒への切なる思い（ロマ九・一—三）を同時に抱いていたのではないか。

しかし実際には彼は、福音を携えて行く先々でユダヤ人の多くから拒否され、時に挫折し、いよいよ異邦人へと赴いた。実は、ダマスコから始まる使徒の伝道の足跡は、上の(1)の意味のエスネーの枠の中で、ユダヤ人から異邦人への揺れとさらに両者間のジグザグを確かに経験している。このことは、彼が後に救済史的テーマ設定（特に九—一一章）をもって語るローマ書（「福音は、ユダヤ人をはじめ、ギリシャ人にも……」、一・一六。一五・一九も参照）と第一コリント書（「ユダヤ人に対しては、ユダヤ人のようになりました。ユダヤ人を得るためです。……律法をもたない人には……」、九・二〇—二二）の言表の順序（ユダヤ人→異邦人）の中に反映されている。とりわけローマ書一一章一三—一四節で、パウロが異邦人の使徒の務めを栄光に思うのは、それによって彼の同胞に「ねたみを起こさせ、……救う」ためであると言う時、彼は単に救済史神学上あるいは後の伝道経験上の認識にとどまらず、自分の最初期の伝道の経験をも回顧して、全体的にそのように洞察しているに違いない。

パウロは、異邦人同調者らも一緒にいるユダヤ人会堂の存在する諸都市に好んで足を運び、そこを拠点に転々と伝道した。そこは、彼の説教を理解する基本前提をもって聞く備えのある異邦人が多数いる、格好の場所であって、彼は他のどこにもそのような人々を見出すことはできなかった。

彼は回心後にアラビアに、つまり厳密には当時のナバテア王国（紀元前一世紀から後一世紀初頭まで全盛期）に退いて、キリストから受け取った使信を単独で宣べ伝えた。したがってそれは、「あの激しい動揺の後遺症を克服し、心の内を明瞭にさせる」瞑想のために、「アラビアの閑寂な所に退いた」というものではない。もしそうならば、それはダマスコ郊外の半砂漠でも可能であったはずである。しかし、パウロはダマスコとアラビアとを区別する（ガラ一・一七）。洗礼者ヨハネやサタンの誘惑を受けたイエスの場合のように、彼は砂漠／荒地（エイレーネー）に行ったのでなく、アラビアに行った。そこで彼はおそらく、聖書解釈に固着しつつ十字架にかかったメシアを生き生きと告知した。その活動の中で彼は、後の神学的教理の少なくとも大要になるものに一歩踏み込んで、自分で啓示の事柄を把握した。このようなわけで、彼は自己の回心についても、他の人間を介して何かを熟知しようとはまったく欲しない。その意味において彼は、自己の神学的思索そのものも直接主ご自身に由来するものである、との考えを一貫させたと思われる。

この初期の伝道の試みはたぶん成果を見ず、その報告が伝承として残らなかったであろう。それゆえに、ルカは使徒言行録の中で、パウロのアラビア行きを一切報告していない（佐竹、山内、原口も同じ見解(7)）。それにしても、パウロはフェニキアの諸都市やデカポリスでなく、なぜアラビアに行ったのか。おそらく前者の地域には、追われたヘレニストの流れを汲む個々のキリスト教伝道者がすでに活動していたと思われる。しかし今や彼には、彼らに出会うことを避ける理由は何もない。にもかかわらず彼は、その地方にではなくアラビアに向かった。なぜであろうか。おそらくその動機に、後にローマ書で強調するような（一五・二〇。一コリ三・一〇、二コリ一〇・一五以下も。他人の築いた土台の上に建てないために、未踏の地にキリストの福音を宣べ伝えること）、想像を超える苦難と犠牲をも覚悟した使徒の自立伝道精神の発露が、すでに見られないであろうか。

3　諸民族のための使徒の召命　注

（1）R. Bultmann, Der Zweite Brief an die Korinther, hrsg. v. E. Dinkler, KEK-Sonderband, Göttingen 1988^2, 158.

（2）H. D. Betz, Der Galaterbrief, München 1988, 157f.

(3) H. Hübner, Biblische Theologie des Testaments, Band I, Göttingen 1990, 103-172.
(4) J. Weiss, Urchristentum, Göttingen 1917, 144.
(5) J. Gnilka, Paulus von Tarsus. Apostel und Zeuge, HThK Suppl. 6, Freiburg i.B. u. a. 1996.
(6) 次の拙論においてこの問題を論じた。「パウロの諸民族伝道の諸相」『聖書学研究所』三二号、一九九九年、一―二八頁。および Heon-Wook Park, Israel and the Nations in Pauline Theology. A Paper prepared for the IAHR being held in Tokyo, March 28, 2005, Annual of the Japanese Biblical Institute, Vol. XXX/XXXI, Tokyo 2004/2005.
(7) 佐竹明『ガラテヤ人への手紙』（現代新約注解全書）、新教出版社、一九七四年、一〇二―一〇三頁。山内眞『ガラテヤ人への手紙』日本基督教団出版局、二〇〇二年、八八―八九頁。原口尚彰『ガラテヤ人への手紙』（現代新約注解全書別巻）、新教出版社、二〇〇四年、七九―八〇頁。ただし原口は、アラビア伝道の成果の有無については不明とだけ述べる。

4　エルサレム訪問

(1)　エルサレムのペトロ訪問

すでに述べたように、パウロは回心の直後にダマスコで、次に一定期間アラビアで、そして再度ダマスコで、合わせて二、三年の伝道経験を積んだ後、エルサレムに上京した（ガラ一・一八―二〇）。それは、この一匹狼的な伝道者が、聖都にある若いイエス共同体の代表者との繋がりをもとうと願ったからである。しかし彼は、それがケファ（＝ペトロ）と主の兄弟ヤコブへの限定的な訪問であった、と神に誓って弁明することにより、おそらくガラテヤのユダヤ主義的キリスト教徒らの言い広めたうわさ、すなわちパウロがその初訪問以来、多くの指導的な使徒たちへの従属的、依存的関係に入った、との見解を退ける。ルカはパウロの言葉数の少ないこの訪問を補うかのように、しかし明らかに使徒の言表と矛盾する仕方で、詳細に物語る（使九・二六―三〇）。だがこの不一致にもかかわらず、パウロの自伝的な言表におかまいなしに、つまりまったくそれとの関係なしに書くルカ記述は、パウロとの驚くべき次の一致点をも示している。(1)パウロはダマスコからエルサレムに来る。(2)ダマスコでの命の危険から逃れてである（二コリ一一・三二―三三と使九・二三―二五。二コリ一一章に描かれる「逃亡」がガラ一・一八の上京〈アネールソン〉に先立ったことを、ガラ一・一八―一九も前提）。つまり、訪問の直接的・外的な動機は、思いがけない逃亡に迫られたことにある（→最初からダマスコで、エルサレムのケファ訪問の旅を計画したのでない）。(3)したがって、間接的に明らかなように、使徒はエルサレム訪問をある目的のために（例・彼の職務の合法性に不可欠な十二使徒との繋がりを求めて）急いでいたわけでない。(4)ただし彼は、自ら進んでこの訪問を決めた（→ケファに招待されたとは、両者とも報じていない）。

ガラテヤ書一章二二―二三節に基づいて、かつての迫害者の人生の転換のことがエルサレムですでに知られていたとするならば、パウロはそこで彼の当時の友人や共同迫害者から復讐を受けることを恐れたに違いない、と推測される。つまり充分あり得る憶測を述べるならば、彼は自分の命がエルサレムにおいても極めて危ぶまれたので、到着に際して、できるだけそこで知られないままでいようとした（使二三・一六―二二によれば、パウロの甥が彼をかくまっていた）。そしておそらく彼は、何ら事を荒立てることなくこの密かな訪問を果たし終えたと思われる。それが、「ケファ（とヤコブ）にだけ会った」背景事情であろう。その事情のゆえに彼はまた、十二人以上いたにちがいない他のすべての使徒たち（ガラ一・一七。ロマ一六・七その他も参照）に表だって会わなかったし、彼らもまたパウロを見なかった。あるいは彼らはまだ、当時の迫害者から福音の告知者に転換した彼を見たいと願わなかったのかもしれない。

パウロが面識を求めるケファと並んで、主の兄弟ヤコブ（イエスの弟。イエスの死後に信徒の群れに加わった）がそこにやって来るというのは、最高指導者のケファに加えて、もう一方の律法厳格派のこの指導的人物が求められたことと関係するかもしれない。

その関連で付言するならば、このヤコブはそのほぼ七年後の四三年頃、アグリッパ一世（ヘロデ大王の孫としてユダヤ全土を遂に領有し、ゼベダイの子ヤコブを殺してユダヤ人の歓心を買うなどして、律法に忠実な彼らの意向を汲みながら平穏な政治を行った。使一二・二―三）の迫害によるペトロの避難の後、エルサレムでの指導権を握り、それゆえに四九年頃の「使徒会議」の時に、彼が柱となる人々の中で第一人者に立ち、ケファの方は第二の地位を割り当てられる（使一二・一七参照）。つまりこの時代は、律法重視の風潮に見合う慎重さがユダヤ人キリスト者に必要とされる厳しい状況にあり、それが律法に一層厳格なヤコブの指導的登場に現れている。

ステファノの殉教に代表されるヘレニストらが追放された二、三年後に、エルサレム教会にはわずかの弟子（ムナソンの名を記す使二一・一六、その他を参照）を除いて、圧倒的にヘブライ人、つまりアラム語を話すユダヤ人キリスト者が集まったであろう。そんな中で、かつての律法熱心な迫害者が今やヘレニスト以上のトーラー批判者としてエルサレムに出現することは、パウロだけでなくユダヤ人キリスト者たちにとっても危険なことと感じ取られたにちがいない。この緊迫した問題は、そのほぼ二〇年後に彼が遂に神殿で捕らえられるまで残っていた（使二一・二七―三六）。つまり、最初のエルサレムのケファ訪問に関するパウロの報告は、「唯一ただ」ケファと面識になりたいとの決定的な願いから上京したとも、また「彼」がすべて他の接触を拒んだとも言っていない以上、明らかに第二次的なルカの説明と同様、右に述べた困難な諸問題を示唆している。

いずれにせよ、この二人の重鎮との語り合いは、大きな意味をもっていた。

(2)　ペトロの訪問客として

パウロはケファ（ペトロ）のもとで一五日間、客として滞在した（エピメネイン。一コリ一六・七―八、使一〇・四八、二一・四、一〇、二八・一四参照）。食事の交わりも当然含む「客のもてなし」は、原始キリスト教の一つの大切な徳であり、また相異なるイエス共同体間の結束とその路傍伝道の実りある働きにとっても、基本的諸前提の一つを形作った。それはすでに、旅人の接待に関するパウロの勧告とパウロ伝承の中に（ロマ一二・一三［ガラ四・一四、ロマ一六・二三も参照］、一テモ三・二、テト一・八、その他）、またイエス伝承とルカの「伝道物語」にも（マコ六・一〇―一一、一〇・一二―一四、ルカ九・四―五、一〇・五―一二、使九・四三、その他）見られる（後の『ディダケー』一一・一二―一三・三には、制度化する教会における旅人接待の規定がある）。

多様に証言されたこの客接待の事実は、それだけでもすでに、互いにいがみ合い分裂した諸集団という考えとは相いれない。初期の諸教会の「カリスマ的、創造的な多様性」は、まだ修復不能な諸対立を生み出さなかったにちがいない。だがそれにしても、ケファが面識のない、しかも種々の点で問題のあった客人を二週間も自分のもとに宿泊させたことは、決して自明なことでなかった。ケファのこの自発的なもてなしは、突如エルサレムに現れたこの特別な訪問客への個人的関心ともきっと結びついていたにちがいない。パウロの方はもっと明白に、個人的関心を抱いていた。そうでなければ、エルサレムに来なかったであろう。

この引きこもった二週間は、双方の豊かな交換を提供した。確かに、パウロはエルサレムでの三年不在（アラビアとダマスコで活動）とわずか二週間滞在（ケファ訪問）という対照によって、彼の使徒職の完全な独立を強調するが、そのことは、この重要な一五日間に両人がよく知り合い、相手から学び合ったことを排除するものではない。むしろ、双方互いに何らかの知識をもっていたに違いないが、この二週間という期間は、相手方への偏見を取り除いてかなりの信頼の素地を作るのに適していた。

この訪問で問題なのは、オリエントでは半日あれば足りる「表敬訪問」のみでなく、原始キリスト教の進展に本質的なものとなった実質的出会いである。コンツェルマンによれば、彼の言うこの「短い訪問」は「その対話の内容を抜かしている。なぜなら、この訪問がどうも彼自身の神学にとって実質的でなかったからである」（『原始キリスト教史』[1]）。しかしこの見解は、ガラテヤ書一章一五—二四節の報告の意味をまったく誤解している。というのも、使徒はどこにおいても伝記的詳細を究めるレポーターなどではないからである。またこの一五日間の交わりがなければ、その一三年後の「使徒会議」での出会いはそれほど積極的な経過をたどらなかったであろう。ことに「柱と目される人びと」の内でも重要なヤコブ（二回目の対面のガラ二・九で、ケファを凌いで筆頭に名が挙げられる）が律法厳格派を代表して、この風変わりな客に会い（判断を下し）たいと思ったことは、意味がある。その際におそらくヤコブは、原始キリスト教団でも大切に重んじられた「二人、三人の証言によって事は立証される」という原則（申一九・一五）に従って、ケファを補充する「証人」の役割を果たしたであろう（二コリ一三・一、マタ一八・一六、一テモ五・一九、ヘブ一〇・二八参照）。さらに、ケファが後にこの特有な訪問をエルサレム教会に報告したことは、ほぼ間違いない。

この「面識」の内容について、人は釈義的「長編小説」のようにあれこれと考えあぐねるべきでないかもしれないが（K・ベルガー『神学史』[2]参照）、少なくともパウロにとってそれは、単に「ケファからの情報、およびイエスの教えと働きに関する情報（→伝承）を得ること」（G・D・キルパトリックのガラ一・一八に関する小論[3]や、J・D・G・ダンの小論「ガラ一、二章によるパウロとエルサレムとの関係[4]」）に集中したのでなく、それ以上のものであった。もちろん情報と結びつかない「個人的面識」などはあり得ないが、パウロが気がかりなのは、ケファの個人的データと性格以上にむしろ彼の神学思考（つまりキリスト理解、救済理解）や宣教内容（確かにイエスの言動をも含む）であった、と推察され得る。

言い換えるならば、あの過越の死から約六年経ったこの時点で、対話の中心に立ったのは「イエス」、すなわち地上を生きて十字架につけられ、復活して高挙し、今や告知された来るべき主である。実に両人の生と思考の中心点にあったものは、イエスの人格と彼によってもたらされた救済である。そして、パウロを二週間も自分のもとに留まらせたペトロ側の強い関心は、復活者による自己の召命と伝道を語るパウロその人にあり、また以前のファリサイ的律法学者が語り出す預言的約束とトーラーへの新たな理解（ロマ一・一―二、三・二一、他参照）および福音理解にあった。

右に述べた核心部分のすべてが話題に上らなかったとしたら、この二人はいち早く互いに不一致・分離の道を歩んだに違いない。単に天気のことなど表面的な会話で二週間を過ごしたとすれば、終末時の緊迫した時（一コリ七・二九、フィリ四・五。一テサ五・二など）は余りにも惜しまれる。否、確かにこの客人接待の期間は、互いに取り憑かれるほどの集中的な相互交換というものを示唆している。

ところで、半ば告白的・信仰問答的、半ば歴史的に列挙された第一コリント書一五章三―八節、すなわち復活に関する最古の信仰告白伝承は、それがエルサレムかダマスコかアンティオキアに起源をもつかどうかを巡って、ここ五〇年間疲れを見せず議論されている。その定式は後に形成されたであろう。しかしその「内容」は少なくとも部分的に、（代表的な個々の証人として列挙されたケファとヤコブとパウロが初めて出会った）この重要な訪問の時に、どうして取り扱われなかったなどと言えようか。そして、当該伝承を要約的に締めくくる一一節、「とにかく、私にしても彼らにしても、このように宣べ伝えているのですし、あなたがたはこのように信じたのです」（→教会の一致を基礎づける共通のケリュグマ伝承）との所見は、この訪問時にまず基礎づけられたと考えられる。その所見は、「原始キリスト教初期に多くの相矛盾する『ケリュグマタ』があったであろう」との今日好まれている見解を、現代的な神話形成の領域のものとして退ける視点をもつ。

さらに、釈義家は一般に、この二週間にパウロがどのような諸伝承を受けたのかをもっぱら問題にするが、その逆の問い、つまりエルサレムの律法学者として教養を積んだ彼が、同時に「ヘレニズム的」ユダヤ教をも知り、やがて最も成果を上げる伝道者・教会設立者となった者として、あのガリラヤの漁師に影響を与えなかったかどうか、という問いはほとんど立てない。しかし、ガラテヤ書二章一五―一六節でパウロは、血統からして異邦人でなく同じユダヤ人であっても、人は律法の実行によってでなく、キリストへの信仰によって義とされることを「知って」（エイドテス）、そのユダヤ的基盤を破棄するゆえに、彼は後にアンティオキアでケファを叱責することになる。その際にパウロは、キリストの救済行為に基づく知識へとケファを取り込み、したがってその知識を彼と共有することを明らかに前提としている。事実それに合致してケファは、初めは無条件でアンティオキアの異邦人キリスト教徒と共に食卓の交わりを、そして彼らと聖餐を祝ったのである。パウロはこれを非常にはっきりと、次のように言い表す。ケファがこれらすべてを正確に知っているので、彼は「異邦人のように生活している」のだ、と（一一―一六節、特に一四節。コリント教会でのケファの役割も、律法問題はパウロと論争的な関係にないことが前提となっている。一コリ一・一二、三・二二、九・五）。ケファの正確な知識は、エルサレムでの使徒会議の席でのみならず、それ以前に遡って得られたものと考えられる。

このように、ケファはパウロとの最初の対話を通して、これらすべてを知っているので、他の柱と目されるヤコブとヨハネと一緒に、後日もたれた「使徒会議」においてすでに、パウロの福音を承認することができたにちがいない。

当時、親戚同士でもかなり長期間と思われた二週間におよぶこの滞在（トビ八・二〇参照）は、初期原始キリスト教運動の進展にとって決して非本質的なものではない。パウロのみならず、ケファもまた今述べたように相手から学んだ。したがってこれらの考察とは逆の見解、つまり未決着の律法問題について、パウロは使徒会議までの一三年間に自己の見解を本質的に変更した、との主張はありそうにない。その主張によれば、例えば初期のパウロにとって非ユダヤ人の割礼は善悪に触れない「どうでもよいこと」であった（G・シュトレッカー「解放と弁明」[5]）とか、またトーラーは本来彼にとって何かファリサイ的、初期ユダヤ教的な「神人協力説」の意味での部分的な救済意義を有した、といった不明瞭な立場から彼は離反していったが、実は彼のそのような立場の転向が論敵から激しく非難されたのだ、と考える。しかし、それらのことは何ら跡づけられない。

神学的な非首尾一貫性と妥協的用意というものは、現代的であるかもしれないが、真理問題が提起されたところでは、竹を割ったように筋を通すパウロの思考と生き方に対してそれは妥当しない。また「福音の真理」の固守は彼にとって、後の発見などではない。むしろ彼は、自己の生の根底的変革を被ってから約三年後の最初のエルサレム訪問時にすでに、この決定的な点で譲れない態度によって、ケファとヤコブに強い印象を与えたであろう。

どのように、そしてなぜこの訪問が二週間で終えたのか、またその直後どう行動したのかについて、いくつか推察し得るが、ガラテヤ書一章は何も語っていない。

４　エルサレム訪問　注

（１）H. Conzelmann, Geschichte des Urchristentums, NTD Ergänzungsreihe 5, Göttingen 1969, 66. H・コンツェルマン『原始キリスト教史』（ＮＴＤ補遺５）、田中勇二訳、日本基督教団出版局、一九八五年、一二三頁。

（２）K. Berger, Theologiegeschichte des Urchristentums, Tübingen/Basel 1994, 253.

(3) G. D. Kilpatrick, Galatians 1: 18, *ΙΣΤΟΡΗΣΑΙ ΚΗΦΑΝ*, in: A. J. B. Higgins (ed.), NewTestament Essays. Studies in Memory of Th. W. Manson, Manchester 1959, 144-149, 特に148.
(4) J. D. G. Dunn, The Relationship between Paul and Jerusalem according to Galatians 1 and 2, NTS 28, Cambridge 1987, 461-478.
(5) G. Strecker, Befreiung und Rechtfertigung, in: Rechtfertigung. Festschrift für E. Käsemann, hrsg. v. J. Friedrich etc., Tübingen/Göttingen 1976, 480.

5 新たな伝道領域

(1) キリキアのタルソスで

パウロがキリキア州の中心都市であるタルソス出身であることは、ルカのみが伝えるが(使二二・三、九・一一、二一・三九)、批判的研究者の間ですらこの事実はほとんど疑われない。それゆえにまた多くの注解書において、パウロが第一エルサレム訪問後にタルソスに滞在したことも相対的に余り否定されない(ガラ一・二一。使九・三〇、一一・二五参照)。だがルカがタルソスでの彼の活動について沈黙することは、研究者に疑問と不快感を与える。使徒代表のペトロによる異邦人伝道の場面をまず優先させる神学構想が起因しているにせよ、なぜルカはそれについて沈黙するのであろうか? その第一の理由として、彼がそれに関する情報または伝承を入手しなかったからかもしれない。だがもしそうならば、ルカ批判の立場からすれば、ルカはパウロの故郷での活動について、なぜ教化的な場面を創作的に織り込まなかったのであろうか。あるいは研究者たちが挙げる第二の理由として、タルソスでは次に備えて休息または待機したので、伝道活動に関して特記するほどのことはなかったのであろうか。

しかし、考えられるもう一つのことがある。ルカ記述において、異邦人伝道に登場したペトロやフィリポがある時点から一定期間舞台から消えてしまう例はしばしば見られる。だが彼らのことがルカの意識から離れたとか、彼らがその後は活動を休止していた訳ではない。ルカがパウロをも同様の手法によって描写することに気づくならば、我々は次の両テキスト間の関連に注目させられる。パウロの最初のエルサレム訪問時に経験した「神殿におけるキリストの幻」（二二・一七―二一。ルカ以前の伝承に基づくルカ固有の記事）の中で、主が彼に命じて遠く異邦人のために「遣わす」（二一節のエクサポステロー）との言葉は、もう一つのテキストにおいて、兄弟たちがパウロをカイサリアからタルソスへ「遣わした」（九・三〇。それと状況は異なるが、二二・二一と同じ動詞）との物語報告に対応する。これによってルカは、「遠く異邦人のための」派遣が、カイサリアから直線距離約五百キロに位置するキリキアのタルソスへの旅をもって開始したことを示す。

タルソス派遣後（九・三〇）のパウロ描写はしばらく途絶えるが、やっと一一章二五節でバルナバがタルソスにいるパウロを捜しに行ったと記される。ルカにとってパウロのタルソス滞在に関するこの二つの言及の間に、かなりの長期間が横たわる。その間に、順調な教会成長が記述され（九・三一）、他方、パウロはすでに彼の新しい信仰をダマスコの会堂とエルサレム出身のユダヤ教「ヘレニスト」たちの前で力強く宣べ伝えていた（九・二二、その他）。こういうわけでルカは、パウロがこのことをタルソスとキリキアでも行い（→教会設立）、決してそこで暇な生活（vita otiosa）に浸った訳でないことを、読者に誤解のない仕方で示唆している。

後日開かれた使徒会議の後、パウロがシラスと共にシリア・キリキアを巡回伝道した際に、既存の教会を励ましたとの記事（一五・四一）は、以前に彼自身が設立した教会を確かに考えている。ルカの定式化による「使徒教令」冒頭部の「アンティオキアとシリア州とキリキア州に住む異邦人兄弟たちに挨拶する」（一五・二三）も、キリキアでの彼の異邦人伝道を前提とする。

紀元二〇〇年頃、タルソスはキリスト教伝道史からほとんど消えているが、二五〇年頃に突然、アレクサンドリアのディオニシオスは、彼がキリキア州のタルソスの監督ヘレノスおよび彼と強い絆をもつ他の監督たちからアンティオキアの教会会議に招待されたことを、ローマのステファヌスに報告している（エウセビウス『教会史』[1]六・四六・三。ハルナック『初代三世紀キリスト教の伝道と伝播』[2]も参照）。繰り返される監督ヘレノスへの言及は、キリキア州におけるタルソス教会の意義とその指導的役割を指し示す。これは、パウロによる教会設立以来、常にこの大都市にキリスト者が存在したことをうかがわせる。

今右にルカ記述を通して確認した事柄、つまりパウロが彼の故郷でも伝道活動をしたことは、パウロ自身が後に「エルサレム（ガラ一・一八参照）とその周辺（ククロー。つまりアラビアとダマスコ）からイリリコン州まで（キリキア州を含む）、キリストの福音を宣べ伝えた」（ロマ一五・一九）と救済史的視点から回顧し、「シリアとキリキアの諸地方へ行った」（ガラ一・二一。両地方間には、紀元七一年のヴェスパシアヌスによる最初の分割以前、厳密な属州境界線がなかった）と語ることと一致する。

「シリア（中心都市はアンティオキア）とキリキア」は、「使徒会議」のための第二エルサレム訪問までの次の約一三年間に、使徒の最も重要な活動領域となる。ルカ記述に従うならば、近隣領域（キプロス島、ピシディア、ルカオニヤ等、ガラテヤ属州の南地方）へのいわゆる第一回伝道旅行はこの時期に当たる。

論争的にガラテヤ書簡の筆を進めるパウロは、ユダヤ主義的生き方から離れてキリスト者となった自己の回心とその後の経緯を、自伝的に語らざるを得なかった。彼はこの脈絡でかろうじて初期のキリキア／タルソス行きのことをも明かしたのであるが（一・二一）、ダマスコやエルサレムなどの他の都市名とは反対に、そのことをもはや二度と言及しない。アンティオキアについても一度だけ言及せざるをえなかった（二・一一）。だが、「シリアとキリキアの地方」でのほぼ一三年に亘る活動について距離を置くようにして語らないのは、とにかく奇妙である。おそらくこの沈黙の原因は、アンティオキア教会で再び律法規定の遵守に傾いて異邦人キリスト者との食事から身を引いたペトロとの衝突事件にあると思われる（二・一一―二一）。（我々が後に扱う）この出来事はパウロを深く傷つけ、少なくとも一時は、ペトロのみならず同労者のバルナバ、およびそこで一言する立場にあったアンティオキアのユダヤ人キリスト者との関係悪化・断絶をも引き起こしたに違いない。いわゆる使徒会議の翌年に起こったこの苦い衝突事件（四九年頃。使一五・三九も参照）は、ユダヤ人キリスト者の割合多いキリキアとシリアの伝道設立教会にも少なからぬ影響を及ぼしたに違いない。そこでパウロはおそらく後になって、このひどい幻滅について、また両地方での彼の伝道活動について、もはや多くを語ろうとはしなかったのであろう。したがって逆に、この控え目な叙述は、一三年に及ぶ使徒の伝道の重要性を減じることに決して繋がらない。むしろ後のガラテヤ、マケドニア、アカイアの諸州における実り多い伝道のための基本的な諸経験を、パウロはここですでに積んだのであり、このキリキア州のキリスト教会（使一五・二三、四一参照）のためにも、ガラテヤ書二章一―一〇節で戦わねばならなかった。

ここでもう一つの問いが出される。パウロが第一エルサレム訪問の後、どうして伝道領域としてキリキア州のタルソスを選んだのであろうか。ここでまず思い浮かぶのは、タルソスはダマスコやアラビアと異なって彼の出生地であり、両親の住む故郷である。しかし彼の郷里の町を見据えたという動機（それはパウロ書簡では何の役割も果たさないが）以上に、この町はキリキア州の首都であり、また以前に解説したように、一世紀にシリア州のアンティオキアに次いで政治、文化、経済の繁栄する両州第二の要衝であったことが、周辺諸州への陸路・海路の伝道戦略的な展望を彼に抱かせたと考えられる。また、この町には小アジアの場合と同じく確固たるユダヤ人共同体が存在し（ヘレニズム・ユダヤ教諸文献、発掘碑文など）、しかも彼らは、かつてユダヤ教徒であったパウロとその家族と同様、母国イスラエルとの多様な関係を結んでいた（使六・九参照）。そして、このユダヤ教に関心を抱く非ユダヤ人同調者がかなり存在したことは、パウロがここで開始する異邦人伝道の重要な足がかりになったはずである。

特に、キリキア州と小アジア州は、後に起こったユダヤ人の三大蜂起（六六―七三年、一一五―一一七年、一三二―一三六年）の時も、「イスラエルの地」に隣接する諸領域（シリア、エジプトなど）ほどにはその蜂起に見舞われなかったことに明らかなように、ディアスポラ・ユダヤ人に対する反ユダヤ主義をわずかしか孕んでいなかった。逆に言うならば、両州の多様な諸文化の中に混在しつつ、独自の祭儀と倫理的諸要素を保持する一神教的ユダヤ教の魅力に対して、異邦人の抱く実に多様なタイプの関心・同調心は、シリア南部のダマスコやナバテア王国のアラビアにおける以上に強かった。東のシリア州北部と西の小アジア州に挟まれ、その両領域から影響を受けたキリキア州、その首都にして自分の故郷のタルソスにおいて、パウロは少なくとも、彼の福音伝道の働きの糸口を見出したのである。

しかし、使徒がタルソスを選んだ右の諸理由はまだ充分なものでない。むしろ救済史的‐地理的な理由、および同時に伝道的‐終末論的な理由が、一定の役割を果たしたのではあるまいか。この点で重要なのは、アブラハム「巡回旅行」を記したクムランの『外典創世記（1QGenAp）』（二一・一五―一九。一七・一〇も参照）である。アブラハムが自分と子孫に約束された相続の地、すなわちパレスティナ‐フェニキア‐シリアの海岸沿いに北方のタウルス山（タルソス、キリキアの門の北側に横たわる山脈）まで行き、そこから横に山沿いに東のユーフラテス川（シリア北東境界線）まで進み、それからさらに南下してアラビア半島を巡り歩き、再び聖地に着いたと、

『ヨベル書』八―九章に接続して記す（創九・二七を視野に入れて。ヨセフス『古代誌』九・二〇八も興味深い）。タウルス／タルソスとの関連で、ヤフェトへの土地約束の言葉を記す創世記九章二七節の「伝道的」解釈を提示する『タルグム偽ヨナタン』に見られるように、律法学者であった使徒パウロの決断においても、この言葉の伝道論的・救済史的解釈は、彼のタルソスでの伝道活動と、その後のヤフェトの約束の土地における伝道の理由づけに際して、本質的役割を果たしたのであろう。

⑵　アンティオキアでの伝道開始

ペトロとの初対面の後にエルサレムを去り、キリキアとシリアで伝道したパウロは、その一三、四年間に、エルサレムを個人的に訪問することはもうなかった。しかし、彼は母教会との緩やかな関係を結んでいたのであって（ガラ二・二参照）、孤立無援な「分離主義者」として活動したわけではない。同様に、パウロおよびキリキアにおけるキリスト者の群れは、アンティオキアで新たに形成されていく群れと、同じ異邦人伝道の前線として、ある接触をもっていたと思われる。そうでなければ、アンティオキアにいたバルナバがタルソスの彼を探し当てて連れ戻すこと（使二・二五―二六参照）は、容易でなかったはずである。

さて、パウロが数年間滞在したキリキア州から伝道領域を移し、アンティオキアを中心とするシリア州で活動した（紀元三九／四〇―四八年頃）ことは、最初期から数えて六、七年間の単独伝道を放棄し、今や彼の手によらない教会、およびエルサレムの初期キリスト教誕生以来の年輩の弟子たちとの連携に身を置いたことを意味する。この時期に、彼の使徒としての教会実践と神学における発展をもたらす第二の重要な局面が確かにあった。

ここで、アンティオキアを巡る政治・宗教的背景を一瞥しておきたい。ローマのティベリウス皇帝の後継者となったガイウス・カリグラ（三七年、二五歳）は、腐敗したヘレニズム政策を強行したが、彼の寵愛を受けた一人に、パレスチナの支配権を掌握したヘロデ・アグリッパ一世もいた（エルサレム原始教団を迫害。使一二・二一―二三参照）。この時期に、放埒な生活を送るカリグラは、支配者としての地位の神格化を目論んでエルサレム神殿に自分の立像を建立するよう要求し、それがユダヤ人たちの感情を著しく刺激し（マコ一三・一四参照）、紛争を触発する深刻な事態を生んだ。だがこの目論みは、彼の殺害によって（四一年）実現を見なかった。彼の後継者のクラウディウス帝は、そのような自己崇拝化を要求せず、またアレクサンドリアでユダヤ人と非ユダヤ人との対立が起こった際に、公正な勅令を出して治めた。しかし彼は、ローマでは反ユダヤ的処置をとり、スエトニウスの報告によれば（『皇帝伝』「クラウディウス」二五・四）、クレストゥスという者（Chrestus →ユダヤ人キリスト者ら？）の扇動によるユダヤ人の間の対立と騒動を駆除するため、彼らをローマから追放した（四九年頃のユダヤ人追放令。使一八・二参照）。

このような政変の中で、パウロのアンティオキアでの初期活動期に重なる政治的動向は特記されてよい。ゲルマニクスがシリア総督のC・C・ピソとの衝突によってアンティオキアで死んだ時（一九年）、彼を高く評価していたこの都市の住民は、彼の子カリグラに尊敬と期待を寄せた。当時ローマだけが、東方から押し寄せるアルメニア人、パルティア人、アラビア諸部族の脅威から、シリアとその首都を防衛してくれたので、ローマ支配に対するアンティオキア住民の態度は総じて積極的であった。ユダヤ人もまた、過去の戦闘的振る舞いのゆえに、シリアでは恐れられていた。カリグラはまもなく、大地震の被害（三七年四月）を乗り越えて、この地の統治を開始し、シリア州の首都に好意を示した。

三八年の夏からアレクサンドリアでは、反ユダヤ人騒動が起こり、そこでカリグラの神的崇拝が重要な役割を果たした。この騒動は、パレスチナのみならずアンティオキアにも広がった。その後、カリグラ治世三年目（三九／四〇年）のペトロニウス総督下で、些細なことから起こった「異邦人」によるユダヤ人への組織的凶行と、それに対するユダヤ人の報復行動によって、多くの死傷者が出て、カリグラがこれを鎮圧した事件が起こった（マララス『年代記』）。

いち早く、初期キリスト教伝道者としてこの都市に到達したあのヘレニストたちは、ステファノに代表された「神殿批判」の態度を代表した。ここでは、エルサレム神殿で行われる「祭儀的殺人と愚昧祭礼」といった異教徒的デマ宣伝とは反対に、旧約聖書の預言者的祭儀批判の受容による、神学的に妥当な神殿批判が表明されたのであり、それは異邦人のユダヤ教同調者をも納得させるものであった。今や、エルサレム神殿が皇帝の像によって汚されたかどうかは、決定的な問題ではない。なぜならそれは人の手で作られたもので、神の本来の住まいではなかったのであり（使七・四八参照）、メシア・イエスの犠牲の死によって、贖罪の場としての神殿の意味は失われたからである。そのようなことから、皇帝の冒瀆的行為はむしろ「メシア的陣痛期」におけるエピソードか、近い主の来臨前の審判の徴として理解された。

しかし他方で、右に述べた状況下のアンティオキアにおけるこうしたヘレニストによる神殿批判の立場は、エルサレム神殿との結合を自覚する敬虔なユダヤ人たちの抵抗を生み、その会堂で決して歓迎されなかった。その結果、ヘレニストたちは、ユダヤ教の周辺入植者とも言える「神を畏れるギリシャ人たち」の方に向かい、そちらに分離していった。

5　新たな伝道領域　注

（1）Eusebius Cäsarea, Historia ecclesiastica, 6,46,3.

（2）A. von Harnack, Mission und Ausbreitung des Christentums in den ersten drei Jahrhunderten, Leipzig (1902) 1924[4], 664, 730.

6　アンティオキア教会での働き

(1)　アンティオキア教会の誕生と活動

先に述べたように、神殿批判を伴うヘレニストたちの福音伝道はユダヤ人共同体との緊張状態を生んだが、そのことが、バルナバがまさに神学者パウロをタルソスからアンティオキアに連れ戻した諸理由の一つでもあったであろう。彼こそ、イエスの出来事がもたらしたエルサレム神殿の救済意義の終焉を、神学的に明瞭に語り得る人だったからである。

いずれにせよ、アンティオキアに芽生えた若い教会（三六／三七年頃から）の発展は、ルカの要約的報告が描くような平穏で直線的な進み方をしたわけではない。ルカの一面的な叙述（使一一・二〇―二一）とは反対に、アンティオキアに来た「ヘレニスト」が初めて「ギリシャ人」（ギリシャ語を話す非ユダヤ人）に新しいメシア使信を宣べ伝えたのでは決してない。エルサレム、パレスチナから追われたヘレニストらは一様にすでに、ユダヤ教に関心を抱く異邦人「同調者たち」に狙いを定めていたのである（例えば、サマリア、カイサリアに行ったフィリポ。後に、ダマスコ、アラビア、タルソスに行ったパウロも）。

一大都市アンティオキアの、二万人から三万五千人とも言われるユダヤ人が散在するダフネのような郊外の地域で、福音はあの同調者らに、そしてもちろんヘレニスト伝道者と同じ背景をもつユダヤ人の間にも宣べ伝えられ、こうしてまもなく多くの混成の「家の教会」が立てられていった（ローマ教会もたぶん同様の事情。

H・‐J・クラウク『初期キリスト教の家共同体と家教会』[1]）。それはもはや、母国パレスチナ、フェニキアと南シリアの町々に見られたようなシナゴグとの持続的・長期的な接触には至らず、教会としてはむしろ初めから急速に自立化する「メシア的結社」として形成された。もちろん教会員個々人、とりわけユダヤ人キリスト教徒がシナゴグとの個別的な結合をなお保持することはあったであろう。それに比べ、非ユダヤ人同調者の中から出たキリスト教徒は、比較的自由な霊的礼拝による終末論的な救済共同体（使二・四二、四六、一コリ一一章、一四章参照）としての特質をより強く帯びた。したがって、ユダヤ教の割礼、祭儀律法や安息日や清浄規定の保持などの問題は、前者にとってはなおも尾を引いたが（ただし自由主義的ユダヤ人はかなり自由な態度をとった）、後者にとっては従来の意味を失っていた。しかしやがて前者は、律法に厳格なユダヤ人の手前、あるいは背教の非難を避けようとの弱い良心のゆえに（一コリ八・七参照）、自分の子に割礼を施すことがあったにせよ（使一六・三によれば、パウロもテモテにそうした。一コリ九・二〇参照）、基本的には後者の異邦人キリスト者との交わりの中で、律法諸規定を放棄していったのである。

土着のシリア宗教において、昔から多くの礼拝所で託宣が告げられ、宗教的恍惚とそれに類する諸現象が繰り返し重要な役割を演じたが、そのような土壌のシリアにおいて、終末的兆候をもって形成されるキリスト教会に見られる預言者的・恍惚的要素、勧告、賛美、異言とそのカリスマ的解釈、癒しなどは、後のコリントと同じように、少なくとも周囲の人々を引きつける作用をしたであろう。

アンティオキア教会員の多数は同調者から出た「ギリシャ人」であったが、そこに加わるユダヤ人キリスト者も少なくはなく、精神的な指導性を発揮した。使徒言行録が記すアンティオキアの五人の預言者と教師（一三・一）は、教会の指導者委員会のようなものを描写するが、彼らはすべてユダヤ人である。ガラテヤ書の記述（二・一一―一三）とそこでのパウロの反応も、ユダヤ人キリスト者の権威がなおも決定的であったことを物語っている。

このことからしてアンティオキアは、かつて宗教史学派の人々（ブセット、ハイトミュラー、ブルトマンなど）がしたように、今や強力な異教的・混淆的影響を被って、ユダヤから来た初期キリスト教徒らの素朴なメシア使信が根本から変化し、それがパウロにも深部に影響を与えた、などと推察してはならない。

原始キリスト教のキリスト論、救済論、人間論といった建物に用いる石材は、それがたとえギリシャ語で告知され、したがって常に「ヘレニズム的」様相を帯びたにしても、なおもユダヤ的であり続けた。それと同様のことは、すでに久しくエルサレムでも妥当した。そのことはさらに、旧約聖書外典である『知恵の書（ソロモンの知恵）』、『第二マカベア書』、『第四マカベア書』（偽典として、後二〇—五〇年代にアンティオキアで収集されたと推定。パウロとの関連で注目される）、一種のミドラーシュ的ロマンの外典と言える『ヨセフとアセナテ』などの本文に妥当するが、それらは、パウロ書簡と諸福音書よりはるかに強力に「ヘレニズム的」色彩を帯びたものである。

このように、新たなメシア使信はシリアとキリキアにおいても、そのパレスチナ・ユダヤ的由来を否定することはできないが、しかし次第に成長する「異邦人キリスト教的」多数者は、確かにシナゴグ共同体からの内的離脱を助長した。

ところで、異邦人キリスト教徒を生み出す温床となった「同調者たち」は、どれほどシナゴグに強い関心を抱いて係わっても、そこでユダヤ教徒と同権の機会を得ることはなかった。ではそれより一歩踏み込んで、割礼を受けてユダヤ教徒となった異邦人「改宗者」はどうであろうか。だが彼らもまた、「八日目に割礼を受け、イスラエルの民、ベニヤミン族の出身、……」（フィリ三・六など参照）といった自己の出自を誇るユダヤ人に比べ、第二級に属した。このシナゴグ共同体に対して、新しいキリスト者共同体では、共に主の到来を待望し、終末的霊によって預言的に振る舞い、時には混乱するほどの礼拝を捧げたが、実はこの小さな密な交わりの中で、従来の民族的、社会的、性的なあらゆる相違（ガラ三・二八など参照）はいよいよ崩れ去っていった。ユダヤ人キリスト者との関係で残ったものと言えば、（旧約）聖書知識と豊富な伝統と学習能力における相違であって、異邦人キリスト者が素早くそれらに自分を適合させることはそもそもできなかった。また競合する伝道者間においても（二コリ一一・二二。ロマ九・一以下、一一・一でパウロも部分的に）、アブラハムの子孫たることやイスラエルの地との結合は、なお一定の役割を演じた。このように、それらの遮断棒は容易には乗り越えられなかった。それにもかかわらず、やがて来るべき復活のキュリオスにより、すべての信仰者は霊の賜物によって決定的に等しく「神の子ら」となったのであり（ロマ八・一四、他参照）、それがまた、シナゴグ共同体からの分離を文字通り引き起こしたのである。シナゴグ共同体は、当時のシリアとパレスチナのユダヤ人が置かれた緊張と動揺の高まる政治状況にあって、忍苦を伴う社会的・政治的な諸機能をも果たした堅固な宗教的結社であったが、そのことに対して、この終末論的なキリスト共同体は、かなり自由な補足的役割を果たしたに過ぎない。

このような両者間の分離は、すでに三〇年代末から芽生えたが、人々はその中にいまだ新宗教を見ず、むしろメシア的ユダヤ教の「一分派」を見ていた。このメシア的共同体の側でも、さらにパウロ自身も（ロマ一一・二五―三二）、自己を真の終末論的イスラエルの民、神の来臨前の「聖なる残りの者」として理解したのであって、第二世紀の弁証家にしばしば見られるまったく別の「第三の民」として受けとめたのではない。

伝道の拡張はもはや、シナゴグの直接的動揺に起因するのでなく、また最初から公に路傍説教したこと（それは困難な状況である）によるのでもなく、かえって親戚と友人を家の教会の礼拝に個人的に誘うことにより、また会話と面識を通して、人づてに押し進められていったに違いない（それは現在の中国の教会事情と似ている）。これはその後いよいよ、初期伝道の最も重要な手段となり、またコンスタンティヌス帝以前の全教会に当てはまることになる。その点では、パウロや他の伝道者らに見られる大々的な「伝道旅行」はまれな例外であり、さらには紀元七〇年以前の使徒時代に限定される。

霊的、情熱的な礼拝がいかに異邦人を引きつけたかを、パウロは後の手紙において述べるが（一コリ一四・二四）、それは異邦人来訪者を強力に印象づけるか、躓かせるものであって、そこには中立的態度を許す隙はない。前に述べたシリアの宗教的環境は、アンティオキアでの情熱的・預言者的、または終末的・救済的な使信を伴う礼拝と呼応するものをもつ。このアンティオキア（を含むシリアとキリキア）における霊的な礼拝は、その約八年から一〇年後のテサロニケ（一テサ五・一九―二〇）とコリントで捧げられた礼拝と何ら本質的な相違がなく、執り行われた。パウロが示唆するこの自由な形式の礼拝は彼の考案でなく、敬虔な静寂主義とはまるで異なる、霊的経験を伴う新しい使信と初めから一体であった。

アンティオキア教会は、多様な礼拝形式と並んで、他から区別する徴をもった。エルサレムのヘレニストがしたように、自己の終末論的存在を集会（シュナゴーゲー）と対比して「神のエクレシア」として特徴づけること、（ユダヤ民族連合への政治的受容をも意味した）「割礼」に対置させた「イエスの名による洗礼」の教会加入式、（イエスの最後の食事の現在化、彼の死による救いの授与、彼の変容の復活体への参与をもたらす）聖晩餐の執行、（たぶんこの教会ですでに実行された）主の復活日として週の初日を礼拝すること（一コリ一六・二参照）などがそれである。

さらに、アンティオキアを始めとする初期のヘレニズム諸教会一帯に見られる自己の特徴づけとして、礼拝における平和の接吻、主の祈り、父（アッバ）の呼び求め、そして貧困で小さな家の諸教会が豪華なトーラー巻物とは反対に、安価で実用的なイザヤ書、詩編など、聖書の重要な諸文書のコーデックス本（ページ建てパピルスの手写本）を使用したと思われること、などが挙げられる。

(2)　アンティオキアとエルサレム――パウロとバルナバ――

異邦人キリスト者の優勢な初期アンティオキア教会の発展は、エルサレムの出来事からまったく分離しているわけではない。最古の文献証拠であるパウロの真正書簡は、霊的熱狂と終末論的動きの中で個人的な緊張や党派争いを回避できなかったにせよ、初期のこの新たなメシア集団が実際に分離主義ではなかったことを示している。新たな使信における「唯一の」主、霊、キリストの体としての教会は、特にエルサレムの「母教会」との一致団結を義務づけた（一コリ一五・一―一一、特に一一節。ガラ一・六、一一にもかかわらず）。基本的福音におけるこの一致団結は、マケドニアとアカイアとアジアでのパウロの伝道活動期間にも妥当し、初期のシリア州のアンティオキアと他の諸教会にもなおさら当てはまる。

エルサレムとアンティオキアとを結び合わせる保証人の一人は、疑いもなくバルナバであった。その出自からしてエルサレム教会と特別な関係をもつ彼が長い期間に亘ってパウロの伝道の協働者となったこと、そしてパウロとの決裂後はさらに約二年半の間、やはりエルサレムから遣わされたシラス（シルワノ）がパウロに同伴したことは、注目させられる。この絆は、パウロをエルサレムと結びつけ、六二年頃のヤコブ殺害と原始教会のペラへの逃避（エウセビウス『教会史』三・五・三）に至るまで、きっと全キリスト教会に義務づけられていた。パウロはこの絆を、まさに使徒会議の後、エルサレム神殿での彼の捕縛に至るまで（使二一・二七―三三）、種々の憂いを抱えつつも真剣に受けとめた。

アンティオキア、シリア・キリキア両州、さらに後に赴いた（使一三―一四章が記す）隣接のキプロス、パンフィリア、ピシディア、リカオニヤなどでのパウロとバルナバの協働の期間はおよそ八、九年（三九／四〇―四八年頃）で、エーゲ海領域における使徒の（諸書簡に明かされた）約七、八年間の活動よりも長い。神学的にもより深くパウロに影響を与えた人がいるとするならば、それは他の誰よりもバルナバである。だが強力な人格と精神的・知的潜在能力の点ではむしろ逆に、かつて律法学者であったパウロの方がバルナバに影響を与え、したがって彼がパウロの神学思想の仲介者になったであろう。しかしバルナバはパウロとの対立以後（ガラ二・一三、使一五・三六―三九）、「教会史」から消えてしまう。アレクサンドリアのクレメンスによれば（『ストロマテイス［雑録］』二・二〇・一一二）、彼はイエスの七十人の弟子たち（ルカ一〇・一）の一人に数え上げられる。二、三世代後にバルナバの名にちなんで書かれた『バルナバの手紙』（一三〇年頃）は彼と何ら関係ないが、その著者は祭儀律法（特に割礼）への固定化した批判に依存する。その他、『ペトロ言行録』（四章）では別様に言及されるが、ナグ・ハマディ文書にはまったく登場しない。バルナバはパウロ書簡と使徒言行録（一三章以下）において、ペトロとヤコブに並んで、最も重要な人物であるにもかかわらず、四、五世紀まで元来の使徒たちに比べてまったく後退するか、その陰に立っているに過ぎない。

ルカによれば、両者は異邦人伝道に従事しながら、異邦人キリスト者の場合の割礼放棄、「主イエスの恵み」による唯一の救い（使一五・一一）など、同じ神学的基礎を共有し、それを後のエルサレム会議のために上った際にも共に使徒や長老たちの前で表明して（一五・一、六―七、一二）、ペトロとヤコブによって支持された。使徒会議前後に至る諸経緯は、使徒言行録一五章とガラテヤ書二章一―一〇節との間にかなりの相違が認められるにもかかわらず、その共通項として、バルナバがパウロと同等の伝道パートナーとして行動し、割礼と祭儀律法を外した異邦人伝道がこの両者に通用したことを、（バルナバとの痛ましい決裂後の）単独伝道者パウロ自身が回顧しつつ認めている（ガラ二・一―一〇）。

しかし、その上でなおもパウロは、復活のキリストが彼を最初から諸民族の使徒として召したことを強調し（ガラ一・一六）、それをユダヤ人の使徒ペトロに対する復活者の委託と同等に比較する（ガラ二・八）。それは、彼の異邦人使徒としてのすこぶる終末論的・救済史的な自己意識を表明している。これによって彼は、エルサレム教会がアンティオキアに派遣したバルナバの場合と異なって、主によって自分が「非ユダヤ人」への救済使信の告知に遣わされたキリストの「最初の」本来の使者である、と主張した。彼がエルサレムで説明した彼の使信については、復活者から受け取った律法批判的福音だけが問題であり得た（ガラ一・一〇以下）。そのようにエルサレムでの重要な協議に関する彼の報告もまた、（ガラ、ロマ、さらに一、二コリで展開していく）パウロの福音が後の発展の産物である、との主張とは明らかに矛盾する。

バルナバについては種々の見解と議論があるが、それらを踏まえ、なおもパウロ記述と矛盾しないルカ報告（使四・三二―三七など）をも信頼しつつ注意深く補充していくならば、バルナバに関するパウロのわずかな言及はより良く理解されるであろう。その結果、次のような理解が得られる。バルナバはエルサレムの最初期の一弟子であり、霊感に満ちた語りかけの賜物と多大な私財の奉献によって教会の信望を得ていた。彼は、キプロス島の出身ではあるが、ギリシャ語とアラム語を話すレビ族の人で、聖都と親しい関係をもち、礼拝を捧げる「ヘブライ人」に属したが、しかも「ヘレニスト」との「連絡者」であった。そういうわけで彼は、迫害が理由でエルサレムを去ったあの「ヘレニスト」に属する人ではない。

古い教会と新たに誕生する教会との間に繰り返し更新される接触がなければ、原始キリスト教団の拡張はそもそも考えられない。すでにイエス自身が外見的には、様々な場所と家庭に足場をおく「巡回教師」であり、弟子たちを遣わしたが、その際にカファルナウムはすでに最初の「中心地」を形作った。復活の出来事の後、それはまったく異なる様相となったが、その枠組みだけはまもなく拡大していった。明らかに各種の地理的・宗教的な境界線が存在したが、それらは徐々に打ち破られたに違いない。すでに述べたことであるが、アンティオキアにおいて諸会堂からまったく自立した教会が誕生し、そこでは割礼と祭儀律法がもう何の役割も果たさず、ユダヤ人キリスト者と数的に増大する異邦人キリスト者との間で聖餐による食卓共同体が難なく可能となるにつれて、それらの境界線は乗り越えられていった。

だがそれゆえにこそまた、エルサレム教会との関係が危ぶまれたが、有力な「ヘレニストたち」（例えばキプロス出自の人々。使一一・二〇参照）を熟知していたバルナバを差し置いて、そのような両者間の接触を請け負うにふさわしい人はいなかった。今日のようなメディアのない当時のオリエントの環境の中で、（手紙や推薦書などを携え、そこに記された内容を説明したりもする）訪問者による個人的面識とそれによって築かれる信頼は、根本的な役割を果たした。

初期のエルサレム教会は明らかに、ヘレニストたちが「ユダヤのパレスチナ以外の地で」「神を畏れる人々」を獲得し、割礼がなくても彼らに洗礼を授けて教会に受け入れる有り様を（時にはしぶしぶ）容認した（否定的反応としては使一一・二―三、一五・五参照）。否、伝道のこの形態がエルサレムでは疑われたのみでなく、むしろ多くの人々に歓迎された（ガラ一・二三。使一五・一二、二一・二〇参照）。草創期のこの寛容な態度は、イスラエルにおける罪人、辺境地居住者、また点在する異邦人に対するイエスの開放的態度と関連しているように思われる。イエスの振る舞いへの記憶は、確かにこの最初の一〇年から二〇年の間に、なおもまったく強力なものであった。人々は、イエスの模範と彼の働きをそんなに早くから忘れられたであろうか。イエスの死後一〇年を経た紀元四〇年頃、イエスを個人的に知ったか、少なくとも彼から聞いて強い印象を受けたユダヤ人がガリラヤに限らずなおも多くいたに違いない。エルサレム教会が誕生して以来、弟子の一人として尊敬されていた（したがって対外的な権威を保持したと思われる）バルナバもまた、アレクサンドリアのクレメンスらの伝説で語られるように、イエスの七十人または七十二人の弟子の一人（ルカ一〇・一）であったとの史実的可能性を、まったく見過ごすわけにはいかない。

使徒言行録一三章一節の五人の「預言者名簿」の筆頭にバルナバの名前があるので、彼は自分の人格と賜物およびエルサレムでの信望によって、アンティオキアで「重要な、実に指導的な役割」を果たしたと思われる。パウロがその末尾に列挙されるのは、我々に第一コリント書一五章四―一〇節を想起させるが、それは彼が他の人よりはるかに実りある伝道者・説教者であったことを排除するものではない。他の三人、「ニゲルと呼ばれるシメオン、キレネ人のルキオ、領主ヘロデと一緒に育ったマナエン」を含むこの五人は、母国出自か、ルキオとパウロのようにそこで長期間滞在した人々である。彼ら五人は、この教会の最初の一〇―一五年間に、エルサレムの十二使徒や「七人のヘレニスト」（使六・五。ステファノとフィリポは別にして、残りの五人は迫害から逃れつつも、アンティオキアの五人の「預言者」のもとに再び出現することはなかった）に匹敵する指導者団を形成したのではないか。これら数多くの名（十二人、七人、五人、その他パウロ書簡の結びの挨拶名簿、ロマ一六章など）は、いかに我々が初期キリスト教についてわずかしか知らないかをつぶさに示すが、同時にまた、これが匿名の運動ではなく（そこでは「教会神学」の「集団的創造性」が優勢である）、すべてが個々の教師と預言者の権威に掛かっていたこと、だがその都度各人はまったく個人的決断によってキリスト者となり得たことが明らかとなる。

そして何よりも、見解のあらゆる対立と衝突にもかかわらず、唯一の福音の真理における絆が保たれ、初期の有力な伝道者たちは自己を「イエス・キリストの使徒」として、ただ一人の主から派遣された者と自覚し、自己の私的・宗教的経験をではなく、委託された使信を告知したのである。

(3)「クリスチャン」と呼ばれる

緊張に満ちたこの時期に、アンティオキアで非ユダヤ人／異邦人にも開かれて発展するこのメシア的宗団に、周囲の人々は次第に注目し始めた。それがもはや伝統的ユダヤ教もしくはシナゴグ共同体内部の一分派に留まらないこと、またローマ帝国の小属州ユダヤの地で政治的に武力闘争化したガリラヤのユダ（使五・三七参照。四五年頃）の末裔や熱心党の指導者ディナイの子エレアザル（五四年頃捕捉）の信奉者らとは一線を画する、明らかに政治的に危険と思われない終末論的な一宗団の発生を、人々はここに認めるようになった。確かに我々は、一世紀のパレスチナにおいて、ユダヤ教徒でなくユダヤ人キリスト教徒の反乱に対するローマの鎮圧について何も聞いていない。

シリア州の首都アンティオキアに大きく形成されたユダヤ人共同体の周囲に今新たに生まれた運動、すなわちキリスト教徒の群れに、市とローマの当局は関心を抱いた。いつ、どのような経緯でそうなったのかは定かでないが、今述べた状況の中で、アンティオキアのキリスト者たちが「クリスティアノイ（クリスチャン）」（クリスティアノスの複数形。使一一・二六）と特徴づけられたとすれば、それは決してキリスト者たちの自己呼称ではないであろう。というのも、新約聖書テキストにおけるこの特徴づけは、さらにもう一箇所において非キリスト者（アグリッパ二世。使二六・二八）の口を通して語られており、同じく一〇〇年頃に著された第一ペトロ書（四・一六）においてもキリストの「名そのもの／nomen ipsum」のために（一四節）ローマ当局から受ける初期のクリスティアノス（クリスチャン）訴訟を指し示すからである（だが後にキリスト教徒の自己呼称となった。イグナティオス『エフェソ人への手紙』一一・二など）。

さて、ガラテヤ書一章二一節によれば、パウロはエルサレムのペトロ訪問から使徒会議（四八／四九年）までのほぼ一四年間、シリアとキリキアに滞在した。その期間に特にタルソスとアンティオキアが重要であったこと、および使徒がアンティオキア（の委託）からエルサレム会議へと旅立ったことを、我々はルカ報告によってのみ知り得る。だが度々懐疑的に扱われるこのルカ報告が事実に即していることは、ガラテヤ書二章一―一〇節において（パウロの「わたし」が強調されるとは言え）、「律法批判的」伝道の可能性への関心をパウロ（とバルナバ）のみならず、この種の伝道をすでに一〇年以上に亘って実施したアンティオキアの全教会までもが抱いた、という事実から判明する。

さらに使徒言行録一五章二三節でルカは、使徒会議後に送付したエルサレムの「使徒と長老たち」の手紙（使徒教令）の受信人が「アンティオキアとシリア州とキリキア州に住む、異邦人の兄弟たち」であると言う。その内容からすると、パウロとバルナバがエルサレムに足を踏み入れたのは、アンティオキア教会のみならず、シリアとキリキアの多くの諸教会の代表者としてであった。それらの教会で、この両人と他の「ヘレニスト伝道者」たちは、割礼と祭儀律法から自由な福音を宣べ伝えて、「異邦人キリスト者」を獲得していった。この異邦人伝道についてパウロがガラテヤ書で、「自分は無駄に走っているのではないか、あるいは走ったのではないか」（二・二）と強く問う時、この「走った／エドゥラモン」（「走る／トゥレコー」の直説法・不定過去で、「走り終えた」の意）は、使徒会議の時点ですでに回顧された長年の「律法から自由な」伝道活動を指し示す。何よりもこの神学的根拠づけをし、それをさらに諸教会に実践的に押し通したことは、彼の影響力を物語っている。

第一コリント書九章五―六節でもパウロは、バルナバと共に伝道活動した経験を振り返り、彼らの生活の資を得る仕事（と非婚）を際立たせるが、それは共同の独立的伝道旅行を前提とする（使一三・七は、この独立性と「聖霊」による彼らの伝道派遣とを同一事態の両面と捉える）。

先ほど「ヘレニスト伝道者」と述べたが、彼らもまた、ギリシャ語を話す人々を対象に、つまり社会的・教育的レベルのかなり高いあの「同調者ら」（→極貧者、無産者でない層）に向けた「都市伝道」から始めて、やがて農村伝道に及んだに違いない。しかし他方で、アグリッパ一世によるあの迫害（四三年）以後、ヘレニストと立場を異にするユダヤ主義的キリスト者は、「エルサレムの被派遣者」との自覚を抱いて北方に行き、伝道したであろう。だが残念ながら我々は、彼らがどの程度シリアにまで伝道し、また先行したヘレニストらの伝道との衝突に至ったのかについて、知る術はない。彼らが五〇年代にガラテヤ地方にまで進出したとすれば、まず先にシリアにも旅したはずである。その際に彼らは、新たな教会設立を目指すのでなく、パウロ、バルナバ、ヘレニストらの「律法批判的」伝道と競合しつつ、彼らの根底を覆すことを狙ったのである（ガラ二・四、使一五・一以下）。

蓋然的に言えることは、アグリッパ一世の迫害以来、この両者間の対立が一層深まったのであるが、それはすでにシリア・キリキア伝道活動の中で起こり始めていた事である。おそらく四〇／四一年から四六／四七年までの約六—七年間にすでに、シリアでの律法批判的伝道活動の諸条件は、特にパレスチナの境界と接する南方地域（ディアスポラ・ユダヤ人の最大勢力の地域——シドン、ティルス、プトレマイス、カイサリア——そこでパウロは歓待された）において、徐々に困難になったに違いない。（後のアンティオキアの衝突事件は別にしても、）この状況は、シリア伝道活動期に対するパウロの記憶を大変暗いものにした。それゆえに彼は自己の手紙の中で、ガラテヤ書一—二章を例外として、この初期の活動について沈黙している。

(4)　アンティオキアとパウロ神学

原始キリスト教、および史実的構想による各種新約神学を歴史的に描写する場合に、使徒パウロの知られざる初めの活動期に当たる「アンティオキアでの神学的発展」ということが、宗教史学派以来大いに注目されてきた。特に最近では、キリスト教神学の本来の発祥の地として、アンティオキア独自の意義が過度に強調されている。G・ボルンカム以来パウロ神学全体を扱った大著『パウロ』（一九八九年）を著したJ・ベッカーは、その中で、復活の出来事後の二〇年間に、エルサレムと並んでアンティオキアほどにキリスト教にとって傑出した都市は他にないと言う。そしてアンティオキアが古代キリスト教史に直接関与していった理由は、この地のキリスト教会がシナゴグから袂を分かって、キリストの上にのみ基礎を置き、律法から自由な交わりを形成したからである。つまりその教会は、ユダヤ教内部のグループとして抱いたキリスト教信仰の自明的理解を放棄し、質的新しさをただ自分の側から規定する現象として、キリスト教を自ら把握したからである。[2]これに加えて注目すべきことは、パウロが約一二年間この教会で活動し得たこと、それによって初期原始キリスト教世代の最大の神学者になったこと、そしてアンティオキアの状況を確かに精力的に形作っていったことである。[3]

我々は、ベッカーの右の主張に少なからず賛同するのであるが、すでに先に行った我々の考察から確認したように、年代的にパウロは一二年間のすべてではなく、キリキア伝道の後にシリア州に移って働き（四〇／四一―四七年頃）、その間にバルナバと一緒にアンティオキアで活動したこと、エルサレム教会との相違はヘレニストらを介した共通基盤の上で起こっていること、「異邦人原始キリスト教会」の端緒をアンティオキアにのみ限定して看取し得ないこと、などを指摘しないわけにはいかない。パウロとパレスチナ原始キリスト教会の間には、アンティオキアばかりか、ダマスコ、タルソスも介在する。宗教史学派のW・ブセットもすでに、使徒会議以前のパウロの神学的発展については、それがアンティオキアに固定されず、むしろ「シリアとキリキア」での彼の活動とも関係することを見ていた（『主キリスト』[4]）。すなわち、パレスチナ原始キリスト教との溝をもって区分された「パウロ〈前〉のヘレニズム原始キリスト教」の原型をアンティオキア（神学）に読み取ることは、決して「新約聖書神学の歴史的研究の共有財産」となっていないということである。また、アンティオキア中心の視点から多くの新約諸文書を規定する、いわゆる「汎アンティオキア主義」（K・ベルガー『原始キリスト教神学史』[5]）を唱える理由はどこにもない。

その点については逆に、次のように言い換えることができよう。紀元三六年頃にパウロがタルソスに行き、その頃、あるいはそのわずか後にヘレニストたちがアンティオキアにやって来た時に、キリスト論の基本思想はすでに仕上げられており、伝道の一部であった。それはまた、パウロの福音の基礎でもあった。いわば回心後のパウロだけでなく、根本的にはペトロとヨハネがすでに、救済をキリストにのみ基礎づけたのである。まさしく最初期の決定的なキリスト論的展開の中から行われたアンティオキア伝道の結果、ユダヤ・メシア的「分派」がそこでまず足場を固め（三六／三七年頃）、それがやがて徐々に、ユダヤ人キリスト者よりも当時の異邦人の神畏敬者と同調者たち、それにギリシャ人たちをも含む信徒で構成される自立的教会へと成長していったのである。この最後の発展段階――それはパウロの強力な共助による――は、四〇年代に起こった。したがって、その設立初期の約一〇年間に、アンティオキア教会がエルサレム、ユダヤ、シリア、またはキリキアなどの諸教会よりも神学的に著しく「創造的」であると見なすことは、何の根拠もない。原出来事の「爆発的な」影響は、その出発点においてあらゆる範囲で「創造的」であったし、まずもってパウロ自身、それにバルナバとその他の人、さらに彼らがアンティオキアにやって来る前にすでにそこに来たヘレニストたちは皆、神学的に「創造的」であった。

最後に、「アンティオキア」神学について語り得るものがあるとすれば、それはアンティオキアに「典型的な」ものでなく、むしろすべて「パウロ」神学と重なり合う。それはもちろん、パウロが第三者から受けた古い諸伝承を含み、それらに手を加えてもいる。さらに、パウロがアンティオキアで初めてある種の神学を受け継いだ可能性を推察することもできるが、それ以上に、彼の書簡の中に現れる（非パウロ的用法の）定式的な諸伝承（イエス伝承、信仰告白伝承など）は、少なくとも彼が自分で作ったとは思われない。パウロはおそらくそれらをこの教会で受容し、時にはそれらの定式化に関わってもいたと思われる。

「洗礼」は、原始キリスト教の伝道領域においてどのような基本的意味をもっていたのであろうか。それについて我々は幸いにも、パウロ書簡の数カ所（ガラ三・二六―二八、一コリ一二・一三など。コロ三・九―一一も参照）に現れる、そして確かにアンティオキア教会でも用いられた「洗礼定式」によって見事に知り得る。最近の諸研究は、その定式の言表と構造を明らかにしている（J・ベッカーの『ガラテヤ書』(6)、『パウロ』や、U・メルの『新しい創造』(7)など）。ガラテヤ書三章二六―二八節をその起点とするならば、この原文を次のように訳し得る。「あなたがたすべては（信仰により）、キリスト・イエスにおいて神の子らです。なぜなら、キリストへと洗礼を受けたあなたがたすべては、キリストを着たからです。そこでは、ユダヤ人もギリシャ人もなく、奴隷も自由人もなく、男も女もありません。なぜなら、あなたがたすべては、キリスト・イエスにおいて一人だからです」（メル訳参照）。ここに見られる三対の否定の言葉は、パウロがここで初めて定式化したものでなく、当時すでにパウロと共に、ヘレニズム・ユダヤ人キリスト教会で広く唱えられていたものであろう。というのも、教会内にユダヤ人とギリシャ人がいる場合に初めて、その両者間の相違が真剣に否定され得るからである（佐竹明『ガラテヤ人への手紙』(8)参照）。

この洗礼定式の意義と射程は、そこに列挙された対照的な対から明らかになる。すなわち一方において、（アンティオキア州にも定着した）ユダヤ人会堂シナゴグでは、自由なユダヤ人男性は一日三回の主への賛美において、彼が異邦人、無教養人（また奴隷）、さらに女としては創造されなかったことを感謝した（Tベラホート七・一八参照）。それとまったく同様に他方では、「ヘレニズムの男性には（タレスとプラトンによれば）、感謝すべき三つの理由があった。第一に、彼が動物でなく人間として生まれたこと、第二に、女でなく男として生まれたこと、第三に、未開人（バルバロイ）でなくギリシャ人として生まれたこと、がその理由である」（S・ハイネ『初期キリスト教徒の女性たち』(9)）。しかし、ユダヤ人とギリシャ人の双方に見られたこれらの基本姿勢とは反対に、そして（洗礼を受ける前は）シナゴグ周辺の「神畏敬者」として生き、またはヘレニズム的宗教性（例・ガラ三・二七の「……着る」との〈衣〉表象もそれに由来する）に慣れ親しんでいた女性と男性に向けて、イエス・キリストの名による洗礼受領に際して、おおよそ次のように告げられた。「あなたがたにとって、今まで創造と誕生と社会的地位からして、外見上取り消し難く固定化していた（ユダヤ人と異邦人、自由人と奴隷、男と女に関する）優性・劣性の宗教的諸権利は今や破棄され、ただキリストによる交わりによって、あなたがたに等しく子たる身分が差し出されたのです」、と言い切る。パウロは後に、救済における同権的な事態、つまりキリストの内にある信仰者の新しい存在について、「キリストの体へのバプテスマ」として定式化する（一コリ一二・一二以下、ロマ一二・四―五）。

前に時折確認したように、パウロはアンティオキアで諸伝承と神学的事柄を受容したのみならず、それらに積極的に関与してもいる。さらに、アンティオキア教会の特色は、たぶんにヘレニズム・ユダヤ人キリスト教会一般に共通のものを反映してもいる。それゆえに、洗礼定式についても、それを「〈前〉パウロ的で、アンティオキア教会に由来する固有のもの」と特定することには注意を要する。彼は事実、アンティオキアにおいてだけでなく、彼の初期伝道旅行の諸地域（アラビア、キリキア、シリア）で、キリストにある「すべての」信仰者の事態を語る。つまりそれは、「偽の兄弟たちの侵入」による衝突以前から彼には自明であり、「わたしたちがイエス・キリストによって得ている自由」に根拠をもつ（ガラ二・三―四）事態であって、それが具体的にはどこで明白になるかというと、異邦人キリスト教徒が祭儀律法遵守の徴である割礼をまったく強要されずに済み（ガラ二・三）、しかもユダヤ人とギリシャ人の両キリスト教徒間に無制約な食卓の交わりがなされる場においてである。この交わりは、清浄規定と食物律法の考慮（ヤコブのもとから来たユダヤ人キリスト教徒らが主張。ガラ二・一二）によって中断されてしまってはならない、とパウロは強調する（ガラ二・一一―一四）。このように、使徒が初期の段階から認識しているキリスト者の事態は、先の洗礼定式の内容とよく通じ合う。

アンティオキア教会に限らず、初期キリスト教時代に、「一度限りの洗礼」と「主の晩餐により常に新たに生起するキリストとの交わり（コイノニア）との関係がどうであったかは、使徒言行録二章四一―四七節および二〇章七―一二節から明らかとなる（一コリ一一・一八―三四と『ディダケー』一〇・六、一四・一も参照）。それによれば、受洗者、つまり告白によって「神の教会」に所属する者が、初めて主の食卓の仲間ともなることができた。

6　アンティオキア教会での働き　注

（1）H.-J. Klauck, Hausgemeinde und Hauskirche im Frühen Christentum, SBS 103, Stüttgart 1981, 59; vgl. 34, 43, 89, 101.
（2）J. Becker, Paulus, Tübingen 1989, 107.
（3）J. Becker, a.a.O., 108.
（4）W. Bousset, Kyrios Christos, Göttingen（1913）1921^{2}, 76.
（5）K. Berger, Theologiegeschichte des Urchristentums, Tübingen/Basel（1994）1995^{2}, 200-460, 628-728, 730-752.
（6）J. Becker, Die Briefe an die Galater, in: ders., et al., Die Briefe an die Galater, Epheser, Philipper, Kolosser, Thessalonicher und Philemon, NTD 8, Göttingen（1976）1998^{18}.
（7）U. Mell, Neue Schöpfung, BZNW 56, Berlin 1989.
（8）佐竹明『ガラテヤ人への手紙』（現代新約注解全書）、新教出版社、一九七四年。
（9）S. Heine, Frauen der frühen Christenheit, Göttingen 1986, 94.

7　エルサレム会議に至る諸問題

(1)　一致の危機

すでに確認したように、諸民族への福音伝播は、ヘレニズム・ユダヤ人キリスト教徒（＝ヘレニスト）によって先鞭をつけられ、パウロとバルナバによってさらに大いに前進した。その際に、アンティオキアの教会は、指導的役割を果たした。信仰によってキリストの使信を受け入れた異邦人は、神の民の交わりに加わるために、トーラーへの服従の義務を求められることはなかった。むしろ、キリストを自らの主と告白した者は洗礼を受け、それによって教会の会員として受け入れられた。こうして、最初にシナゴグ周辺で設立された諸教会には、ユダヤ人も異邦人もキリスト教徒となって加わり、彼らは今や相互の新しい交わりを見出した。しかし、きわめて多様な出自の人間が共に生き、交わりを得るには、どのような諸条件が満たされ、形作られねばならなかったであろうか。

これらの問題の解決は容易ではなかった。同じくキリスト教会のメンバーになったとは言え、ユダヤ人は、自分が祭儀的清浄と食物規定の遵守について律法が示す指示には拘束されていると自覚したが（→右のヘレニストと異なる）、異邦人は、その種の戒律を知らなかった。

ユダヤ教シナゴグ内では、異邦人の（改宗者でなく）神畏敬者と同調者たちがその交わりに与り得る様々な規則が設けられていった。彼らには、ユダヤ教への完全な改宗は要求されなかったが、（清浄・食物規定に注意を払う）一定の最小限の諸要求は満たされねばならなかった。シナゴグとの親密な関係に踏み込もうとする異邦人が、これらの指示に従う用意をしたならば、彼らは諸集会と共同の食事への参加を許可されたが、そうでなければ許可はされなかった。

果たして、ヘレニズム・シナゴグで発展していった右のような姿を、初期キリスト教徒らは模範として倣うべきか、あるいはまったく別の決断をすべきなのか、という問いが彼らの間に立てられたに違いない。振り返ってみると、彼らの多様な諸グループが、それぞれ自分たちの由来に従ったままでよく、自分たちに馴染んだ生活様式を変えずに押し進めてよいという、単なる多元主義的状況などではなかったはずである。むしろ、諸民族の間で始まる伝道の規模からして、方向指示的意義をもつアンティオキア教会においては、彼らはいかなる律法的要求もせず、むしろユダヤ人と異邦人から成る新しい交わりを実現し、共同生活の形態を発展させることを、決心した。この交わりにおいて、人は誰をも排除せず、しかも負えないような諸条件を誰にも課すこともしなかった。

しかし、アンティオキアのキリスト者におけるこの姿勢は、反対に遭わない訳にはいかなかった。使徒言行録によれば、ユダヤのユダヤ人キリスト者の側から批判が表明され、このグループの代表者らはアンティオキアにやって来て、異邦人も割礼を受けなければ救いを受けられない、と主張した（一五・一）。だがこの無理な要求は当然ながら反論されたが、その結果、多様な立場の代表者たちの間に、鋭い対立が起こった。そこで教会は、この問題について原使徒たちと協議し解明するために、パウロとバルナバをエルサレムに送ることを決めた（二節）。またその際に、異邦人伝道の成果を誇示するために、異邦人のテトスも同行させた（ガラ二・一b）。

この経緯に関するパウロ自身の簡潔なガラテヤ書の記述によれば、彼が仕える異邦人の間の福音伝道はいかにあるべきかという問いに答えが与えられるべきだ、と言う（二・二）。その際に彼は、自分が何かエルサレムに呼び出されたとか、人づての指示によって聖都に移されたのでなく、「啓示によって」上ったのだ、と強調する

（アンティオキアからの預言者的派遣を記す使一三・一―三を参照せよ）。パウロのこの報告と使徒言行録とは、誰がどのような動機と目的でエルサレム会議に赴いたのか、どのような合意に至って共に喜んだのかについて、実に一致する（使一五・五―六とガラ二・七、九も。Ｅ・ローゼ『パウロ』参照）[1]。だが、形成途上の全キリスト教徒の一致に伴う諸問題は、自発的な同意によっては決定され得ず、納得のいく神学的根拠づけを経なければならなかった。

パウロがはっきり認識したように、その根拠づけこそは、彼の更なる伝道活動にとって決定的な前提であった（ガラ二・二）。それというのも、パウロと彼の協働者らが、称賛に値する動機と筋の通った論証によって働いたにもかかわらず、もしもエルサレムの人々と耐え得る合意に至らず失敗するならば、彼らの最終的な効力は実りなきものに留まることになるからである。

諸民族間における律法から自由な福音伝道の働きに反対する批判者たちは、形成途上のキリスト者間の一致がユダヤ的集団内でのみ保持され得る、との立場を代表した。これとは反対にパウロは、キリスト告白による唯一相応しい結果として生じるキリスト者の自由を、アンティオキア教会の立脚点として防衛する点において、自分とバルナバが一致すると自覚していた。

(2)　エルサレムの使徒会議

キリスト者の交わりの危険について、使徒言行録とガラテヤ書が報じる叙述は、本質的な特徴について一致している。しかしその先の経緯に関する記述は、明らかに互いに異なる。

争いを引き起こした原因は、言行録とガラテヤ書との一致において明らかにされる。果たして割礼は、異邦人が神の民のメンバーとなるための前提として要求されねばならないのか。そして、律法の基本的な承認と受容は、キリスト教会における異邦人とユダヤ人との相互の交わりを得るための不可欠の条件であろうか。「否」である。しかしその先で、ルカの文学的、神学的なモチーフに従って、ルカ固有の描写がなされる。すなわち使徒会議は、ペトロとヤコブが出した提案によって争いを解消し、異邦人キリスト者たちに心配をかけないことに同意した。だがその際に、教会でユダヤ人と異邦人との食卓の交わりが可能となるために、最小限度の律法的諸要求（食物規定）に従うよう、異邦人キリスト者に求められた。会議に居合わせた人々の多くは、パウロとバルナバの異邦人伝道の成果の報告から強い印象を受けたのみならず、ここで提案された規定によって両者間の交わりを回復し得る、との確信をも得た。そこで一同は二人の提案に従って、アンティオキアとシリアとキリキアの諸州にある異邦人教会宛に、満場一致の約束内容を記した手紙（使徒教令）を送ることに決めた（使一五・二二―二九）。

このようにルカ記述は明らかに、全面的解決に向けたペトロとヤコブの指導的な役割を前面に押し出す。しかしそれとは異なって、パウロはガラテヤ書において、エルサレムの権威者たちとバルナバと彼との間で交わりが回復されたが、しかもそれには何の付帯条件もなかった、と明言する。そしてパウロもまた、客観的な議事録のようなものを提示しようとはせず、むしろ彼とエルサレムとの関係に対する彼の見解を申し述べる。

使徒会議の経緯の報告から、どういう決議が引き出されたというのであろうか。パウロから第一に明らかなのは、バルナバと彼が異邦人（＝ギリシャ人）キリスト者のテトスを一緒にエルサレムに連れてきたことにより、パウロはキリストの内に基礎づけられた自由を誇示した、ということである。しかもテトスは割礼を強要されなかった（ガラ二・三）。偽の兄弟たちがその要求をしたとすれば（ガラ二・四）、パウロらは断固としてそれに抵抗したことであろう。ここで問題なのは、福音の真理から必然的に生じる諸結果（自由の事柄）を支持し、それを貫くことであった。もしも、キリスト使信の信仰的受容に対して、何か他の補充的条件が脇に設けられることにでもなれば、キリスト教的説教は律法的に歪められ、その真理は反対方向に転落してしまうであろう。バルナバと彼に代表されるこのような確固たる把握によって、彼はエルサレムで偽兄弟に抗して自己を貫くことができた。

律法主義的な要求を拒否する決断は、単に否定的でなく積極的な決議をもたらした。エルサレムの原始キリスト教会の柱と目されるヤコブ、ペトロ、ヨハネは、パウロとバルナバに右手を差し出し、それによって、一致を生む福音の力に基づく彼ら両者間の交わりを強固なものにした。それによって今や、福音は同一の福音として、ユダヤ人と異邦人に差し向けられ得る。パウロとしては、復活の主の最初の証人となったペトロの使徒職と、彼がパウロと同様の福音の告知者たることとを「再」確認した。最初の相互確認は、前に述べたように、パウロの第一回エルサレム訪問時である。ただし今回の確認においては、「わたしたちは異邦人へ、彼らは割礼を受けた人々のところに行くことになった」（ガラ二・八―九）とあるように、パウロたちとペトロたちとの間に、伝道活動領域の二分割の合意ができた。

では、この管轄権とも言うべき同意内容は、どのようなものであったであろうか。第一の解釈として、互いに地理的領域の明確な区別をして、例えば「ペトロはユダヤ地方に、パウロはその他の諸民族地方に」ということ（ムスナーなど）であろうか。あるいは第二の解釈として、「同一のヘレニズム世界において、ペトロはユダヤ人に、パウロは非ユダヤ人に」という具合に、地理的には重複しても民族性に従った分割をしたのであろうか。または第三に、右の両解釈、つまり前者（地理的）と後者（宗教的・民族的）が同時に把握されたのであろうか。まず少なくとも右の第二の見解には無理がある。なぜなら、彼の使徒的務めはイスラエルと他の諸民族、およびその両者から構成された教会（一コリ一・一、一四、一六・一九参照）に向けられたし、エルサレムの権威者たちもまた非ユダヤ人にも赴くことができたからである。事実パウロは、諸民族の間での働きにおいてシナゴグを一つの足がかりにした。したがって、パウロは自己に任命された伝道を、会議の時点では地理的に決定されたものと理解したと思われる。ただその上でなおも、彼が非ユダヤ民族／異邦人伝道への強い使命を自覚したことは否めない（ガラ二・七―九）。もっぱら地理的な理解に限定することには無理がある（↓第三解釈に接近。J・M・スコット『パウロと民族』[2]参照）。

こうしてエルサレムとアンティオキアの両教会が、世界伝道の二つの柱として、一方はユダヤ人伝道を、他方は異邦人伝道をそれぞれが担い、相互の独立と連帯による二教会協力体制の基礎がここに据えられたことを意味する。

(3)　一致の徴としての募金

おもに地理的な意味合いから、「一方はユダヤ人に、他方は異邦人に」（ガラ二・八―九）同じ唯一のキリスト使信を伝えることを申し合わせたことは、追加条件なしに「福音のみ」が告知されることを意味する。福音を受け入れるにせよ宣べ伝えるにせよ、そこでユダヤ人はユダヤ人たることの放棄を要求された訳でなく、また異邦人はトーラーの受容を強要されたのでもなかった。前者にも後者にも、先行投資の業は求められなかった。むしろ福音は、「恵みによってのみ」証しされる。

このような福音理解の合意は、次のような結果をもたらした。すなわち、今もなお律法との関わりを自覚するユダヤ人キリスト者にとって、律法はもはや救いを得るための手段ではあり得なかった。むしろ今や、律法的な生活様式を守ることもまた、無条件で救いが贈与されるための証拠と理解されなければならない（H・コンツェルマン[3]）。

何ら条件付きでないこの決定を見たからこそ、パウロとバルナバは、エルサレムの貧しい人々への援助の申し出に対して、躊躇することなく応じようとしたのである（ガラ二・一〇）。そして、パウロが後に力を尽くして、エルサレム原始キリスト教会支援のために異邦人キリスト教会の間で募金を開始したことにより、両教会間には目に見える連帯の徴が与えられることになった。パウロの理解によれば、福音の告知はエルサレムから起こったゆえに、異邦人キリスト教会は、苦境に立つ最初の教会に一種の恩義を感じていた（ロマ一五・二七を参照せよ）。

神殿税は、当時のユダヤ教内のどこにおいても集められ、聖地への犠牲奉献の奨励としてエルサレムに手渡された。では果たして、パウロが心がけた教会募金は、ユダヤ教の神殿税になぞらえられる義務的税金のようなものと見なされた（K・ホル『原始教会の教会概念との関係におけるパウロの教会概念』[4]）であろうか。さらに、（ユダヤ教の言語用法にも見られる）「貧しい人々」との特徴づけが尊称として理解され、それが原始教会に適用されたとすれば、この献金は少なくとも、何かエルサレムに対する理念的／精神的税金といったものを示すと考えられるであろう。だが、これらの推測は当を得ていない。なぜならば、まずこの募金は義務でなく、エルサレム教会のおもだった人々が申し出た願いによる、とパウロは強調するからである。次に、献金は「聖なる者たちの中の貧しい人々」のための徴収と言われるが（ロマ一五・二六）、その際に「聖なる者たち」は原始教会を指し、「貧しい人々」は原始教会内の窮乏者たちを特徴づけるからである。第三の理由として、神殿税は年毎に、ディアスポラであれ、エルサレムとパレスチナであれ、全ユダヤ教徒から取り立てられた。しかしそれに反して、献金は毎年ではなく、一度徴収され、自由意志から執り行われた分担金と解された。佐竹も同様の理由を挙げて、パウロがユダヤ教の神殿税を熟知してはいたが、彼がユダヤ教の神殿税になぞらえて教会募金を呼びかけたのではないと指摘する。[5]こういうわけでパウロは、「献金」が全キリスト教徒――彼らは生活様式の多様性の中で、ユダヤ人と異邦人とから成る教会の一致を保持し、告白すべきである――の世界的交わりを表現せねばならなかったけに、益々入念にこの課題を実現することに努めた。

使徒会議は、異邦人も加わってすべてのキリスト教徒が緊密な交わりを形成し得る方向に道筋をつけた。その際に確かに、エルサレムの権威者たちにとって、律法から自由な異邦人伝道を承認することは、決して容易な決心ではなかったであろう。だがそれを承認した時に、ユダヤ人キリスト者に対しても責任的な立場にある彼らは自分の側で、律法尊重を内に含むイスラエルとの結びつきを確保することができた。

しかしそれでもなお、ユダヤ人と異邦人とから成る教会が出くわす諸問題、特に個々の教会内で、律法抜きに生きた異邦人キリスト者がいかにユダヤ人キリスト者と礼拝を捧げ、彼らと食事の交わりを維持し得るのかという問題は、そこでは解明されなかった。この問題に返答する際に、ただちに重大な見解の相違が生じたので、この問題の解決のための取り組みが必要となった。それが「使徒教令」に反映されている。

ルカによれば（使一五・二二以下）、使徒会議の公的決定は使徒教令と合わせて文書でまとめられ、それが手紙としてパウロとバルナバに同行する派遣団によってアンティオキア教会に手渡された。しかしすでに述べたように、この描写はガラテヤ書二章にまったく見られず、「手紙」のことも他のパウロ書簡に何ら指摘されない。では一体、ルカの意図は何であろうか。使徒会議においてユダヤ人キリスト者と異邦人キリスト者が一致共存するための実践的規定を設けることに、皆が（パウロとバルナバも）心から賛同し、信頼に値する決定に至ったのだということを示したかったのである。

しかしルカの文学的、神学的手法に留まらず、彼が使徒言行録で引用する当該文書は、実は当時のある歴史的経緯を示唆している。そのことを、次に明らかにしたい。

7　エルサレム会議に至る諸問題　注

（1）E. Lohse, Paulus, München 1996, 87.
（2）J. M. Scott, Paul and Nations. The Old Testament and Jewish Background of Paul's Mission to the Nations with Special reference to the Destinations of Galatians, WUNT 84, Tübingen 1995, 152-154, 特に154.
（3）H. Conzelmann, Geschichte des Urchristentums, 69.　田中勇二訳、一三一頁。
（4）K. Holl, Kirchenbegriff des Paulus in seinem Verhältines zu dem der Urgemeinde. in: Das Paulusbild in der neueren Deutscher Forschung, hrsg. v. K. H. Rengstorf, WdF 24, Darmstadt 1964, 144-178.
（5）佐竹明『第二コリント書　八―九章』（現代新約注解全書）、新教出版社、二〇一七年、三五〇―三五一頁。

8　使徒会議の結果

(1)　使徒教令の結果

使徒教令に関する文書（使一五・二三以下）は、それが全キリスト教徒に対する一般的取り決めとしてでなく、本来アンティオキアとシリアとキリキアの諸教会のために規定されたものであることを示唆する（二三節）。その内容として、異邦人キリスト者は何ら特別な重荷を負わせられないが、ユダヤ人キリスト者と共に生きるためには一定の諸規定を守るよう求められた（→二九節）。

その背後にあるユダヤ教的伝統として、トーラーに従ってイスラエルに住む異邦人／寄留者にも適用される

（レビ一七―一八章の）律法諸規定を守り、異教神崇拝をきっぱり断ち切ること（十戒の第一↓使一五・二一の「モーセの律法」）は、共同の食事に一緒に与り得る前提として挙げられる。律法規定に従って屠られた肉だけは食べてよく、また非道徳的態度、特に禁じられた性的関係を結ぶことは厳しく避けられるべきである。これらの条件は、決して儀式ばったユダヤ教への改宗などではないが、ある律法的基本原則の遵守をおそらく内に含んでいる。それが守られるならば、食卓の交わりに関するユダヤ教的理解の前途に立ちはだかる障害は取り除かれることになる。これは、キリスト教とイスラエルとの連続性を見るルカ神学の視点でもある（J・イェルヴェル『使徒言行録の神学』[1]）。

ところで、使徒パウロのどの手紙の中にも、彼が関わった教会にその種の規定が知られていたとの指摘は示されない。イェルヴェルによれば、確かにこの教令は使徒会議の決定であるが、パウロはこの教令を彼自身にとって拘束力あるものと考えなかったのである。だがもっと厳密に考えるならば、少し前に言及したように、それらの教示は、それが（パウロが回顧しつつ今や多くを語ろうとしないあの）シリアと小アジア南東の領域に対する規定であったゆえに、この諸地域に設立されたユダヤ人と異邦人の両者から成る初期キリスト教会には適用されていたと思われる。

しかもこれらの諸規定は実際に、時間的にただ限定された効力を発揮した。というのも、ユダヤ教のシナゴグ共同体はその後の時代に、周囲のヘレニズム的環境の影響を益々受け入れようとしなくなり、キリスト教徒らが好んで盛んに用い出した（ギリシャ語）七十人訳旧約聖書についてはこれを放棄して、ラビ伝統によるヘブル語原典聖書に引戻って行った。こうして、ユダヤ教と躍進するキリスト教とは互いに反目し、その結果、両者間の出会いと対話はいよいよ少なくなった。そのために、異邦人キリスト教が成長して、律法の教示になおも従って行動するユダヤ人キリスト者の数が減少すればするほど、逆にキリスト教会にとって、使徒教令に定式化されたような諸要求は余り必要でなくなっていった（E・ローゼ『パウロ』[2]）。

この歴史的な経緯に鑑みて、この使徒教令が早くももはや祭儀的指令の意味としてでなく、倫理的な意味に理解されたのは、驚くに及ばない。したがって、使徒教令の手写本伝承には、直ちに数種の変形が見られる。それらはそれ相応の解釈を示しており、異邦人キリスト者が「偶像崇拝に見切りをつけ、血、つまり絞め殺したものと性的不品行から離れるべきこと」（使一五・二九参照）を申し述べている。使徒教令がこのような意味に変更解釈されたところでは、その本来の規定がすでに忘れられ、倫理的指導原理へと変更されていたが、そのことに対して、何ら正当に意義を唱えるようなことはなされ得なかったであろう。

さて、再び使徒会議後の状況に戻ってみよう。確かに、エルサレムの使徒会議で承認されたことは、異邦人キリスト教会が全キリスト教会の中に数えられ、しかも何ら他の付帯諸条件が課せられてはならない、ということであった。しかし、同じキリスト教会の中でどのようにユダヤ人と異邦人が共存すべきか、しかも一方のグループが他のグループを窮地に追いやって、一致のために満たすべき諸条件を突きつけるなどということをしないで、いかに共存すべきであろうか。しかし、そういった問いは出されたままであった。

実はこの点に関してアンティオキアで信徒らは、民族等相異なる出自を取り立てて問題に感じることもなく、幾分か無頓着に振る舞っていた。否むしろ、十字架に架けられ、甦ったキリストに対する共通の信仰によって互いに結ばれていると自覚し、相共に礼拝と聖餐の交わりを祝った。おそらく使徒会議後しばらくして、ペトロがアンティオキアにやって来た時にも、彼はこの理解を分かち合い、ユダヤ人キリスト者として異邦人キリスト者と共同の食事を守ることに、いささかの疑念も抱かなかった。しかしこの立場は、至る所で是認されたという訳でなく、むしろひどい反論に遭った。しかもそれは、その教会自体の中から持ち上がったのでなく、外からその教会に持ち込まれた。反対するその一団は自発的に訪れたのか公的な派遣によるのかは明示されないが、いずれにせよ、彼らは教会に出現してペトロ、バルナバ、そして他のユダヤ人キリスト者の態度をも変更させる影響を及ぼした（ガラ二・一一―一三）。

⑵　アンティオキアでの衝突

使徒会議（四八年末か四九年初め）の前のみでなくその後にも、律法主義的ユダヤ人キリスト者、すなわちユダヤ主義者らがアンティオキアおよび他の周辺諸教会に立ち現れ、自己の要求を突きつけて対立した背後に、また使徒会議に臨んで律法に一層厳格なヤコブがエルサレム教会の最高指導者になっていた背景には、ヘロデ・アグリッパ一世によるエルサレム教会迫害を巡る緊迫した政治状況がある。そのことについては、すでに述べた。そのような事情の下で、ユダヤ主義者らはすでに紀元四三年頃以後、おそらく徐々に勢いを増していった。もちろん、エルサレム教会が迫害の危機感を抱いてユダヤ主義的色彩を濃厚にしたとはいえ、使徒会議において確認し合った福音理解の基本的一致がその後揺らぐことはなかったのだが、それでもやはりユダヤ主義者らは出向く先々で断続的な衝突を引き起こした。彼らが誘発した一大事件が、使徒会議の翌年にアンティオキアで起こったパウロとケファ（＝ペトロ）との衝突である（四九年春頃）。

ヤコブのもとから来た彼らは、律法尊重に基づくユダヤ的理解として、アンティオキア教会での自由勝手な食卓の交わりの実践によってイスラエルとの結合が崩され、それと共にユダヤ人にキリストの使信をもたらすあらゆる可能性をも摘んでしまうことにならないか、という鋭い問いをケファたちに突きつけた。確かに、この点でケファの動揺した態度と躊躇は、策略に載せられた彼の弱さとして、パウロの批判的報告の中で示される（ガラ二・一二―一三）。しかしパウロの鋭い論争的描写の背後に、異邦人から身を引いたケファたちの姿勢にみられる神学的に根本的な問題が認識されるべきである。それは、神の民イスラエルの一致に対する、ユダヤ人と異邦人から成る教会の一致の問題である。この両者は相互に結び合わされたのだろうか。あるいは分裂していくのだろうか。だがペトロと多数のユダヤ人キリスト者は結局、ユダヤ人（キリスト者）の批判的な嫌疑を恐れて、共に守ってきた異邦人キリスト者との交わりから後ずさりしたのである。パウロはそこに、単に実践的執行や人間的弱さの問題でなく、少なくとも福音の真理と教会の一致がはなはだ危険にさらされる事態を見た（ガラ二・一五以下）。

彼はわずか一節内（ガラ二・一六）で、キリスト・イエスへの信仰（による義）について何と三回も言及する。しかもこの集中的な定式化は確かに、ペトロとの衝突という突発的状況下で初めて生まれたのでなく、すでに早い段階に固まって形式化した教示法を取り入れている。したがってこの言表は、（ガラテヤ教会に出現したような）律法教師らを阻止する際に初めて創り出された「論争教説」と判断されてはならない。むしろパウロは論敵が出現する以前から、福音の真理が何を意味し、それを彼が告知の中でどう解釈していたかを、今ここで簡潔に言い表している。実に義認の教説は、キリスト使信の正しい解釈を提供している。この神学的認識は、教義的または教化的な主張に留まるのでなく、むしろキリストにあるユダヤ人と異邦人との食卓の交わりという具体的結果をもたらす。それを拒む人は、福音の真理を正しく見ず（一四節）、（罪人を義とする解放の力から培われる）根本的洞察を放棄し、さらにその結果、全キリスト教徒の一致を基礎から崩し、キリストの死を無駄なものにする（二一節）。

パウロは、ペトロの偽善的態度を見て、皆の面前で彼を激しく非難した。ペトロも最初は、福音の真理に立っていたのであるが、ユダヤ主義者らの批判を浴びてユダヤ的態度様式に戻ってしまった。だがこのことはペトロ個人の問題に留まらず、今後異邦人キリスト者が彼らと引き続き交わろうとするなら、ユダヤ的に必要と思われる諸規則を守って、「ユダヤ的に生活する」ことを強要されることを意味した。パウロは事態をこのように捉え、そこでは福音が律法的要求によって覆い隠され、福音とは反対のものに転じたと見た。

同様の衝突は、シリア州とキリキア州の異邦人キリスト教徒らの間にも（後のガラテヤの教会にも）起こった。それゆえに、これらの諸地域に宛てたあの使徒教令は、食卓の交わりと一致に一定の効力を発揮したに違いない。（「本来の教令」は、ルカの報じる使徒会議の時でなく、アンティオキア衝突事件から浮上した緊急な問題の打開策として、その数年後にエルサレムから関連諸地域に発布された可能性は否定できない。M・ヘンゲル／A・M・シュヴェーマー『ダマスコとアンティオキア間のパウロ』[3]参照）。

だがそれに反して、多くのパレスチナ・キリスト者の態度は、ルカ福音書のイエス語録（一六・一七）、マタイ福音書枠内の反対命題的な山上説教の三節（五・一七―一九）、または『トマス福音書』の言葉（二七・二、「あなた方は、安息日を安息日として守らないならば、父を見なくなるであろう」）といった文章に表現されているのかもしれない。

パウロとペトロとの決裂後に、さらに約二年半の間、やはりエルサレムから遣わされたシラス（シルワノ）がパウロに同伴したことは、注目させられる。この絆は、パウロをエルサレムと結びつけ、六二年頃のヤコブ殺害と原始教会のペラへの逃避（エウセビウス『教会史』三・五・三）に至るまで、きっと全キリスト教会に義務づけられていたにちがいない。パウロはこの絆を、まさに使徒会議の後、エルサレム神殿での彼の拘束に至るまで（使二一・二七―三三）、種々の憂いを抱えつつも真剣に受けとめた。

(3)　衝突後の諸経緯

エルサレム教会の代表的使徒としてアンティオキア教会を訪問していたペトロとの激しい対立（四九年春頃）がどのような結果に至ったかを、パウロは何も語らない。だがガラテヤ書二章の文脈の中でパウロは、福音の真理を一貫して遵守することによって、自分が何ら原使徒たちに依存しておらず、むしろペトロとも対立したと強調する。

この手紙を受け取ったガラテヤの信徒たちはきっと、パウロが提示した論証を聞いて反省し、最終的に彼に賛同したであろう。というのも、ガラテヤの手紙がそこで保存され続けたゆえに、その内容は彼らの方向性にさらに適切な影響を及ぼしたと思われるからである。

では、ペトロは当初パウロの批判にどう反応したのであろうか。それは確認できないが、少なくともアンティオキア教会のユダヤ人信徒たちは、ペトロの態度に同調し、それによって彼の決断を是認した。パウロの同労者であったバルナバですら考えを変更し、異邦人との食卓の交わりを止めてしまった。パウロは確かにそれを偽善的行動だとは言ったが、自分の理解をその場で押し通し得たとは報告していない。たぶんここで始まった対立は少なくとも、（ガラテヤ書に見られるような）対話として開かれ続けた。アンティオキアの人々は、そこで根本的問題を見つめるパウロに従うことをせず、彼のような根本的熟考よりは実践的で担い得る規定を見出し、それによって多様な諸グループのまとまりを可能にする妥協的方向に動いた、と考えられる（↓前述のように、使徒教令がそれを反映していると思われる）。

いずれにせよ、衝突によってパウロは今や、彼の伝道活動の拠点であったアンティオキア教会（とバルナバ）から離れ、自分の責任において単独行動へと赴いた（使一五・三六―四一参照）。だがそうは言っても、アンティオキア教会および特にペトロとの長期的な仲たがいに陥ったわけではない。というのも、ガラテヤ書と執筆時期の近い第一コリント書の中でパウロは、彼らの間の距離を何らほのめかすことなく、ペトロの名を何度も挙げるからである（一・一二、三・二二、九・五、一五・五）。それゆえに、パウロと原始キリスト教会指導者らとの根底的な決裂があった（T・ホルツ『原始キリスト教の歴史と神学』[4]。E・ローゼ『パウロ』[5]も同じ見解）、など語ることはできない。律法の評価上の相違は存続したのであるが、ユダヤ人と異邦人に対する相異なる使信があるわけでなく、ただ唯一の福音が存在し得る、との基本的な認識において一致していた。

パウロの下した決断によって、世界にキリストを宣べ伝え、かつ全民族に福音の救済を告げ知らせるための諸前提が、今や決定的に据えられた。こうしてパウロの伝道によって生まれた仲間は、もはやシナゴグ集団内の諸グループとして成立し得ず、むしろユダヤ人とギリシャ人、奴隷と自由人、男と女がキリストにあって一人であるような独立の人格的共同体として自己を形造った（ガラ三・二八）。将来は一時的な妥協策によってでなく、この根本認識によって規定されることになる。

さてパウロは、アンティオキア教会が影響を及ぼすシリアと小アジア南東部の領域を立ち去って、新たな自立伝道の活路を開いた。このいわゆる使徒の第二伝道旅行の軌跡について、使徒言行録は装飾的な場所描写を拠所として鮮明に記述する。最初にピシディア州のデルベとリストラおよびイコニオンの名が挙げられる（使一六・一―二）。それからパウロは、アジア州で御言葉を語ることを聖霊によって禁じられたので、テモテを一緒に連れてフリギアとガラテヤ地方を通って北上し（一六・六）、さらにミシア地方を通って西方に旅を続けた（一六・六―八）。パウロが小アジアの最も重要な都市であるエフェソに最初に行かず、内陸を通る道を選んだことは、実に注目させられる。聖霊による指示以外に、使徒言行録もパウロ書簡も、この決定をしたことの説明はなされない。パウロがそれについて熟慮したとの示唆もまったくみられないので、もっぱら（諸教会の警告する声によって示される）預言者的な指令が使徒を導いたと言える。その結果、彼は危険を感じ取ってこれを避け、海岸の方には向かわなかった。

8　使徒会議の結果　注

（1）J・イェルヴェル『使徒言行録の神学』（叢書 新約聖書神学4）、挽地茂男訳、新教出版社、一九九九年、七六―七八頁。

（2）E. Lohse, Paulus, 91.

（3）M. Hengel/A. M. Schwemer, Paulus zwischen Damaskus und Antiochien, WUNT 108, Tübingen 1998, 320f. Anm. 1328.

（4）T. Holtz, Geschichte und Theologie des Urchristentums, Tübingen 1991（eigentl. 1966）, 129-139.

（5）E. Lohse, a.a.O., 64-66.

9　伝道の旅

(1)　ヨーロッパ伝道――第二伝道旅行――

ところで、パウロが短期間に活動したガラテヤとは、北内陸地方のガラテヤ（北方ガラテヤ説。第二伝道旅行の過程。ガラ一・二。使一五・三六―一八・二三参照）を指すのか、あるいはローマ属州のガラテヤ諸地域（南方ガラテヤ説。使徒会議前のバルナバとの共同の第一伝道旅行の過程。ガラ二・四、使一三―一四章参照）を指すのかを巡っては議論が分かれ、なおも決着がつかないが、我々は今日有力視されている南方ガラテヤ説を取りたい（使一六・六と一八・二三は使徒による教会設立について報じていない。朴憲郁「パウロ研究」[1]参照）。使徒言行録がガラテヤ人の熟慮について特に注意を払わないのに対して、パウロが後にガラテヤ教会に宛てた手紙からは、パウロが自分の重い病気のためにしばらくそこに滞在せねばならなかったことが明らかになる（ガラ四・一三）。人々は彼の福音の説教を、彼の身体的弱さにもかかわらず賛同をもって受け入れ、彼を神の使者、またはイエス・キリスト自身のように受け入れた（一四節）。というのも、この説教者にとって十字架と復活のキリストを証言し、その名によって癒しと救いが全世界に与えられることこそ重要であることを、彼らは理解したからである。第一伝道旅行の初めに計画していなかった彼のこの滞在は、ガラテヤにキリスト教会が生起するという、予期せぬ成果をもたらした。使徒はそこでの短期間の活動の後も、彼らとの繋がりを維持した。

さて先に進んで、第二伝道旅行の経過を概観していきたい。パウロはミシア地方を通ってトロアスまで行ったが（使一六・八）、その場所にも、やがてパウロ伝道の前進のために重要となる教会が建ったと思われる（二コリ二・一二、使二〇・五―六）。彼はここからさらに、ヨーロッパに渡った。使徒言行録は、パウロが夜中に一人のマケドニア人の助けを求める夢を見た、と説明することによって、彼の伝道行路上の一大移動を浮かび上がらせる（一六・九）。パウロはこれを、神によるマケドニア地方（フィリピ、テサロニケ、ベレアなど）伝道への招きと信じて従った（一六・一〇）。

使徒は矢つぎ早に随所で入信者の群れを作り、その後それらは自活的に発展していったのであるが、この順調な前進は、彼自身が福音の使者として実現しようと試みた計画に従順であったことを物語っている。彼は、自由に用い得る今の「時」が短くて切迫していると見ており（一コリ七・二九）、主の出現と裁きの執行の時までこの世がもはや長く存続し得ないことを、初期のキリスト者たちと共に予感していた。彼は、一つの教会が使徒の助けを受けなくても自らの課題を遂行するほどに成長すると、そこを去ってさらに伝道の旅を続け、次の場所で新たな共同体を築くことができた。

ヨーロッパ最初の滞在地はローマの植民都市フィリピであるが、そこにはわずかのユダヤ人しか住んでいなかった。使徒言行録によれば、その町の郊外の川辺に小さな集いの場があった（一六・一三）。安息日になると、パウロはまずそこにいた婦人たちに近づき、キリストの使信を宣べ伝えた。彼女たちの中にリディアという「神を畏れる」女性がいた。非ユダヤ人の、特に女性たちが、多くの場所でシナゴグの周囲に参集していたので、そのことは彼女・彼らの間で伝道を始める格好の場となった。パウロがマケドニア州で最初に設立したこの小さな群れは使徒との間に心の絆を結び、後になっても自分たちの賜物によって彼を援助しようとした。財政的支援を得ることは、自分の手で生計を立てるとのパウロの原則に矛盾するにもかかわらず、彼はフィリピの信徒たちの贈り物を受けて充分備わっていることを知り、彼らに恩を感じていた（フィリ四・一四―一八）。

いくつもの困難が待ち受けていたので、使徒はフィリピに長く留まることはできなかった。彼は自分がフィリピで被った苦しみと辱めについて、テサロニケ人たちに話している（一テサ二・二）。それについて使徒言行録は、どのようにパウロとシラスが牢に捕らえられ、奇跡的な仕方で自由な身になったかを長々と物語る。この囚人たちの印象的な解放の経緯の中で、牢の看守は彼の家族の者と一緒に洗礼を受け、キリスト教徒になった（一六・二五―三四）。そして、この二人の囚人に仕打ちすべき責任を負う当局者たちは、パウロとシラスがローマ市民であることを知って恐れを抱き、二人にこの町から出ていくよう頼んだと言う（一六・三五―四〇）。

次の滞在場所は、ローマの属州マケドニアの首都で商業の要衝でもあるテサロニケであった。ここでは、素早く集会が結成されていった。パウロは最初にユダヤ人会堂のシナゴグに行き、三回の安息日にわたって聖書の中から説教し、「そして、キリストが苦しみを受けて死人の中から復活せねばならなかったこと、そしてこのイエスがキリストであることを、彼らに詳しく説明した」（使一七・二―三）。聴衆者たちの何人かはそれを信じたが、ユダヤ人らの側から暴力的な抵抗が起こったために、パウロはそこに長くは留まれなかった（使一七・一―一〇)。

しばらくしてから、パウロがコリントに滞在している間（紀元五〇年）に書き綴った第一テサロニケ書は、パウロがそこでどのように活動し得たのかを映し出している。彼は、福音の告知が言葉だけによらず、力と聖霊と大いなる確信とによって伝えられたことを、テサロニケ教会に想起させる（一・五）。その結果、彼はよく受け入れられ、彼の説教は無駄にならなかった（二・一）。だが使徒はもう一度、彼の働きが各種の放浪説教者らの行動と比較されてはならず、まったく別種のものである、と強調しなければならなかった。彼らはあちこちに流れ歩き、大衆哲学的な話題とも結びつく娯楽的な講話をもって現れ、さらにさまざまの虚妄によって聴衆者の注目を得ることによって、できれば金銭贈与をも引き出そうと試みた。

⑵　マケドニア州とアカイア州

使徒は、テサロニケの信徒たちを惑わすあの放浪説教者らとは異なって、自分がまったく自己本位でやって来たのでなく、手ずから生活の資を稼ぎ、誰にも負担をかけず、また非難されないように振る舞ったのだ、と確認する（一テサ二・九―一〇）。さらに彼は、信徒たちが彼の説教の言葉を人間の言葉としてでなく、彼らの内に働く神の言葉として――事実そうであるが――受け入れたことで、神への感謝の思いで一杯になった（二・一二―一三）。しかし、またもやシナゴグの側から起こった抵抗に遭って使徒がテサロニケを去らねばならなかったことは、使徒言行録からも分かるが、手紙の詳述からも明らかになる（二・一四―一七）。

使徒はやむを得ずこの教会に別れを告げねばならなかったが、その後も信徒らと密接に繋がっていることを自覚し、テサロニケ再訪問の願いを抱いた。だが「サタンが我々を妨げた」（二・一八）ので、それは叶えられなかった。パウロは気がかりな彼らの消息を確かめるために、同労者テモテをアテネから彼らのところに派遣した。

その間コリントに移動していたパウロのもとに、テモテが再び戻って来て、テサロニケ教会の信仰と愛とに関する朗報を彼に伝えた（三・一―一三）。

パウロはテサロニケからアテネに移ってから（三・一）、その町に短い期間留まっただけで、特に実りある活動を展開することができなかった。なるほど使徒言行録の著者は、パウロが教養と宗教心に富むアテネ人らと論じ、アレオパゴスに効果的に登場した次第を語ってはいるが（使一七・一六―三四）、最終的に、わずかの入信者についてのみ報じている。そこでの教会設立はきっと困難であったであろうし、したがってパウロがまもなくそこを去り、「衰弱と恐れとひどい震えおののきの中で」（一コリ二・三）コリントに向かったとしても何らおかしくはない。コリントでは教会を建てることに成功し、その影響はアカイア州に広く及んだ。富裕な町コリントは、かつてローマと競合するまでの経済力を蓄えたことにより、逆に紀元前一四六年にローマ軍によって破壊されてしまった。その後一世紀を経て前四四年にユリウス・カエサルは、この廃墟の町をローマ帝国の植民都市として新たに再建させた。コリントは前二九年以降、アカイア州の首都および地方総督の所在地となり、有利な地理的条件に恵まれて急速に重要性を増した。航海と商業はこの港町に多くの外国人を運んだが、その繁栄の中で、享楽癖と誘惑的行状も蔓延した。

使徒言行録はコリント教会設立の発端について、ただ短く報告する（一八章）。パウロはアテネからコリントにやって来て、最初にアキラとプリスキラというユダヤ人夫婦（彼らは、クラウディウス帝のユダヤ人追放令［後四九年］でローマから追われてコリントに来た）を訪ね、同じ職業であったので彼らと一緒にテント造りの仕事をした。また安息日ごとに彼は、シナゴグに集うユダヤ人とギリシャ人に教えた（四節）。そして、シラスとテモテは再び彼と合流した（五節）。パウロはキリストのことを説教したので、ここでもユダヤ人との衝突が起こり、シナゴグを去って異邦人に赴かざるを得なかった（六節）。彼はユダヤ教（への）改宗者であった異邦人ティティオ・ユストの家に迎えられ（七節）、さらに彼の特記すべき伝道成果として、会堂長のクリスポがキリスト教信者になったことが言及される（八節。一コリ一・一四参照）。他の多くのコリント人も入信し、洗礼を受けた。だがユダヤ人たちがパウロを妨害し、彼を総督ガリオンの法廷の座に引っぱり出したりしたので、彼はコリントを去るはめになった（一二―一八節）。彼はケンクレアイの外港で乗船し、エフェソを経由してカイサリアに船出した。

このわずかな描写は、第一コリント書の言述から証明もしくは補充される。すなわちパウロは、キリスト者共通の宣教内容として自分に伝えられた福音を、自分もまたコリント人に伝えたことによって（一五・一―五）教会を建てた（三・六、四・一五）。手紙の中で何度となく「あなたがたは知らないのか」という反語的問いが出されるが、それは教会に分与された「教え」が前提になっていることをほのめかす（三・一六、五・六、六・二―三、九・一五―一六、一九、その他）。また、教会員の大部分は社会の下層の出であり、それに加えて奴隷たち（七・二一、一二・一三）、およびわずかの富裕者がいた（一一・二一―二二）。このように、教会の構成はその町の姿と似て、多種多様であった。

コリント教会の設立後まもなくして、アレクサンドリア出自のユダヤ人キリスト者のアポロ（使一八・二四）がコリントにやって来て、そこで活動した。パウロは、自己の伝道の業を前進させたアポロの活動を承認し（三・六）、後にはアポロのコリント再訪問を支持する（一六・一二）。パウロはペトロの伝道活動にも言及するが、その活動はコリントとの直接的な結びつきには至らない（九・五）。確かに、教会の様々な同労者と奉仕者の共働によって、神の建物は築き上げられるべきであるが、教会は個々の奉仕の業を超える神の神殿なのである（三・一六）。それゆえに、次の警告も発せられる。「神の神殿を壊す者がいれば、神はその人を滅ぼされるでしょう。神の神殿は聖なるものだからです。あなたがたはその神殿です」（一七節）。

使徒は、外から押し入る実に多様な影響、そしてコリント教会内部に起こる種々の思想が、信徒たちをその拠り所としていた堅固な基礎から引き離しはしないかと、絶えず心配した。そこで彼は、その後の数年間に彼らとの間に交わした集中的な往復書簡において、また繰り返し（中間訪問も含めて）訪問することによって、互いの関係を修復強化し、教会が自己の務めを果たし得るよう働きかけた。彼は教会員たちに、あらゆる教えと知識によって得た豊かさを確保するよう（一コリ一・五）思い起こさせ、また、彼らを召した神が最後まで彼らを守り支えてくださることを信頼するよう（一・八）訴えた。

(3) 初期の伝道説教

ところで、パウロが伝道旅行による教会設立に際して宣べ伝えた初期の伝道説教がどういうものであったかは、第一テサロニケ書から特によく知らされる。パウロは信徒たちを励ましつつ、伝道説教を聞いて彼らが受け入れた初期のことを想起させる。その場合に彼が、「あなたがたがどのように偶像から離れて神に立ち帰り、生けるまことの神に仕えるようになったか」（一・九）と述べる時、この定式はヘレニズム世界で異邦人に向けられたユダヤ教の伝道説教の内容にまったく対応する。実際に命をもたない偶像と異なり、神お一人こそ人間の仕えるべき生ける真のお方であることが、彼らに明らかとなるべきである。だがこの語りかけに応えて、異邦人たちが自らの従来の生き方の誤りと愚かさから離れ去り、唯一の真の神への信仰へと改宗した時、彼らは闇から光へと踏み込み、またそれによって死の世界から義の世界に回心したのである。

原始キリスト教の伝道は、この種のユダヤ教の伝道的教示と結合し、それをキリスト教本来の考慮の中で押し広げる。ユダヤ教の説教の場合は、来るべき裁きの深刻さを指摘し、それによって聴衆者の責任を明瞭にしたが、それに対してあらゆる人間は神の前で、自己の命について釈明せねばならなくなる。終末時に関連づけたこの伝道は、今や福音内容を中心に据えたキリスト教的理解によって、次のように新しく理解される。「死者の中から復活して、私たちを来るべき裁きから救い出す神の御子を待ち望む」（一・一〇）ために、回心が引き起こされたのであると。甦ったキリストは、自分に従う人々の味方になって彼らをその劫罰から救うために、来るべき審判の時に現れるであろう。このように回心への呼びかけは、いわば律法を引き受けるべきだとの要求からは解かれるが、まもなく起こる神の裁きを指し示してキリストの到来を予告することによって、強調される。悔い改めてキリストを信じる人は、その方によって救われ、祝福されるであろうと告げられる。

今確認した第一テサロニケ書の報告が示すように、使徒パウロは伝道者として、ヘレニズム原始キリスト教の宣教の定式的言表を伝え、その意味を聞き手に提示した。この説教は多くのユダヤ人と改宗者、神畏敬者と異邦人によって受け入れられて、彼らは誕生したばかりの諸教会の会員となった。ディアスポラ・ユダヤ教からキリスト教会への移行は多様な仕方でなされたが、「律法」は離散のユダヤ人キリスト教徒の間でなおも、神の民の責任的な倫理を導く神の意志としての意義をもった。

シナゴグと関係していなかった異邦人には、先に言及した、テサロニケ人に伝えたのと同様の伝道説教がなされた。それを聞き入れて入信した者は過去の生き方を捨て、偶像崇拝を避け、信仰を抱いて歩むことによって、周囲の混淆宗教的世界が与り知らなかった希望に満ちていた。世間の人々は、密儀宗教の中で清めを受けたり秘密に包まれた祭儀行為に参与しようと願い、それによって死の苛酷な現実から逃れようとした。それゆえにパウロは逆に、キリスト者たちが「何の希望も持たない他の人々のように悲しむ」理由はないのだ、と強調する（一テサ四・一三）。むしろ彼らは、神に選ばれ（一・四）、神の国とその栄光に招かれている（二・一二）、と確信することができる（三・一三も参照）。

使徒は手短に、「イエスが死んで復活されたと、わたしたちは信じる」（一テサ四・一四前半）との言表を想起させる時、彼の伝道説教において原始キリスト教の告白との関係をもっている。そして、決定的にキリスト教信仰の決め手として妥当するのは、キリストの出来事に関するこの言表がキリスト者の現在と将来の生命に対しても意味をもつことである（四・一四後半）。パウロはこの一四節の一文によってあの告白を、「キリストは死んで甦った――わたしたちのために」と解釈する。つまり、キリストを信じる者は、信仰が語る救済の出来事に引き入れられることを知る。それによって告白は、ただ過去の意義深い出来事を想起させるのみでなく、絶えず同時に、その出来事の現在的、将来的な妥当性を言い表す。信仰者が主と仰ぐキリストは、生と死のいずれにおいても彼らを見放すことはない。

キリスト使信の内容は、原始教会の復活告白伝承（一コリ一五・三―八）が示すように、我々のためにキリストが死んで甦ったことを「然り」と同意するによって、真に理解され得る（H・コンツェルマン『聖書解釈としての神学[2]』）。したがって、歴史内で起こったキリストの十字架と復活に関する使信の真実は、単に史的、客観的な調査によって究明されたり、また、（イエスの十字架死に直面した弟子らの悲しみや呵責の念の内に体験した幻によって、復活信仰が生じたとの）心理学的説明に還元されたりしてはならない。むしろ復活使信の真理は、信仰によってのみ把握される。なぜなら、人間は信仰において、命を生む約束の言葉に自分が出会っていることを知り、また信仰において、神が十字架の死より甦らせたナザレのイエスによって最後決定的に行動した、ということに信頼を置くからである。

使徒パウロはこの初期キリスト教説教の教訓的な要約を、コリント教会の設立時にしたのと同じく、福音の内容を述べる諸文章においても示す（一コリ一五・三b―五）。コリントの信徒たちは、自ら受け入れた使信の下に留まり続けるべきであって、「さもないと、あなたがたはまったく無駄に信仰したことになってしまう」（一コリ一五・二）。つまりここでも、人がそのように決心した「信仰」から必然的な諸結果を引き出すことが重要になっている。

先に言及した第一テサロニケ書の短い引用と同様、第一コリント書一五章四節以下の文章において、イエス・キリストの死と復活は、キリスト教告白の中心的内容と呼ばれる。初めはナザレのイエスの名がなく、キリスト称号がある。この称号はその本来の意味に従って、神により王的職務に選ばれてその支配の座に就いた、いわば油注がれた人（メシア）を特徴づける。しかし、メシアが輝きと栄光の内に現れないで、十字架において自らの命を捧げたというのは、どのようにして起こり得たのか？　この命題を根拠づけるために、キリスト教伝道は初めから旧約聖書の諸文書を指し示した。イエスの十字架の死についての詳述と関連して、旧約聖書の個々の箇所が頻繁に引き合いに出される。詩編二二編三一節と六九編、だが特にイザヤ書五三章の苦しむ神の僕の歌などがそれである。ファリサイ派であったパウロ自身が使徒として召し出されたあのダマスコ途上でのキリスト認識の一大転換の重要な典拠こそ、イザヤ書のこの箇所であったことは、我々がすでに明らかにしている。ただイザヤ書のこれらの言葉は、聖書全体の中心使信として把握され、しかもその隠された意味はキリストの告知によって初めて解明される。それと同様に、キリストの復活が聖書に従って三日目に生起したとの文章において（一コリ一五・三）、旧約聖書のあちこちの個々の言表（例・ホセ六・二）が考えられているのでなく、ここでも聖書は終始、キリストの復活の証言として駆使される。つまり、キリストの出来事（への信仰的洞察）から旧約聖書が振り返って解釈され、再びキリスト証言の言葉として用いられる。これはいわば、キリストを起点とする循環的関係を指し示す。

原始キリスト教の伝道は、絶えずイエスの復活との関連でその十字架の救済意義を語る。なぜなら、相互の密接な関連性においてのみ、イエスの死と復活は正しく理解されるからである。キリストが死から甦ったゆえに、救いを基礎づけかつ授ける力は、キリストの死において特有なのである。「しかしキリストが復活しなかったのなら」とパウロは仮定しつつ、「あなたがたの信仰はむなしく、あなたがたは今もなお罪の中にあることになる」、とコリント人らに言い切る（一コリ一五・一七）。

パウロは原始キリスト教のケリュグマによって「キリスト者であること」を際立たせるが、キリスト者存在とは、「十字架と復活のキリストへの信仰によって生全体の新たな調整の下に立つこと」を意味する。それは召しに相応しい倫理的な責務を促すが、そのことをパウロは、テサロニケ教会員に思い起こさせる（一テサ四・三）。ここでの「聖なる者」は、人間の道徳的な質の高さでなく、聖なる神に従属することを指す、レビ一九・三。洗礼との結合で語る一コリ六・一一なども参照）。教会員らがしばしば聖徒と呼ばれる時、それは、彼らの生が神関係において規定されることを意味する。つまりこの規定は、神の憐れみに根拠を置き、彼らの倫理的振る舞いに方向性を示す。神によって聖なる生活へと召された者は（一テサ四・七）、この招きを軽んじてはならない。さもなければ、その人は人間を拒むのでなく、彼らに聖霊を与えてくださる神を拒むことになる（八節）。

このように、伝道説教には常に倫理的教えも伴っており、そこでは道徳的な生活指導とそれに相応しい行為が語られた。それゆえにパウロは教会員に対して、より完全な人になるよう努めなさいと勧め、神の御心にそって歩むようにと、子を諭すように促す（四・一一、二・一一―一二）。主イエスの戒めの言葉として命じるのは四・二）。

9　伝道の旅　注

（1）朴憲郁「パウロ研究」『現代聖書講座第二巻　聖書学の方法と諸問題』日本基督教団出版局、一九九六年、三二七―三二九頁がこの問題を取り上げている。

（2）H. Conzelmann, Theologie als Schriftauslegung, München 1974, 134f.

10　最後のエルサレム訪問

⑴　エルサレム上京

使徒が諸教会に宛てた後期の手紙の執筆時期にかかる第三伝道旅行について、今その諸経緯を逐次追っていくわけにはいかない。その緒論的な問題は他に譲ることにして、ここでは先を急いで第三伝道旅行の終わり、エルサレム再訪、捕縛とローマ護送、そして使徒の生涯の最後について記述していきたい。

彼は第三伝道旅行の終わりに、（中間訪問を含めると）三回目にして最後の訪問となったコリントに滞在中、信徒ガイオの家でローマ書を執筆し、それをローマの信徒たちに送った（ロマ一六・二三参照）。その際に彼は、ローマ教会訪問の願いとスペイン旅行の計画（ロマ一五章）を伝えたが、後者の計画は残念ながら実現することはなかった。前者については、彼は後日ただ囚人として遂にローマに到着したが、そこで彼は生涯の終わりを迎えた。そうとは言っても、全世界に宣教される福音についてローマの教会員に前もって書き綴った、彼のこの熟慮された論述（ローマ書）は、彼らに注意深く聞き入れられた。この手紙が彼らの間で継続的な妥当性をもつ福音の要約として保存されたことこそ、その何よりの証拠である。

パウロはローマの信徒たちに、異邦人諸教会の間で募った献金を捧げるためにまずエルサレムに行く意向であることを伝えた後、さっそくその旅に発った。これがその後どういう経過をたどったのかは、使徒自身の報告からでなく使徒言行録の描写からのみ跡づけられ得る。その著者のルカはパウロの口に豊富な言述を動員しつつ、経過を鮮明に描き出そうとするが、言行録の帰結部分は史的に必ずしも信頼し得る多くの手がかりを提供してはいない。むしろ、彼は後の神学的構想から、エルサレムからローマに向かう福音の運動を信仰への誘いのために描写しようとする。しかし、少なくともパウロがエルサレムに向けて進んだ行路上の地名などは、滞在目録の中に記されていたものであろう。結局、ルカ記述を批判的に評価するとしても、パウロの伝道の最後の局面をあらまし包含し得るいくつかの報告はそこから獲得される。

使徒言行録の報告によれば、パウロはユダヤ教徒らの追跡を免れるためにギリシャ（コリント）から陸路を選んだこと（二〇・三）、マケドニアに進んでフィリピでトロアスに向けて船出したこと（二〇・六）、トロアスで一週間滞在して教え説教したが、そこでエウティコという青年の身に奇跡的な事が起こったこと（二〇・七―九）、ミレトスでエフェソの長老たちと再会し、殉教をも覚悟した使徒の務めを感動的に告げて互いに別れを惜しんだこと（二〇・一七―三八。この場面はルカにとって重要な意義をもつ。二テモ一・六―一四にも反映）、さらに二一章において、船でコス島を経てロドス島とパタラ島に行き、そこでフェニキア行きの船に乗り換えて同伴者らと共にティルス港に着き、そこからプトレマイスを経てさらにカイサリアにまで赴いたこと、そこでアガポという預言者が現れ、エルサレムでユダヤ人らの手によるパウロの捕縛を預言して上京を思い留まらせたこと、しかしパウロは殉教の死をもはばからない覚悟を表明し、遂にエルサレムに到着して原始教会の主の兄弟ヤコブと長老たちに迎え入れられたこと、などが詳細に描写される。

パウロは彼らの前で、神が異邦人に対する彼の奉仕を通してなしたことを説明し、共に神を賛美した。だがその時、ヤコブはパウロに対して、律法に熱心な多くのユダヤ人はパウロがモーセ律法からの離反を説いていると聞かされているので、彼らのそういった嫌疑を晴らす必要がある、と助言した。そしてそのためには、誓願を立てた四人の者（→ナジル人）がちょうど今いるので、清めの規定に従って彼らの頭髪を剃るための費用をパウロが出してあげることで、彼に対する誤解を解くことができる、と勧めた（二一・二一―二四）。ここでは、イスラエルの神に対して負う職務のために一切の汚れを避けたナジル人がぶどう酒の享楽を避け、髪を剃らなかった、という古い慣習が前提となっている。そこで、清めの期間の終わりに神殿で犠牲の供え物が捧げられたが（二六節）、その費用を支払うことは功績ある業と見なされた。

使徒言行録のこの叙述と並んで、批判的な照合を可能とする他のいかなる報告も存在しないので、この叙述の核にある史実性について否と言うわけにはいかない。少なくとも、ヤコブがこの種の調停提案をし、それをパウロが自分なりに承知し得たことは十分考えられる。なぜならば前にも述べたように、彼自身は救いに不可欠な道と見なされた律法の下に立っていないが、律法の下にいる人々を獲得するために、ユダヤ人たちには一ユダヤ人のように出会い、律法のもとにある人々には律法のもとにある者のように出会う用意ができていたからである（一コリ九・二〇）。

⑵　エルサレムでの捕縛

使徒言行録は、パウロが原始教会に手渡そうとした献金について何も報告していないが、後の経緯の中でほぼ付随的に、彼が施し物（新共同訳は「救援金」）を渡したことと、神殿で（清めの儀式に伴い）供え物を捧げようとしたことに言及する（二四・一七―一八）。それは、この施し物がエルサレムの聖徒らに歓迎されないかもしれないとのパウロの一抹の心配（ロマ一五・三一）を乗り越えて、受け入れられたことを暗示する。ただし、その経緯を数十年後に記したルカは、パウロがエルサレム母教会と異邦人教会との連帯の徴と考えていた献金の神学的意味（ロマ一五・二七）については明らかに知っていなかった。

さて、パウロはあの四人の誓願者らと神殿に入って清めの儀式を受け、その後供え物を捧げようとした。その時に、アジア州からやって来たディアスポラのユダヤ人たちがパウロらを見つけるや否や騒動を起こし、民衆を扇動してパウロを境内から引きずり出した（使二一・二六―三〇）。それはこのユダヤ人らが、神殿の内庭への異邦人入場の禁止令（それを犯して捕縛された者は死刑に処すとギリシャ語とラテン語で書いた警告札が、外庭と内庭の仕切柵に掲げられていた）をパウロが犯してギリシャ人をその境内に連れ込み聖所を汚した、と誤認したからである（二九節）。神殿のこの警告については、ローマの統治当局も細心の注意を払ったほどである。しかし、こうして起こった騒動による無秩序を防ぎ、ユダヤ教徒らの暴挙からパウロを保護・拘束してこの事件を取り調べるために、ローマの守備大隊が召集された（三一―三六節）。

このルカ報告の記述で確かだと思われるのは、パウロが律法規定をないがしろにしたとの非難が、彼を捕縛して殺害しようとの意図を誘発したこと、そしてこれに対するローマ当局の介入は不可避的な結果であったことである。だがローマ当局がこの拘束者とどう関係したのか、また、どういう理由で彼が結局ローマに護送されることになったのかなど、詳細なことは想像の域を出ない。ルカはパウロの身に起こったこれらの過程と彼の言行を、彼の文学的手腕によって印象的に描き出し、喜びをもって生き生きと構成する。

使徒言行録の描写によれば、パウロの有罪・無罪に関する審理は長引き、その間にユダヤ教最高法院とローマ裁判当局関係の多くの人物が立ち現れる。彼らの前でこの被告人は、自分の身元と正当な復活信仰と自分に対する不当な非難とを詳しく述べ（二二・一―二一、二六・一―二九）、自分が決して神殿と律法を犯さず、むしろ神が先祖に与えた希望と約束のゆえに自分が訴えられたのだと弁明する（二六・六）。彼は主の使者として、見聞きしたことを人々の前で証言せねばならない（二二・一五）。こうして、主の名のゆえに彼が苦しみを受けるとの予告（九・一六）は成就することになる。

ユダヤ人らはパウロを執拗に追及するが、ローマ当局の代表者らは一貫して彼のローマ市民権を尊重する態度に出る。これらの記述は、ルカが当時のローマ属州の諸事情を熟知していたことを示す（シャーウィン・ホワイト『新約聖書とローマ法・ローマ社会』[1]）。ローマ人は一般にユダヤ教最高法院のような現存の地方当局の自治を重んじたが、訴訟の裁定を含む最高権はその時々の総督の手中にあった。言行録の中で再三言及されるのは、パウロに敵対して現れるユダヤ教徒らが自ら裁判を執行してから、彼をローマ当局に弾劾させようと努めたということである。だがそれに対して顕わになるのは、ローマ市民を地方裁判の審理による恣意的取扱いに委ねることを許可しないということである。ローマ法の執行には、被疑者が原告の告発に対する自己弁明の機会をもつ以前に他者に引き渡されてはならない、ということが不可欠であった（二五・一六）。言行録の記述は、キリスト教徒が当時の諸規則に忠実な市民であり、ローマ当局によって公正に扱われたことを特に強調する。だが著者ルカは、パウロの訴訟経緯に関する事細かな報告を得てこれを自由に扱う状況になかったので、法的事情の枠を十分に利用しつつ、パウロの姿を物語の中心に据え、彼に多くのことを語らせる。

訴訟過程で描かれる囚人パウロは、神の指示に従って諸民族に出向き、神の委託のゆえに苦しみと迫害を耐え忍んだ説教者として現れる。彼はローマ市民として皇帝の裁判を受けるために、最終的にローマへ護送される。そこにおける彼の道は、彼がエルサレムと同様にローマでも主の証人とならねばならない、との主の約束の下にある（二三・一一）。アグリッパ二世とフェストゥスはこの囚人の弁論を聞いて、彼が皇帝に上訴しなければここで釈放され得るはずであった、と考えるほどに強い印象を受けた（二六・三一。二六―二八節も参照）。

パウロはカイサリアで総督フェリックスの下で長く監禁された後、後任総督のフェストゥスが着任して初めてローマに護送された（五〇年代終わり頃）。ルカは、後日パウロがローマで殉教したことを確かに知っているにもかかわらず、外面上の重苦しい状況を背景にして、使徒の最期を伝えることをしない。むしろ読者に、あらゆる困難をものともせず喜ばしい使信が彼によって予定通りローマに伝えられたことに注目させる（二八・三一）。

10　最後のエルサレム訪問　注

（1） A. N. Sherwin-White, Roman Society and Roman law in the New Testament, Oxford 1963.　A・N・シャーウィン・ホワイト『新約聖書とローマ法・ローマ社会』保坂高殿訳、日本基督教団出版局、一九八七年。

11　最後の地ローマ

(1)　ローマ教会の誕生

後の教会的発展の中で重要な位置を占めることになるこのローマ教会は、いつどのようないきさつで設立されただろうか。このことについて、少し振り返ってみたい。

それはおそらく、カリグラ帝の統治期（三七―四一年）に遡ることができるであろう。アウグスティヌスによれば（『ローマの信徒への手紙選釈』一〇二・二）、異教徒らはポルフュリオス（二三二／二三三―三〇三年）の『キリスト教徒論駁書』を拠り所にして、狭いシリア領域にのみ流布していたユダヤ教律法がその後イタリアにまで至り、「しかもガイウス（カリグラ）帝の後か少なくとも彼の統治時代に」イタリアに及んだ、と主張した。しかしこの異教的論敵たち、または彼らの手元にあるポルフュリオス・テキストへの理解は、おそらくポルヒュリオスの言表を誤解してしまい、その言表をキリスト教徒に代わってユダヤ教徒に関係づけてしまった。ユダヤ教徒たちがクラウディウス帝統治下（四一―五四年）に初めてローマに来たといった愚にもつかない言述が、教養と厳密性を備えたその新プラトン主義者の口から出たものとは思えない。彼はきっとキリスト者の新たな法（lex nova）に関してそう語ったに違いない。

そのことは、以前すでに述べたように（I・5・(2)の「アンティオキアでの伝道開始」の項目）、ユダヤ人、つまり元の「扇動者ら」と見られたユダヤ人・クレストゥス［→キリスト者］のローマ追放令（クラウディウス帝第九年→四八／四九年頃）を記した著名なスエトニウスの報告（『皇帝伝』「クラウディウス」二五）にも符合し、さらに、ローマの若い教会を訪問したいとのパウロの長年の計画をもよく説明する（R・リースナー『使徒パウロの初期』[1]）。

ユダヤ人キリスト教徒の追放がおそらくクラウディウスの殺害またはその直後のネロ皇帝就任（五四年一〇月）の時まで続いたので、ローマから逃れてきたアキラとプリスキラからの情報をもとにパウロがローマ書を執筆した時期（五六冬／五七年）のローマ教会は、すこぶる「異邦人キリスト教的」な様相を呈していた（ロマ一・一四、一一・一三以下、一五・七以下、一六以下参照）。察するに、ローマでクラウディウス帝が介入したことによって、教会はちょうどあのアンティオキアの場合と類似した発展を見ることができ、したがってシナゴグから分離・独立することができた。だがネロ皇帝即位の後にユダヤ人追放令が廃止され、（ユダヤ教徒およびユダヤ人キリスト教徒らがローマに戻ることによって、そのユダヤ・キリスト教的要素が、今や独立成長しつつある異邦人キリスト教的特色の教会にもう一度加えられることになったであろう。

パウロがあの「使徒会議」以来、帝国首都への伝道旅行の構想を抱いたと察するならば、ローマのキリスト教の端緒はそれに先だってクラウディウス皇帝即位（四一年）にまで遡ることができよう。では、誰がどのようにしてローマへの異邦人伝道をしたのであろうか。ローマ教会はおそらく、この時期にまず自己を強化せねばならなかったアンティオキア教会から生まれたのでなく、エルサレム教会によってその基礎を据えられたであろう。それは次のような事情による。紀元前（六三年、三七年、四年）にローマに連行された無数のユダヤ人捕虜と多くの聖地帰国移民によって、エルサレムは帝国首都との緊密な繋がりがあった。エルサレムにおいては、ローマから解放されたユダヤ人奴隷（リベルティノイ）のシナゴグ（使六・九）は、ローマとのこの結合をよく物語っている。ローマでこれに対応するものは、トゥラステヴェレにあるヘブライ人（＝元来アラム語を話すユダヤ人）の最大最古のシナゴグ共同体である。

エルサレムとローマとのこういった持続的な相互往来の中で想定し得ることは、エルサレムでギリシャ語を話すキリスト者［ヘレニスト］たちが三〇年代末か四〇年代初め頃に（アンティオキア教会設立後まもなくして）ローマにもやって来た、ということである。考えてみれば、パウロはローマ人への手紙の中でアンティオキアについてまったく言及しておらず、むしろエルサレム（ギリシャ語七十人訳の「ヘブライ語的」表記であるイェルーサレーム）の名だけを挙げる（一五・一九、二五―二六、三一）。

パウロはローマからもしばしばパウロを中傷したと思われる（三・八、六・一、七・七も参照）。奇妙なのは、パウロが前書きの内の一章七節でエクレシア概念を避けて、ローマでただ神に愛され、「召されて聖徒となった人々」について語っている点である。ただ一六章五節にのみ、プリスカとアキラの「家の教会」が現れる。たぶんローマ書執筆時には、まとまって一致団結する全体教会は存在せず、ただ緩やかに結び合った「家の教会」が複数存在した。たぶん、大都市ローマにあるこれらの「家の教会」も部分的には方向性あるまとまりをもっていた。

(2) ローマでの最後

パウロがローマの部隊長の庇護の下に、他の数人の囚人と一緒にイタリアに向けて船出したが、それは厳しい航海であったことが、使徒言行録における「私たち」形式（ヘレニズム文学において叙述を具体化させる文体手法）で報告される（二七・一―二八・一六）。この著者による船の難破に関する詳細な描写は、船員の知識を前提としている。だがこれは著者自身の経験や目撃に基づくものでなく、危険に満ちた企てについて報じる舞台装置に時々用いられた伝統的表象に由来する。著者はこの教化的描写によって、いかに囚人パウロが脅威的な危険から常に守られ、彼の行くべき道の目標が達成され得るのかを、読者に表示しようとする。

その旅路は、通常のルートをたどる。すなわち、マルタから船でシラクサとレギオンに寄港して後、やっとプテオリに入港して船旅を終える。そこでパウロは、小さなキリスト者の群れに迎えられて七日間滞在し、それから徒歩でローマへの道を進めたという（二八・一四）。ローマ教会の信徒数人がパウロと同伴者らを出迎えにアピイフォルムとトレス・タベルネまで来た後、共にローマ市内に入った。ここで長旅は終わるが、その地でパウロは番兵をつけられて一人で住むことが許された（二八・一六）。

当時、裁判待機中のローマ市民には警護の下で、いわゆる監視下の自由（libera custodia）の滞在が許可される法的な可能性があった。この規則に従って、パウロはローマで宿所を定め、おもだったユダヤ人たちを招いて交わり、丸二年間福音を教え伝えることができたという。ここに記述されるのは、もはやキリスト教徒たちとの出会いでなく、受容と拒絶など種々の反応を示すユダヤ教徒たちへの福音の告知である。それによって、すでに旧約の預言者が語ったあの無理解な強情ぶりがここで新たに繰り返される（イザ六・九―一〇、使二八・二五―二七）。つまり、初めて伝え聞かされたユダヤ人がこの救いの言葉を受け入れようとしない時、この言葉は異邦人にもたらされる。「彼らこそ、これに聞き従うのです」（二八・二八）。

後の伝承が示すところによれば、今日のローマ市のユダヤ人地域から遠くない小教会の聖パオロ・アッラ・レゴラ（S. Paolo alla Regola）に、使徒がかつて二年間滞在して教えたとされる場所があった。だがこの伝承は、いずれにせよユダヤ人の大半がテヴェレ川の向こう側に住んだ最初期にまで遡ってたどることができない。また、使徒言行録の言述からは、パウロがローマで過ごした最期について何ら詳細な資料は取り出せない。使徒に対する訴訟が遂に不利な判決に終わるまで、しばらくの時が経過したであろう。どういう理由で彼に死刑が科せられたのかは不確かのままであるが、伝承がきっと正しく伝えているように、この町の城壁の前で（たぶんそこに彼の墓碑が建てられた）ローマ市民としてのパウロに対して剣による死刑が執行された。皇帝コンスタンティヌスの時代に、信徒たちが使徒の墓として崇めたその所に、彼の最後に対する記憶を生き生きと保持するために、バシリカ式教会堂の聖パオロ・フオリ・レ・ムラ（S. Paolo fuori le Mura）が設立された。

パウロとそのすぐ後にペトロがローマで処刑されたことは、歴史的に確かな言い伝えと見なされてよいであろう（H・リーツマン『ローマにおけるペトロとパウロ』[2]、H・W・タイラ『聖パウロの殉教』[3]など）。おそらく、皇帝ネロのキリスト教徒迫害の時にペトロは殺害されたが（六四年）、その少し前の時期にパウロはすでに命を失った（六二年頃）。一世紀末にローマで執筆された使徒教父文書の一つ、『クレメンスの第一の手紙』には、栄光を受けるに相応しいペトロの模範的証言がまず指摘されるが（五・四）、それに続いて、パウロもまた忍耐の賞与によって嫉妬と争いに立ち向かったと付け加えられる。「東でも西でも、福音の告知者として七度鎖に繋がれ、追放され、石で打たれたが、こうして彼はその信仰の真の名声を得たのである。彼は全世界に義を教え、西の果てにまで行って権力者たちの前で証言した。こうして彼はこの世を去り、聖なる場所に達した。これは忍耐の最大の模範である」（五・六—七）。

　この言い伝えの中で、パウロがローマ書の中で語った計画（一五・二四―二八）から演繹されたと思われる、ローマ帝国の最西端にまで及んだとの主張は、パウロが再度釈放されて実際にスペインに旅行したことを前提とするが、これを正当化する他のいかなる報告も存在しないので歴史性に乏しい。ただそのわずかばかりの言述は、初期においてはまだ、この偉大な両使徒の英雄的な最後を讃える殉教者祭儀なるものが執り行われなかったことを我々に推測させる。その場合にしかし、苦難と死によってその完成を見た証言それ自体は評価されるべきであろう。

　他方その間に、使徒パウロがすでに書き記した多くの手紙は取って置かれ、教会の諸集会の場で読み上げられ、それによって彼の声はなおも生き続けたのであり、キリスト教史の中で繰り返し強調されて、信徒たちの耳に伝えられた。

(3)　ローマとエジプト

　当時、情熱的・黙示的な終末待望を抱いた原始キリスト教にとって、帝国の首都ローマは魅力を放ったに違いない。この首都はある意味で、エルサレムに対峙し神に敵対的な輩であり、「虎穴」であった。まさにその地で、十字架に架かった人の勝利の嘉信が伝えられ、あらゆる被造物に対する彼の支配要求が告知されるべきではないのか。このモチーフに沿う形で、すなわち、現世の圧倒的諸力に立ち塞がれた状況下で、苦難のメシアの業がローマで秘密裏に遂行されるとのモティーフが、後代のユダヤ教ラビ文献（BTサンヘドリン九八a、他）およびキリスト教文献（『ペトロ言行録［Actus Versellenses］』三五。ペトロは彼の前に顕現したキリストに「主よ何処へ」［Quo Vadis Domine. ヨハ一三・三六参照］と問い、その後ローマに引き返して殉教した）に聖伝（レゲンデ）として現れるのは興味深い。

いずれにせよ、そのような伝道的意図をもって、パウロ自身は彼の伝道原則（福音の未伝播の所で活動すること。二コリ一〇・一五―一六、ロマ一五・二〇）に反してまでも、ローマの地に行く思いに以前から（おそらく使徒会議後にすでに）駆り立てられていた。

それはさらにローマを、人の住む地の果てと考えられたスペインへの伝道計画を推し進める新たな拠点とするためであった。それをもって使徒は、主の来臨の実現を予見する。後に、黙示者ヨハネは逆に、七つの丘に座る「娼婦バビロン」に対する天的な激怒と蔑視を見つめ（黙一七・五、九）、審判を受けるべき神なきこの世界都市を離れ去るよう神の民に求める（黙一八・四）。だが、ルカはむしろここでパウロの見方に従っており、「地の果てに至るまで」（使一・八）が実現したとルカが考えるパウロのローマ到着をもって、彼の作品を終える。

ところで、使徒の伝道活動に関連して、帝国第二の都市としてヘレニズム・ユダヤ教神学の要衝であったアレクサンドリアとそれを擁するエジプトに目を転じてみたい。ルカと実に初期キリスト教文献全体とが、二世紀の代表的グノーシス主義者らの出現を待つまでは、「アレクサンドリアとエジプト」について沈黙しているのは特異である。ただし、わずかに二つの例外がある。一つは、エジプトを通って自国の首都メロエに帰り、南方奥地の地の果てまで福音を伝えることになるエチオピアの宦官のことであり（使八・二六―四〇）、もう一人はアレクサンドリア生まれで雄弁家のユダヤ人キリスト者アポロ（使一八・二四、一コリ一・一二、他）である。しかし、前者のエチオピア人が（フィリポを介して）入信したのはエジプトでなく、エルサレムからガザに下る途上においてであり、またアポロの場合も、いわゆるヨハネの洗礼だけを知っているので（使一八・二五）、彼が新たな信仰をユダヤ地方で初めて知ったのではないか、との問いが出される。洗礼者ヨハネの特別な影響に関する証言は、エジプトからはまったく聞かれない。この空白領域を埋め合わせるために、より後代の西方型写本テキストは初めてアポロについて、「彼は自分の故郷の町で、主の言葉によって教えられて（カテケオマイ）いた」

と補足する。だが、この本来の沈黙がほのめかすものは、福音がアンティオキアとローマよりも後にアレクサンドリアにもたらされた、ということである。これに呼応して、初期の古カトリック教会伝承はこの都市における使徒の働きをまったく語らず、ペトロが初めてマルコをローマからそこへ派遣すると言う（エウセビウス『教会史』二・一六、ヒエロニムス『著名者列伝』八・一二）。

沈黙の理由として挙げられるのは、エジプトは確かにすでに旧約聖書時代にイスラエル人の亡命と散在の代表的な国であったが（マタ二・一三―二一も参照）、他方では、「奴隷の家」であるエジプトへの帰還が忌み嫌われ、時には禁じられたことによる（出一四・一三、申一七・一六、他）。それに加えて、エジプト（ミツライム）はノアに呪われたハムの息子であり、カナンの兄弟である（創九・二二、一〇・一三―二〇。ヨベ七・一〇、一三以下、九・一、『シメオンの遺訓』六・四六を参照）。ヘレニストおよびパウロの諸民族伝道は、まず第一にセムの領域に集中し、次に「ヤフェト」のもとで続けられる。伝道旅行計画が特定の（旧約）聖書テキストの解釈とも関係したことを、パウロとルカが各々の仕方で随所において明示していることを考えると、右に指摘した旧約聖書的な禁止と反感は、原始キリスト教的預言者の警告と長い間結び付きつつ、エジプトへの伝道拡張を最初は妨げたであろうと察し得る。

その後、エジプトとキュレナイカで起こった激しいユダヤ人蜂起（一一五―一一七年のキトス戦争。やがて鎮圧）は、おそらくその地域のユダヤ人キリスト教徒を広範囲に大量殺害した。この事実は、普通考える以上に歴史的な一大意義をもつ。混淆主義的呪術のような、しかも哲学的・修辞学的教養を備えたユダヤ宗教哲学の牙城として、精神的るつぼとなったアレクサンドリアは、パレスチナで起こった最初期のメシア運動に初めはまだ影響を及ぼさなかった。パウロ書簡がその最良の例である。ただコリントではアポロの影響によって、アレクサンドリア的「知恵キリスト論」のある種の影響が跡づけられ得る。より高度な教養と宗教哲学に至る教育的障壁は二世紀において初めて、バシリデスとその子イシドル、カルポクラテスとヴァレンティヌスといったグノーシス的キリスト教思想家によって踏み越えられる。今や初めてアレクサンドリアは、影響力をもってキリスト教歴史へと踏み込む。アポロはその最初の前触れに過ぎなかった。

11　最後の地ローマ　注

（1）R. Riesner, Die Frühzeit des Apostels Paulus, WUNT 71, Tübingen 1994, 152f., 159-167.

（2）H. Lietzmann, Petrus und Paulus in Rom: Liturgische und Archäologische Studien, (Bonn 1915) Berlin/Leipzig 1927^2, 242-245.

（3）H. W. Tajra, The Trial of St. Paul, Tübingen 1989, 172-196.

Ⅱ　パウロの神学

今までおもに、使徒パウロの生涯と彼を取り巻く周辺世界を年代的に追ってきたが、次に使徒の神学内容に立ち入り、それを諸テーマに分けて考察していくことにしたい。まず最初に、「世界」とそこに住む「人間」に対する彼の理解に目を向けたい。

1　神による世界と人間

(1)　世界についての理解

①　創造された世界

パウロがかつて律法に熱心であった時の律法理解は、彼の神学的叙述に反映されるが、それは単にユダヤ教徒の生活と行為の規範に関するものに限らない。旧約聖書と初期ユダヤ教（前六世紀―後一世紀。いわゆる第二神殿時代［前五一五年―後七〇年］）の伝統に根ざすトーラーと知恵の概念により、神の下にある「世界全体」が把握される。そこで明るみに出る創造と人間と罪とに関する理解は、パウロの福音理解の背景を知る手助けとなる。パウロはこの初期ユダヤ教的背景を生かしつつ、これらの主要テーマを決定的に福音によって、あるいはキリストへの信仰によって把握し展開する。つまり彼は、決して価値中立的な宇宙論や人間論を提示しない。

使徒は人間から切り離された「世界」とか、世界から切り離された被造物なる人間とかいうものを知らない。彼にとって両者は関連し合い、特に救済を必要とする存在として描かれる。その場合に「人間の世界」を表す特徴的な言葉は、創造物（クティシス）、世界（コスモス）、万物（パンタ）、世（アイオーン）である。

その用例を少し追って見ると、次のような特徴が明らかになる。すなわち、クティシスは創造行為（ロマ一・二〇）、人間（二コリ五・一七、ガラ六・一五、他）、人間に対置する被造物（ロマ一・二五、他）を特徴づける。コスモスは人間を取り巻く世界（一コリ三・二二、八・四、ガラ四・三、他）、そして単に人間世界（ロマ一・八、三・一九、二コリ五・一九、他）に対して用いられる。同様に、パンタは総じて神に造られた万有（ロマ一一・三六、一コリ八・六。コロ一・一五―一七も参照）、ただの人間世界（ガラ三・二二）を指す。アイオーンは時代および時間的に規定された世界を指す。初期ユダヤ教と共にパウロは、否定的意味の「この世」もしくは「今の世」（ガラ一・四、一コリ二・六、二コリ四・四、他）について語るが、それに対置する肯定的意味の「来るべき世」（アイオーン・メローン）の概念はただエフェソ書一章二一節（ヘブ六・五も）に現れる。

パウロは旧約聖書と初期ユダヤ教の場合と同じように、神を創造者と告白し（一コリ八・六）、世界を「神の創造物」と見る（ロマ一・二〇、二五）。だがアダムの堕落以来、この創造物は罪と死と可朽性の下に陥り、それに伴って神から遠ざかり、神の審判の下に置かれる。世界に対するこの批判的判断は、二箇所（一コリ一・二一とロマ一・一九―二五）に明瞭に示される。

使徒はこれらの箇所で、人間（異邦人）は本来被造物の働きから神を認識する可能性を付与されたが、その可能性を捉え損ねたのだ、と述べる時、初期ユダヤ教の「知恵」神学のモチーフを取り入れている（特に知一三・一―一四・三一参照。「パウロの生涯」の所で言及した）。しかしそのモチーフの用い方は、ルカの場合とは異なる。すなわち、ルカがアテネのアレオパゴスでパウロに語らせる仕方（使一七・二二―三一。二七節でパウロは、世界や万物の中で「彼らが探し求めさえすれば、神を見いだすことができる」と語る）とは異なり、使徒自身は右に挙げた二箇所の中で、神に遣わされて創造の業をなす「知恵」が打ち立てた世界の良き秩序という場面（トポス）を、彼の異邦人伝道説教のための積極的な接触点として利用することをしない。むしろ彼は、この場面を文脈の中へ批判的に、つまり人間がこの神認識の可能性を逃してしまって責めを負うべきだ、との事実を明示するために挿入する。もちろん批判的に用いると言っても、パウロは決して神の手による世界の被造性を否定するのではなく、逆に、この世界の至る所に見られる混沌とした無秩序が罪の結果であり、人間に対する神の拒否と裁きの結果であることをはっきりと強調するのである。

それでは、罪の諸結果は何であり、どこに現れるのであろうか。それは、人間の共同生活を腐敗させる悪徳と反社会的行動様式（ロマ一・二四―三二）、および神の意志としての善に対する認識面での彼らの無能力（一コリ一・二〇―二一、ロマ一・二八）の中に現れ、さらに、人間とそれ以外のあらゆる被造物が服する虚無のもとに（ロマ八・二〇参照）、また裁きの日まで続く死の世界支配において（一コリ一五・二六、ロマ五・一四）明らかになる。

パウロの叙述には、世界の堕落と滅亡はアダムの罪による、との（ユダヤ教的）基本認識が見られる。それがローマ書五章一二―二一節（と一コリ一五・二六。ロマ八・二〇も参照）に見事に展開される時、特に『第四エズラ書』（三・七、七・一〇―一四、六五―六六、八・四六―六一、九・七―一三、一三・二二―二四など）との内的呼応関係を無視し得ないであろう。

パウロによれば、アダムの堕罪によって虚無に陥った罪人と被造物の救済的希望（ロマ八・二〇）は、ただ第二のアダム・キリストに差し向けられ得る。なぜなら、キリストは神への従順によって罪を阻止し、恵みの支配を確立したからである（ロマ五・一九、二一）。「力ある神の子」（ロマ一・四）、また「死者の中から最初に生まれた方」（コロ一・一八）としてのキリストは、（被造物が切望する）死の運命からの解放の道をも拓き（ロマ八・一九―二三、一コリ一五・二五―二六）、滅びに隷属する被造物を「神の子らの栄光ある自由」に与らせるであろう（ロマ八・二一）。その場合にパウロは、キリストに率いられて天の栄光の輝きへと変容する（ユダヤ人と異邦人から成る）救済共同体を考えている（一テサ四・一四―一八、一コリ一五・五〇―五七、フィリ三・二〇―二一）。この共同体は新生した被造物のまん中にあって、創造者を賛美することが許される（ロマ八・一九―二二、一コリ一五・二八。黙二一・一―二二・五も参照）。

②　世界に生きる人間

この世界と被造物に対する批判的見方を鮮明にしつつも（一コリ一・二一、ロマ一・一九―二五）、他の箇所で示すように（一コリ一・二八、八・六。パウロ学派に由来するコロ一・一五―二〇の讃歌も）、使徒はこの世に生きる諸教会とその信徒らに対して、キリストを古き創造（創一―二章）と新しき創造（→救済された世界）の仲保者として告白するよう促した。したがって、彼らにはこの世からの禁欲的な逃亡があるというのみでなく（一コリ七・二九―三一）、彼らはすでにサタンが支配し（二コリ四・四）、怒りの裁きへと突き進む古き世界（時）のただ中で、神を創造者とし、キリストを創造仲保者および救済者として賛美してよいし、またそうすべきである。礼拝において彼らは、救いと秩序をもたらす創造主の意志により、世界がキリストにあってすでに原初から定められていた、と告白する。また彼らは、キリストが自己の服従的な犠牲奉献によって世に対する罪の支配を打破し、神の本質の似姿（二コリ一一・三、二コリ四・四。コロ一・一五も参照）および「死者の中から最初に生まれた方」（コリ一・一八、黙三・一四参照）になったのであり、神の被造物はこの方を目指している、と告白する。

それに加えて、我々がよく引用する第二コリント書五章一七節（イザ四三・一八―一九と関係）の大胆な救済史的言表を受けとめるならば、神学的に注目すべき観点が浮かび上がる。すなわち、パウロは黙示的に思考する初期ユダヤ教と同じく、世界を非常に醒めた目で、しかも批判的に見つめるが、この見方を、先に述べた創造仲保者であるキリストの光によって次のように捉え直す。つまり、この現在の世界の姿は確かに過ぎ去るが（一コリ七・三一）、それはキリストの原初的な創造仲保性以来ずっと、「主イエス・キリストによって死から解放され、栄光あるものとなる」ために定められているのである（一コリ一五・二五―五六、五〇―五七、ロマ八・一八―二五）。そして、この希望を「世界」に伝えるべきキリスト者たちが存在し、彼らの創造賛美によって実は、将来のアイオーン（時／世）はすでに現在のものとなる。

「将来のアイオーン」は神が支配する時および領域として、すべてのユダヤ教徒にとっても常にすでに存在するが、それはこの世界の現実ではない。しかし、キリスト教徒にとって将来のアイオーンは、たとえ彼らが時間的にはなおも「この世界に」生き、明らかにこの時の終局に生きているにしても（一コリ一〇・一一。『レビの遺訓』一四・一参照）、イエス・キリストの業においてすでに今の世の中で現実となっている。

さて、右に述べた使徒の創造理解の一部に、次に扱うパウロの「人間論」も属する。つまり彼にとって人間とは、神が御子を遣わして犠牲とするに値する被造物であり、また、キリストのゆえに神に義とされ、その光栄に与るために定められた存在である。

全人間、すなわち人類について使徒は一般的にではなく、「ユダヤ人と異邦人」という旧約聖書的・初期ユダヤ教的な区別によって論じる。なぜならこの見方は、神が選んだ自らの民「イスラエル」（パウロをも含む）の視点から獲得されたものだからである。パウロはイエス・キリストの使徒として召された後も、従来のこの見方を一方では堅持する（ガラ二・一五―一六、ロマ三・一―二他）。しかし、神の選びに基づくそのような両者の区別は、律法をもつユダヤ人であれ、それをもたない（だがそれに代わって良心を持つ）異邦人であれ、彼らが等しくアダムの堕落によって規定されかつ罪に陥ったことによって、もはや覆い隠されている（ロマ二・一四―一五、一七―二四）。

この両者に対して救いが起こるとすれば、それは神の御子によってのみである。というのも、御子は最初のアダムの不服従とは反対に、苦難の服従と贖いの死によって、人類に新たな開始をもたらしたからである。そこでパウロはイエスを「最後のアダム」、新しい「人間イエス・キリスト」と呼ぶ（一コリ一五・二二、四五、ロマ五・一二―二一。創一・二六―二七、マコ一〇・四五との関連に注目）。

使徒は、世界と被造物については全般的なテキストの中でのみ語るのに対して、人間理解に関しては異常なほどに事細かに述べ、救済論的に取り扱う。その意味において我々は、「パウロの人間論はパウロ神学の深層次元である」（P・シュトゥールマッハー『新約聖書神学』[1]。E・ケーゼマン『パウロ神学の核心』[2]も参照）と特徴づけることができる。その古典的な事例、しかも影響史的に最も意義深い文書は、罪の支配下にあるアダム的「我」の絶望的状況を描写するローマ書七章七―二五節（それは、詩五一編、ダニ九・四―一九、『宗規要覧』一一・九―一一、四エズ八・二〇―三六のような初期ユダヤ教の懺悔テキストに基づいて形成）である。このアダム的状況に対して、パウロはローマ書八章の中で、義とされた者として最後的解放を切望するキリスト者の状況の描写を対置する。

パウロは人間論的概念化を特別に仕上げることによって、罪に陥った人間の状態とキリスト者の新存在について、新約聖書の他の著者たち以上に厳密に語ることができる。

(2) 人間についての理解

① 人間の諸相

ブルトマンが解明したように、パウロの人間論的諸概念（体、肉、霊、魂、心、理性など）が基本的に、人間の心身の「諸部分」を分解的に把握するギリシャ的人間観とはまったく違って、「全人的」な人間をただ「種々の角度から」特徴づけている、と解するのは正しい。例えば、同じ第一コリント書にある「あなた方の体（タ・ソーマタ・ヒュモーン）」（六・一五）と「あなた方（ヒュメイス）」（一二・二七）は交換可能であり、またローマ書六章一二―一四節の中で用いられる「あなた方の体」、「あなた方の肢体／五体」、「自分自身」、「あなた方」は相互に交換可能である。ここで、体や肢体は人間の身体の一部でなく、人間自身を他との具体的繫がりの中で表現するものである。使徒パウロの人間論に見られるこの表現方法は、旧約聖書にその根をもっている（H・W・ヴォルフ[3]）。

パウロの人間論的諸概念の内で、最も重要な概念は体（ソーマ）である。ソーマは確かに身体物質を特徴づけるが、彼のソーマ用法の圧倒的多数の箇所から明らかであるように、先にブルトマンが指摘したことが妥当する。すなわち、人間はソーマを「持つ」のでなく、ソーマ「である」（『新約聖書神学』[4]。松永晋一『からだと倫理』[5]も参照）。E・シュヴァイツァーは、七十人訳（ギリシャ語旧約聖書）のソーマの用法とその語義を究明したが（キッテル編『新約聖書神学語句事典』「ソーマ」の項[6]。レビ一九・二八、民八・七、ヨブ七・五、その他に使用されるソーマは、ヒブル語のバーサール、シェエール、ゲウィーヤー、グーファー等からのギリシャ語訳）、それはブルトマンの規定とも合致する。パウロは確かに、この複合的な言語用法に依拠している。

人間のソーマに属するものは肢体（タ・メレー）である。それゆえに、パウロ書簡において、メレーとソーマは相互交換され得る（一コリ六・一五―一七、一二・一二―二七、ロマ六・一二―一九、一二・四―五）。またソーマは、信仰なき人間の（諸悪との）連帯・繋がりにおいて用いられ（例・ロマ一・二四、七・二四）、また信仰者の存在についての言表（一コリ六・一二―一六、ロマ一二・一）と、その他に復活待望の文脈の中で（一コリ一五・三五―四九、フィリ三・二一、他）使用される。

ソーマの内容規定について、強調点の相異なる二つの立場がある。それは、ブルトマンとケーゼマンに代表される。前者によれば、人間は自己自身をその行為の対象となし得るか、自己自身を出来事や苦悩の主体として経験する限りにおいて、ソーマと呼ばれる。つまり、人間は自己自身との関係をもつ限りにおいて、ソーマと名づけられ得る。ケーゼマンも、パウロにおける人間が自己自身を反省する存在として叙述され得ることに反論はしないが、パウロに特徴的なソーマ理解はブルトマンのそれ（人間の人格としての「自己」）とは違って、次のようなものだと言う。すなわち、人間は孤立した存在でなく、親密なあるいは敵対的な関わり合い（コミュニケーション）の必要性と現実の中に常に置かれ、したがって所与の世界に生き、諸勢力に依存し、そのことに気づく存在である（『パウロ神学の核心』[7]）。ケーゼマンのこの見解は、パウロにおけるソーマの多層的な用法に（ブルトマンの規定よりもずっと）添っているので、その後次第に釈義的に適切なものと認められ、定着していった。

ところがJ・ベッカーは、右に述べたケーゼマンのソーマ規定が今日の神学に見られる時代史的な問題設定の意識からなされており、しかも彼が言う「関わり合い」が総じてパウロの主要事項でなく、神の前に立つ人間の状態こそがパウロのテーマであると指摘して、彼に反論した（『パウロ』[8]）。しかしベッカーのこの反論は適切ではない。なぜならば、ケーゼマンのソーマ理解はベッカーの言う神学的発展のずっと以前から、彼の初期段階（チュービンゲン大学神学部・博士論文『体とキリストの体』[9]、一九三三年）に仕上げられていたからである。そ

郵便はがき

料金受取人払郵便

銀座局承認

2281

差出有効期間
2022年8月
19日まで

104-8790

628

東京都中央区銀座4－5－1

教文館出版部 行

◉裏面にご住所・ご氏名等ご記入の上ご投函いただければ、キリスト教書関連書籍等のご案内をさしあげます。なお、お預かりした個人情報は共同事業者である「(財)キリスト教文書センター」と共同で管理いたします。

●今回お買い上げいただいた本の書名をご記入下さい。

書名

●この本を何でお知りになりましたか
1．新聞広告（　　）　2．雑誌広告（　　）　3．書　評（　　）
4．書店で見て　5．友人にすすめられて　6．その他

●ご購読ありがとうございます。
本書についてのご意見、ご感想、その他をお聞かせ下さい。
図書目録ご入用の場合はご請求下さい（要　不要）

教文館発行図書　購読申込書

下記の図書の購入を申し込みます

書　　　　　名	定価（税込）	申込部数
		部
		部
		部
		部
		部

ご注文はなるべく書店をご指定下さい。必要事項をご記入のうえ、ご投函下さい。お近くに書店のない場合は小社指定の書店へお客様を紹介するか、小社から直送いたします。

ハガキのこの面はそのまま取次・書店様への注文書として使用させていただきます。

DM、Eメール等でのご案内を望まれない方は、右の四角にチェックを入れて下さい。□

ご氏名　　　　　　　　歳	ご職業

（〒　　　　　　）

ご住所

電　話
●書店よりの連絡のため忘れず記載して下さい。

メールアドレス
（新刊のご案内をさしあげます）

書店様へお願い　上記のお客様のご注文によるものです。
着荷次第お客様宛にご連絡下さいますようお願いします。

ご指定書店名	取次・番線
住　所	
	（ここは小社で記入します）

の時以来ケーゼマンにとって問題なのは、「世界における人間」に関するパウロ的見解を神、諸力、人間と向き合う仕方で、釈義的にブルトマンの規定よりも適切に叙述することであった。こうして、ケーゼマンは自己の研究の諸成果を、特に（社会批判的にでなく）教会論的に生かした（『パウロ神学の核心』[10]）。

人間はソーマとしてこの世界に立てられ、しかもアダムの堕落以来、罪とその棘と死（一コリ一五・五六）とに引き渡されている。だが、キリストによって人間はこの支配から自由にされ、神の意志である義に仕えるために立てられる（ロマ六・一―二三。一コリ六・一二―一七参照）。人は男と女として、その隣人と身体的に出会う（一コリ七・四）。人は試練と病気にさらされ（ガラ六・一七、二コリ四・七―一二）、体がこの災いから解放されることを切望する（ロマ八・二三）。また、人はソーマとして遂に神の前に立ち、自己の全身体的存在を神への賛美と奉仕のために捧げるよう定められている（一コリ九・二四―二七、他）。パウロがイエスと死者たちの身体的甦りを語る時（一コリ一五・二〇―二二、三五―四九、フィリ三・二〇―二一、他）、単に個々人が問題ではなく、人間が同じ被造物として、今や死から自由にされ変容した被造世界の中で神を崇め、そこに自己の被造的存在の最終的な成就を見つけることが問題となっている。

次に、パウロは人間をサルクス（肉）であると言う。サルクスは、先に述べたソーマ（体）の意味内容と密接に重なり合う部分をもつ（その個々の用例は省略する）。そのことは、七十人訳においてこの両語がヒブル語のバーサールを語源とすることからも察せられる。この両者を兼ね合わせた意味合いは、「肉体」という漢語表現とも偶然一致する。だがサルクスはソーマ以上に、人間と動物における肉的物質という側面を特徴づけるが、他方では動物と違って、「神の前における地上の被造物としての人間」を指す。その場合に人間は、創造者の前で反抗的か（ガラ五・一三、ロマ七・一八、二五）、または可朽的な存在（二コリ一〇・三、一二・七、フィリ一・二二―二四）である。

サルクスはしかし、単に地上における被造的な人間という意味のみでなく、神／キリストに仕えたり抗したりする人間のあり方と生き方、すなわち生全体を規定する「存在と生の様式」を示す。とりわけ、「肉に従って」（カタ・サルカ）生きたり考えたりすると言う場合は、神に反抗する否定的生き方を意味する（二コリ一〇・二、ロマ八・四―五）。罪人が「どこでどのように」神の意に反する存在となるのかを示すために、パウロは「肉に従って」に代わって「肉において／肉的に」（エン・サルキ）という言い方をする。もちろん、「肉において」は肯定的な意味においても、つまり神に服従し、福音のために苦しむ信仰的証人の地上的生をも特徴づけ得る（二コリ一〇・二―六の用法は興味深い）。

パウロは、物質としての「肉」の復活をまったく語らない。この表現はユスティノスに初めて見られるが（『対話』八〇・五。その他にダニ一二・二、シリ・バル五〇―五一、ヨハ五・二八―二九、黙二〇・一二―一四も）、パウロに支配的な復活観はそれとは異なって「体」（ソーマ）の復活または変容こそキリスト者の希望である。この場合の復活のソーマは、確かに人間の自己同一性および実体的存在様式を示すのであるが、それは人間がすぐに考えがちな地上的な物素（↓肉）として予想したり把握する対象ではない。

さらに、サルクスに対して相補的な概念はプニューマ（*πνευμα* 霊）である（ギリシャ語の重母音 *ευ* はエウではなく、イユーと発音）。この語は、神が人間に授ける「生命力」を意味し（一テサ五・二三、一コリ七・三四、他）、プシュケー（魂）と類義関係にある。しかもプニューマは、人間を捉える神の力、聖霊（もしくはキリストの霊）を意味し（ガラ四・六、一コリ二・一二、三・一六、一二・四―一一、ロマ八・一五―一六、他）、こうしてサルクスと対置することができる（ガラ五・一六―二五、六・八、ロマ八・六―九、その他を参照）。「霊に従う」（カタ・プニューマ）歩みは「肉に従う」（カタ・サルクス）歩みとは異なって、神の力による生であり、神（とキリスト）の意志に従う生である。それゆえに、「霊に従って」に代わって「主に従って」ともしばしば言われ得る（二コリ一一・一七）。

神およびキリストの霊に支配されることは、キリストの教会と個々の信者が今の地上での存在からすでに解放されることを意味するものではない。むしろ彼らは、その肉体的死または主の来臨の時まで、地上の被造性を負う自らの生を神の前でさらに続けなければならない。そのようにして彼らは初めて、彼らの甦りまたは不死への存在的変容をひたすら望み、高挙したキリストとの交わりにおける永遠の命をただ望むことができる（一テサ四・一三―一八、一コリ一五・五〇―五一、二コリ五・一―一〇参照）。

以上述べた諸概念は、パウロの人間理解にきわめて重きをなすものであるが、その他の諸概念についても少し触れておく必要がある。使徒の書簡の中に、人間のシュネイデーシス（良心）が何度も用いられる。その語は七十人訳の『知恵の書』に最初に現れるが（コヘ一〇・二〇、シラ四二・一八、知一七・一〇参照）、ヒブル語（とアラム語）旧約聖書は、厳密にそれに該当する概念を欠いている。ギリシャ語とラテン語（conscientia）の文献に見られる「良心」は、すでに紀元前五世紀に遡る言語史をもつ。パウロがシュネイデーシスの語を受容したことは、彼がヘレニズムのユダヤ人（キリスト教徒）であることを示す。この語は彼にとって、人間が善悪を認知する批判的な座（現代で言う、人間の批判的な責任意識）を意味する（一コリ八・七―一二、一〇・二五―二九、ロマ二・一五、九・一、一三・五）。

旧約聖書のネフェシュに対応するプシュケー（魂）は、神から付与された生物特有の生気をもつ人間を意味する（一テサ二・八、二コリ一・二三、一二・一五、ロマ二・九、他を参照）。

ヌース（思慮、分別）とノエーマ（思い）は批判的に吟味する思考力、つまり人間の理性を意味する。この理性は、神意に従うことに対して目が見えないか弱いが（二コリ四・四、ロマ一・二八）、キリストへの奉仕、また善の認識（ロマ一二・二）とそれに相応しい歩みをも可能とする（一コリ一四・一四―一九）。

②　人間の罪の現実

パウロ神学の理解の根底に、彼の「罪」概念がある。罪の概念と現象に対する使徒固有の省察には、三つの根がある。第一に、初期ユダヤ教においてすでに考え抜かれたアダムの堕落に関する一連の聖書物語（創三・一―二四。さらに、ロマ三・四に一部引用されている詩編五一編のような、罪に関する他のテキスト）が、彼の眼前にある。第二に、トーラーは使徒にとって初期ユダヤ教とまったく同様に、最終審判の基準と見なされた（ロマ二・一二―一三）。その関連で言えば、トーラーは罪を神の意志に対する違反として、初めて本来的に認識させ、司法的なものにする。しかし特に第三番目に、パウロが自己自身において経験したように、律法に対する聖なる熱情（ガラ一・一四、ロマ一〇・二参照）すらも、イエス・キリストにおける神の救済の業への反抗であり得る。このように、使徒にとって罪は本質的に、単なる戒律違反以上のものである。彼はそのことを、もはやかつてのファリサイ人としてのみでなく、むしろイエス・キリストの使徒として認識し、語る。パウロは自分の経験と聖書テキストの中から、罪が超個人的勢力の性質をもつことを認識した。そこで彼はこの事柄を、次のように実に大胆に定式化したのである。

罪とは、アダムが自覚的に立ち入り、彼の罪過（パラバシス）以降は全人間が意図的に引き受けた宿命のことであって、それは神意を誤用し、神に敵対して自分の生を身勝手に導く事態を指す。そこで罪は、罪責であると同時に運命であり、しかもそれは紛れもなく不幸な一連の行為を伴う。

使徒は彼に差出された教会伝承に依拠しつつ、神意に反する個別的違反をハマルティア（罪）の類義語・複数形（例・ハマルテーマタ、ロマ三・二五。その他一テサ二・一六、二コリ五・一九、ガラ三・一九など）で言い表す。しかし、パウロ本来の特徴的な「罪」言表は単数のハマルティアという隠喩的用法で、それはいわば力としての罪の人格化を意味する（ガラ三・二二とロマ五・一二―八・一〇の一貫した用法とを参照）。

罪の実態と事柄を明らかにするために、パウロは聖書の言うアダムの堕罪物語に何度も遡る（特にロマ五・一二―二一、七・七―二五、八・二〇参照）。この原始的説話においては単に伝説的過去が問題ではなく、むしろ現在起こっている事態、すなわち、あらゆる被造物に対する死の支配と、イエス・キリストの神に対する異邦人とユダヤ人の実際的な疎遠という現実を理解し言い表すために、原因的に過去に遡ることが問題となっている。ローマ書五章一二―二一節は、アダムの戒律違反を述べながら、罪が個々の人間の自覚的行為であるばかりか、むしろ同時に個人を超えた宿命的負い目であることを説明する。この箇所では創世記三章一四―一八節の視点から、そして初期ユダヤ教伝承（例えば四エズ三・七、その他）と共に、死が罪の結果として世に来たのだと語られる。死はすべての人間を規定する。なぜならば彼らは皆、最初のアダム（シリ・バル五七・二参照）および後のイスラエル人たちのように神の戒めを自覚的に犯したか、もしくは異邦人のように律法を持たなくても事実神意に反したからである。

このように、右のテキストは罪と死との複合的見解を表明しているにもかかわらず、エイレナイオス以降のギリシャ教父たち、そして四世紀のラテン教父たちが解釈し始めたような相続的な罪（原罪）と死についてはまだ語っていない。使徒は、罪と死の「遺伝」について何も語っておらず、むしろアダム以来の全人間の罪責を問い立てる罪の宿命についてのみようやく語る。ここでは、人間における遺伝的な「罪の種」でなく、現実的な「罪の勢力」が問題になっている。

事柄のこのような把握のゆえに、パウロは、罪が死によってすべての人間を支配するのだと隠喩的に語り（ロマ五・二一）、罪を奴隷所有者の権力――そこに皆が売り渡されている――として描く（ガラ三・二二、ロマ六・一六、二〇、七・一四）。そして使徒は、彼が今まで接近し共有していたはずの初期ユダヤ教思想とは、特に次の点でまったく立場を異にした。すなわち、彼はダマスコ途上における生のあの転換以来、トーラーの服従的実現と悔改めによって罪に対抗する充分な力と自由な意志とが、アダムの堕落以後も人間に付与されているという見解（シラ一五・一四―一五、知一〇・一、ソロ詩九・四―五、四エズ九・七、他を参照）を、もはや抱くことはなかった。罪とはパウロの信仰的洞察によれば、ひと繋がりの運命と行為であって、キリストだけがそこから人間を自由にし得る。なぜなら、この方のみ罪の支配を克服したからである（ロマ五・一五―二一、八・三―四）。

人間が罪に陥った状態は、全被造物を覆ったところの「虚無」と「死の運命」として表現される（一コリ一五・二六、五六、ロマ五・一二―二一、八・二〇）。それらは、全世界にまもなく降りかかる「怒りの裁きの前兆」である（二コリ五・一〇、ロマ二・一六。ダニ七・二六―二七、一二・二―三、エチ・エノ九一・一一―一四参照）。

③　キリスト者の罪

パウロが罪や罪人について語る時、とりわけまだ回心していない異邦人とユダヤ人を見つめている（ガラ二・一五、一コリ六・九―一〇、ロマ一・一八―三・二〇参照）。彼自身を含むキリスト者に関して言えば、彼らがただ不信仰の時期には救いようもなく罪に陥っていたのだ、と述べられる（一コリ一五・九―一〇、フィリ三・四―六、一コリ六・九―一一参照）。したがって、パウロ書簡に「キリスト者の罪」の現象と問題はまだ鋭利に描き出されておらず、それは例えば後の第一ヨハネ書（一・八―九、三・一九―二〇、五・一六―一七）と教会史の中で持ち上がってくる。

確かに、パウロはキリスト者の罪の問題を充分に承知していたし、例えば第一コリント書が記録に留めているように（五・一―一三、六・一―八、一一・二七―三二）、彼は教会の内にさえ起こる罪の致命的な影響力を見ている。彼は、自分に敵対する（ユダヤ人）キリスト者らの振る舞いと立脚点をまったく裁きに値すると考え、彼ら自身にアナテマ［（呪い）］を浴びせる（ガラ一・八、二コリ一一・一三―一五、ロマ三・八など）。それにもかかわらずパウロは、いまだ第一ヨハネ書の文体のようにキリスト者の違反について語らなかったし、（キリスト者の苦悩を描いていると一般に言われる）ローマ書七章七―二五節と八章一―一七節においても、キリスト者の生の中で死に至るまで破棄し得ない「罪と義の同時性」の問題を、いまだ思い描いていなかった。

右に触れたローマ書七章七―二五節を、M・ルターは例えば一五二二年に出した「ローマ人へのパウロ書簡についての序文」において、パウロの自己告白であると解釈し、それゆえにこのテキストの中に、キリスト者存在の地上での破棄し得ない「罪人であると同時に義人」（Simul peccator et iustus）というパウロ的理解の例証を見ようとした。このテキストをJ・D・G・ダン（『ローマ書一―八章』[11]）とA・F・シーガル（『回心者パウロ』[12]）も、ルターと同様に解釈する。

しかし、ローマ書七章と八章のテキスト構造からは、それらの解釈が支持され難いことが明らかになる。すなわち、パウロはローマ書の七章五―六節において、七章七節―八章一七節で展開する一連の主題を前もって要約的に述べた後、この七章の五節を七―二五節によって解説し、六節を八章一―一七節によって解説する。それに加えて、七章五―六節の「私たち」（ヘーメイス）との一般的表現が示すように、七章七節―八章一七節において使徒の特別な生の懺悔が問題ではなく（フィリ三・五―六参照）、パウロを含むすべてのキリスト者に係わる描写が問題となっている。

すでに五章において、普遍的広がりをもつ人間の罪について客体的に語られた「最初のアダム」が、今ロを開いて人間の実存的罪の苦悩を主体的に語り出す箇所こそ、七章七―二五節である（G・ボルンカム『パウロ』[13]参照）。つまりこのテキストは、いまだ信仰に至らなかったアダム的な「私」、そしてその絶望的状態が信仰を抱くキリスト者によって、つまりキリストの光に照らされて初めて充分に自覚され（続け）る、という点を取り扱う。七章の五節の「……した時」（ホテ）と六節の「だが今は」（ヌニ・デ）が相互に区別されるのとまったく同様、七章七―二五節と八章一―一七節もまた相互に際立っている。なぜならば、七章六節のヌニ・デは、八章一節のヌン（今や）において再受容されるからである。こうして七章七節―八章一七節は、なおも続くキリスト者存在の弁証法（→罪人にして義人）を叙述するのでなく、あらゆるキリスト者の信仰以前の存在と信仰する存在とを相互順序的に描いている。

以上の考察から明らかなように、パウロは、信仰と洗礼によってキリストの支配下に置かれたキリスト者たちが神の前で不信仰者と根本的に異なる位置をもつ、と見ている（ガラ三・二六―二八、四・四―六、一コリ六・一一、一二・一三、他も参照）。彼らは確かに、なおも肉と霊の矛盾の中に生き、それゆえに誘惑に会い、弱く、困惑させられる。しかし、罪と死はもはや彼らに対して力をもたず（ロマ六・九、一四）、彼らはキリストの執り成しのゆえに、最後の審判に至るまで不信仰な罪人（ハマルトーロイ）とは別な仕方で立ち続ける（一コリ三・一五、五・五、他）。一方で罪は使徒にとって強力かつ重大であるが、他方で彼は断固として、そのような罪がキリストによって克服されたのだと述べる。しかも彼は、キリストにおいて新たにされたキリスト者が聖霊の力によって罪を犯す誘惑から身を守ることができる、と見ている（ロマ八・九―一三、フィリ二・一二―一三）。

ルターと比べるならば、パウロは確かに、かつてのキリスト教徒迫害のゆえに自ら死の裁きに値する罪人であり、しかもあらゆる予想に反して、福音の告知のために恵みを受けた罪人であると考えたのであるが（一コリ九・一六、二コリ二・一四―一六）、使徒としての召命を受けて以来、聖霊により実際的罪から自由にされたと証言する（ガラ二・一九―二一、他参照）。しかもパウロはただこの自己評価から、教会員に対して彼を模倣（ミメーシス）するよう求める（一コリ四・一六、一一・一、フィリ三・一七）。

1　神による世界と人間　注

（1）P. Stuhlmacher, Biblische Theologie des Neuen Testament, Band 1, Göttingen 1992, 273.
（2）E・ケーゼマン『パウロ神学の核心』佐竹明・梅本直人訳、ヨルダン社、一九八〇年、一一―五六頁参照。
（3）H・W・ヴォルフ『旧約聖書の人間論』大串元亮訳、日本基督教団出版局、一九八三年参照。
（4）R・ブルトマン『ブルトマン著作集4　新約聖書神学Ⅱ』川端純四郎訳、新教出版社、一九九五年。
（5）松永晋一『からだと倫理』（現代神学双書58）、新教出版社、一九七六年参照。
（6）E. Schweizer, Artikel *σῶμα*, in: Theologisches Wörterbuch zum Neuen Testament (ThWNT), begründet v. G. Kittel, hrsg. v. G. Friedrich, Band VII, Stuttgart 1964, 1024ff.
（7）E・ケーゼマン『パウロ神学の核心』一七七頁。
（8）J. Becker, Paulus, 408.
（9）E. Käsemann, Leib und Leib Christi. Eine Untersuchung zur paulinischen Begrifflichkeit, Tübingen 1933.
（10）E・ケーゼマン『パウロ神学の核心』一六一―一八七頁に「『キリストの体』モチーフの神学的問題」として収録。
（11）J. D. G. Dunn, Romans 1-8, Word Biblical Commentary 38A, Dallas 1988, 374ff.
（12）A. F. Segal, Paul the Convert. The Apostolate and Apostasy of Saul the Pharisee, New Haven/London 1990, 224ff.
（13）G. Bornkamm, Paulus, Stuttgart（1969）1983^5, 136.　G・ボルンカム『パウロ』佐竹明訳、新教出版社、一九七〇年、一九九頁。

2　イエス・キリスト

(1)　キリスト論の基底

「キリストをどう把握しているか」という問題が、パウロ神学の中核をなしている。このいわゆる「キリスト論」の基底には、二つの視点が含まれることが考慮されるべきであろう。その一つは、ダマスコ途上におけるパウロのあの特別なキリスト体験であり、もう一つは、パウロがその体験による召命を受けて以来、ダマスコとエルサレムとアンティオキアのキリスト教会で、彼以前にすでに形成されたキリスト論に接してそれを彼が受容した、という事情である。したがって、パウロのキリスト論を分析する場合にも、伝承と（彼の）解釈とは区別される。

すでに、パウロの生涯を回顧した際に述べたように、彼がモーセ律法を厳守するために戦闘的に立ち現れ、キリスト教徒の迫害に奔走していたさなかに、高挙のキリストが神の栄光の中でこのファリサイ人に現れた（ガラ一・一一―一七）。このキリストとは他の誰でもなく、まさしく十字架につけられたナザレのイエスである。キリスト教徒たちはすでにこの人を神に甦らされた主メシアであると告白し、また、イエスが語った教えはステファノ集団にとって、神殿とトーラーへの批判を加える誘因ともなっていた（使六・一一―一四参照）。このようなイエスがダマスコ途上のキリスト教徒迫害のパウロに対して、「力ある神の子」（ロマ一・四）として啓示されたのである。

パウロは後日、ダマスコ体験を回顧しその神学的認識を深めつつ、高挙のキリストの顔に輝く神の栄光が（彼が今まで仕えてきた）トーラーの栄光を逆に影の中に置いてしまう（二コリ三・七―一八、四・五―六。四エズ九・三七参照）、との認識に至らざるを得なかった。このような事情の下で、救いに導き得るのは、もはや彼が擁護してきた律法の道ではなく、「主イエス・キリスト」に対するキリスト者たちの信仰のみである。あの新しい基本的な啓示認識をもって以来、パウロはキリストを、「すべて信じる者のために、律法の終わり（テロス）」（ロマ一〇・四の口語訳）として宣べ伝えたのである。

使徒にとって、キリストを神の恵みの道備え人、主、そして律法の終わりとして詳細に宣べ伝えるのは、彼の恣意的判断によるのではない。むしろそのキリスト理解は、ダマスコ途上のキリスト顕現によって決定的なものであったばかりか、（彼がかつて迫害し、今は伝道において支えている）教会がすでにキリスト論的告白財を保持し（→告白伝承）、しかもイエスの教えを大事に守り続けたことによって（→イエス伝承）、すでに決定づけられていた。この二つの複合伝承は今やパウロに継承され、彼によってケリュグマ（宣教の言葉）とカテケーシス（教会教育）のために手を加えられたのである。これらの諸前提から明らかになるのは、パウロのキリスト論の先鋭的文章が律法批判的な特徴をもつということであり、しかも彼のキリスト論的教説は、彼があのダマスコ、エルサレム、アンティオキアのキリスト者たちから受け取った教理的諸伝承から供給され、それに基づいていることである。

このように、パウロは確かにまさにこれらのキリスト論的諸伝承を、その広がりの中から取り上げている。しかしだからといって、彼が彼以前に形成されたキリスト論的内容を単なる伝承として二次的に評価し、これを自由に取捨選択したり批判的に扱い、それに比べてむしろキリストが人間に及ぼす「救い」の一貫的考察（→キリスト論的内容の救済論的一貫性）にこそ彼本来の関心が示された、という現代的判断（G・アイヒホルツ[1]から

E・P・サンダース[2]に至るパウロ研究にしばしばみられる諸見解）は、修正を余儀なくさせられる。なぜならば、パウロは（当時のユダヤ教および原始キリスト教の教師と同じく、）キリスト論的な継承行為（パラドーシス）の価値と地位を繰り返し強調し（一コリ一一・二三以下、一五・一以下、ロマ六・一七、一〇・九―一〇）、諸伝承に「反して」でなくそれに「依拠しつつ」思索し、議論するからである。このことを踏まえるならば、伝承史的に熟慮されたパウロ解釈というものは、使徒が引用する伝承テキストの救済論的枠組を指摘するだけでなく、パウロがそのテキスト内容を肯定しており、そこから彼がキリストを「律法の終焉」として理解し得た、ということをも指し示さなければならない。

さて、このように使徒の手紙の中で示唆的、部分的もしくは全面的に再現しているキリスト論的伝承は実に内容豊かで、次のような多様な諸定式で表現されている。

イエスの死と甦りの救済意義を述べる数多くの「救済論的な定式テキスト」（二コリ五・一四、二一、ガラ一・四、ロマ三・二五―二六、四・二五等）、一項目から多項目に亘るキリスト論的な「告白定式」（一テサ四・一四、五・一〇、一コリ一・三〇、八・六等）、キリストを約束の担い手・実現者として特徴づける「キリスト定式」（ロマ一・三―四等）、キリスト論的「派遣定式」（ガラ四・四―五等）、受肉・十字架死・高挙のキリストへの「賛歌」（フィリ二・六―一一）、昇天と来臨のキリストに係わる「教理的伝承」（一コリ一五・二三―二八等）、福音の要約的教理（一コリ一五・三―五）、さらに、イエスの言葉の引用・示唆（一コリ七・一〇―一一等）、イエスの模範性（フィリ二・五等）、イエスの苦難（二コリ一三・四、ガラ三・一等）、などがそれである。

(2)　キリスト理解の特質

使徒は自分に固有のキリスト体験を、彼に先立つキリスト教会から起こったキリスト伝承とつき合わせて、思索せねばならなかった。彼のキリスト論はこの努力の結果である。

啓示、キリストによる贖いと義認、高挙のキリストの最終的な業などに対するパウロの理解から認められるのは、彼にとって救いの出来事が個別的でなく、キリストによってユダヤ人と異邦人と被造物の全体に対してなした唯一の神の行為としてある、ということである。それを少し別の言葉で特徴づけるならば、彼のキリスト論は神の全救済行為を内包していて、いわば神中心的かつ救済論的な構造をもつのである。

さて、このような基本構造をもつパウロのキリスト論は、その起点と終点の間において三つの運動方向を内に含む。まず起点として、イエスの先在と創造仲保性があるが、そこから神の子の世界派遣という第一の運動が生じる。それに続いて第二の運動は、イエスの十字架死と復活による和解と義化の実現を包摂する。第三の運動は、復活後の高挙と、その高挙の主イエス（キュリオス・イエースース）が終末の来臨（パルーシア）の日まで完成へと導かねばならない業とをその内容とする。そして、キリストの派遣と働きの目標点ないしは終点は、神礼拝による完全な神の支配（＝国）にある。

これら全体を要約すると、使徒はイエス・キリストの中にメシアとしての神の子および和解者を見、この方がイスラエルと異邦人と全被造物のために、救済と秩序をもたらす神の義を貫き通す、と認識している。

まず「起点」についてであるが、第一コリント書八章六節とフィリピ書二章六―一一節（および、パウロ学派パウロのキリスト論が「イエスの先在と創造仲保性」によって始まることを文書で明示する。しかもこれらの聖［使一八・七―一一、一九・九―一〇参照］において最初に形成された賛歌のコロサイ書一章一五―二〇節）は、書箇所は、偶然に告白的賛歌の形態を取るのでなく、議論を避けた神崇拝へと人を導き、神の子の存在と活動の全体的観点を提供する。他のキリスト賛歌（一テモ三・一六、ヘブ一・一―四、ヨハ一・一―一八、黙五・九―一〇）も、そのような礼拝用語で語る。

したがって、そのようなキリスト認識は、パウロと彼以前もしくは以後の諸教会にとって、単に思弁的に展開されたものでない。むしろその認識は、キリストにより救済と秩序を創出する神の恵みに優って原初的、根底的、包括的なものは他に存在しない、との洞察と確信から出ている。このように、彼らは知恵様式（「知恵」の先在的業を語る知七・二五―二六、二九、九・一―二、シラ二四・九―一一等を参照）を用いて、キリストの存在と行為を告白し、キリストの中に永遠な神の似姿と御子の特質を見たのである（二コリ四・四、コロ一・一五、ヘブ一・三参照）。

次に、今述べたイエスの先在と創造仲保性は自己目的化するのでなく、むしろ神による御子の世界「派遣」行為の起源となった。これが、起点に基づく第一の運動である。この派遣は包括的な救済意義をもち、それがキリスト論的な諸派遣定式で語られるが（ガラ四・四―五、ロマ八・三―四。一ヨハ四・九―一〇、ヨハ三・一七も同様）、それらの定式自体は先と同じく知恵伝承に依拠している（知九・一〇参照）。パウロは御子による「神の行為」と、天の父の意志に対する「御子の服従」という二重の視点から、イエスの派遣について語る。

パウロにとってイエスの派遣と受肉は、救済史的に画期的意義をもつ（ガラ四・四―五の「時が満ちた時」のように。エフェ一・一〇、ヘブ九・二六参照）。それは神学的に、次のように定式化し得る。「神は御子を人とならしめることによって、人類史のただ中に救いを導き入れる。すなわち、キリストと共に、なお続く古い世界時の中に救いの新しい時が現れ出る」。したがってそれ以後、キリスト信仰者は両方の時の中に同時に生きている。つまり彼らは、なおも（急いで終局に向かう）古いアイオーン（時、世）に生きているが、すでに「救いの日」の出現の徴の中に生きている（二コリ六・二、その他と共に、一コリ七・二九―三一を参照）。

受肉について述べるガラテヤ書四章四節で、神の子が「女から生まれた」（ゲノメノス・エク・グナイコス）との表示（それは「人間」を示す初期ユダヤ教的表現法。四エズ七・四六、六五参照）は、キリストが真の人間存在であることを強調しており、また、それに接続並行して「律法の下に生まれた」（ゲノメノス・ヒュポ・ノモン）の表示は、ユダヤ人としての出自を意味する。つまり、これらの両表現によってテキストは、御子が神に遣わされ、真の人間およびユダヤ人として生まれたことを言い表す。それは、律法の支配下にある者を「贖い出す」（五節のエクサゴラゾー。身代金を払って自由の身にする、との隠喩的表現→キリストの十字架死による人間の自由、支配交代を意味する）ためである。

(3)　御子の派遣、従順、苦難

今取り上げたガラテヤ書四章四―五節の「（御子の）派遣定式」は、ローマ書八章三―四節（翻訳と理解を巡って論争されるが）によって補充される。この相互補完的な両テキストから明らかとなるのは、使徒にとって「派遣の伝承」がキリスト論的含蓄に富む意味をもち、原則的にイエスの十字架・死・復活における神の救済の業を指し示していることである。前のテキストでは、神の子の派遣によって信仰者たちは律法下の罪の奴隷から（身代金によって）自由放免され、神による養子としての受容を経験する、と言われるのに対して、後のテキストでは、その派遣が贖罪伝承と結合し、また、キリストの霊に生きる信仰者によって律法的義の要求が実現されることこそ御子の派遣目的であると特徴づけている（パウロの「派遣」理解に対するローマのあるユダヤ人キリスト教徒らの批判を論駁しつつ――ロマ三・八。ガラ二・一七も）。

右の両テキスト（および二コリ一・二〇、その他）にメシア的含意が認められるように、パウロは神の子の世界派遣の中に、イスラエルと諸民族に対するメシア的な救済約束の成就を見ている。

さて、救いの実現に向けて派遣された御子は、フィリピ書のキリスト賛歌（二・六―一一）の冒頭節によれば、イエスの模範的・救済創出的な「従順、服従」によってその目的を達成した、と言われる。釈義的になおも議論の余地があるが、基本的にこのテキストの背後に第二イザヤ書の箇所（五二・一三―五三・一二、四五・二二―二四）がある（O・ホフィウス『フィリピ書二・六―一一のキリスト賛歌』[3]参照）。ある学者は八節Cの「実に十字架の死（に至るまで）」との表現を、もとのキリスト賛歌に十字架神学の輪郭を与えるためにパウロが独自に挿入したものである（E・ローマイヤー『フィリピ書注解書』[4]、E・ケーゼマンの小論「フィリピ二・五―一一の批判的分析」[5]、他）、と想定するが、それは根拠に乏しい。むしろ、この表現は本来キリスト賛歌の構成要素であり、（同じ言表を用いるヘブル書一二章二節と比較し得る）見事な全体構造の一部であって、それをテキストから外すと全体構造を崩すことになる。

この賛歌のテキストは、「苦難の神の僕」の歌（イザ五二・一三―五三・一二）を背景に見据えることによって正しい認識が与えられる。すなわち、キリストは神の子、創造仲保者として自己に備わっている天上の権力ある地位を放棄し（二コリ八・九参照）、自己卑下の道を行き、十字架の死に至るまで従順をもってその道を耐え抜いた。したがって「十字架」は、先在とはまったく対照的であり、世を救うための「イエスの派遣」を認識する見誤ることのない、しかも不快感を抱かせる目印である。十字架（スタウロス）の場で、肉の中に降下した神の子は、世の目には最も弱く無力な姿として映り（二コリ一三・四）、彼の神的存在と任務を見誤ったユダヤ教指導者らとピラトによって処刑されたのである（一コリ二・八、使三・一七、一三・二七を参照）。しかし彼は、十字架上で自己の命を代理的に捧げることによって、世界の救いを引き起こした。その徴として、神は自らの創造的力によって御子を死人の中から甦らせ（二コリ一三・四）、いつしか全被造物が服することになるべき主（キュリオス）へと高く引き上げたのである（フィリ二・九―一一）。

パウロにとって、全コスモスの救済をもたらすゴルゴタ上のスタウロスは、信仰によってイエスの死に参与するすべての人の存在と人生行路をも規定する（ガラ二・一九［キリストと共に十字架につけられた存在］、六・

一四、ロマ六・六参照）。使徒は自己の使徒的（苦難の）存在に留まり続ける間に、「キリストと共に十字架につけられた」最初の人としてこれを経験し（二コリ四・一〇、フィリ三・一〇）、実にこの経験から彼の「十字架の神学」が構想されたのである。

パウロの認識によれば、イエスは十字架上の死を「罪の肉と同じ姿で」（エン・ホモイオーマティ・サルコス・ハマルティアス）、つまり人間的存在において、だが自己の罪過なしに服従的に耐え忍び（ロマ八・三）、それによって彼はアダムの「不従順、不服従」が世にもたらした罪の支配を打ち破った（ロマ五・一二―二一）。つまり、パウロにとってイエスの苦難の従順は、何と言ってもそれ自体救済の意味をもつが、それと同時に、信従する者に対する模範としての姿をも提供する（フィリ二・五、ロマ一五・三、ガラ六・二）。

その関連でパウロが強調するのは、真に神に服従する「新しいアダム」であるキリストによって、信仰者は死者たちの復活、天的存在、そして恵みの支配に与ることが許される（一コリ一五・二二―二三、四四―四九、ロマ五・一二―二一参照）。パウロはこのキリストを「最後のアダム」（一コリ一五・四五）と呼ぶが、その背景には、(1)「メシア的な人の子（→アダム）」に関するイエス伝承と、(2)初期ユダヤ教のアダム思弁の伝承、との二つの伝承が横たわる。

キリストを最後のアダム（＝人）と捉えるパウロの思考の背後に二つの伝承がある、と先に述べた。その第一は、服従による苦難を味わい、神の右の座に引き上げられ、やがて天の雲に乗って来る「メシア的人の子」に関する（イエス）伝承である（マコ一〇・四五、一四・六一―六二など）。パウロはヘレニズム伝道領域の中で「人の子」をもっとよく理解させるために、それを「天に由来する人」（アンスローポス・エクス・ウーラヌー）と呼ぶ一コリ一五・四七など。一テモ二・五では、マコ一〇・四五の「人の子」が「人であるイエス・キリスト」と言われる）。

その第二は、創世記一―三章による「アダム」の創造と堕罪に関する初期ユダヤ教の思弁である。土から造られ、堕罪によって世界に死を持ち込んだアダム（創二・七）とは対照的に（一コリ一五・二二、ロマ五・一二）、キリストは、「天から来た第二の人（アダム）」（一コリ一五・二二）として苦難の服従を果たし、主（キュリオス）の地位へと高挙したことにより、信仰者を神の国と永遠の命に与らせる（一コリ一五・二二―二四、四九、ロマ五・一七、二一）。

右に述べた古いアダムと新しいアダムの対応関係を、パウロはさらに第一コリント書とローマ書五章一二節以下において、次のように示唆する。それは、キリスト論の教会論的な展開である。すなわち、アダムは罪ある人類の祖先、運命の担い手であり（四エズ七・一一八、シリ・バル五四・一五―一九）、彼（アダム）の体から（古い）神の民が生まれ（創二・二一―二四を四エズ六・五四と偽フィロン『聖書古代誌』三二・一五と比較せよ）、彼によって死がこの世に来たのであるが（四エズ七・一一九―一二六）、それと同様に、人（の子↓メシア）であるイエス・キリストの生命放棄・復活・高挙によって、死者の復活（一コリ一五・二一）と「キリストの体」である共同体（＝教会）とが生起する。この共同体は頭と肢体、男と女の関係と同じく（創二・二一―二四、三・一六）、キュリオスと結び合っている（一コリ六・一三、一六―一七、ガラ三・二七―二八。コロ一・一八、エフェ五・二一―三三も同様）。このように、パウロのアダム・キリスト論は「キリストの体」なる教会概念へと展開していく（拙著『パウロにおけるキリストの体としての教会』）[6]。実に興味深いこの局面については、後で改めて取り上げることにしたい。

イエス伝承（マコ一〇・四五、一二・六―九とその並行箇所）とヨハネ福音書（三・一六―一七）において、神の子の派遣と彼の代理的な生命譲渡とは不可分な関連にあるが、それはパウロの場合もまったく同様である（フィリ二・六―一一、ロマ八・三―四）。パウロ書簡におけるキリスト論的派遣定式は、イエスの救済的死を語る豊富な伝承財と言表によって補充されている。このようにして、神の子の派遣はあの「第二のキリスト論的運動」へと移される。この運動は、イエスの十字架死によって実現した終末論的な贖罪と義認という救済の業を描く。ここに、使徒パウロのキリスト論の強調点が見られるが、それは偶然ではなく、初期のダマスコ途上で彼の身に起こった「イエス・キリストの啓示」に端を発している。この啓示によって、イエスの派遣と十字架死のもつ救済的意義が彼に明かされたことは、すでに以前に、パウロ自伝の考察に際して確認した通りである。

ところで、第二のキリスト論的運動はパウロの救済論的叙述、すなわち「死に渡される」（パラディドナイ）、「我々の（罪の）ために」（ヒュペル・ヘーモーン）などの定式（ロマ四・二五、八・三二参照）に密接に関連づけられる。実にパウロは、彼に先立つこれらの救済論的なイエス伝承定式（マコ九・三一、一〇・四五。その背景としてイザ五三章が関係する）を用いて、彼の説く信仰義認をキリスト論的に基礎づけていると言える。

さらに、信仰義認およびそれに先立つ神の義を内容とする福音について、パウロは第二コリント書五章では「和解の福音」と呼ぶ（一九―二一節）。そして二一節でこう言う。「罪と何のかかわりもない方を、神はわたしたちのために罪となさいました。わたしたちはその方によって神の義を得ることができたのです」（新共同訳）。ここで言う「神の義」は、「新しい被造物」（カイネー・クティシス、一七節）と同一視され得る存在規定である。これらを要約すると、次のように言うことができる。キリストによる神の贖いと和解の行為は、神の前で新しい生を根拠づける「義認」の決定的な基礎である。

パウロが何度も語る義認（二コリ五・二〇―二一、ロマ三・二四―二六、四・二五、八・三二―三四など）は神の最終的な救済行為であって、この救済行為は神自身から誘発された、十字架上のイエスの代理的な生命譲渡の中に基礎をもち、その意義を持続的に保持する。したがって、関連聖書箇所からうかがえる使徒の義認教説が単なる補助教説であるとか（W・ヴレーデ、「神の契約への異邦人の参与」[7]が確保されるために有用な単なる神学理論である（K・シュテンダール[8]、E・P・サンダース[9]）との主張は決して妥当なものでない。

(4)　イエス伝承と教会教育

今、パウロのキリスト論の第二の運動の特徴を考察してきているが、その場合に、イエスまたはイエス伝承との関係はどうなのかという問いも、また当然ながら提起されるであろう。それについてはすでに、パウロの伝記その他の箇所で折りに触れて、部分的に明らかにしてきたのであるが、重複をできるだけ避けつつ、その問題をここで改めて全体的に理解しておきたい。

まず何よりも、イエスの宣教・教えと、および書簡の中で伝えられたパウロの使信とは、二つのまったく相異なる伝承複合体として現れている。イエスの宣教の中心には神の支配（＝国）があり、義認についてはただ示唆的に述べられ（例・ルカ一八・九―一四）、イエスの苦難と死の意味・解釈が弟子団教化の言ってみれば中味であった。また、イエス伝承は弟子たち（マセータイ）によって、格言と譬えと歴史物語の形式で再現されていた。だが、パウロの場合はそれとは逆である。彼の使信と教えは（真正の、および第二次の）手紙の形式で伝えられ、パウロの説く福音は神の義をその内容とし、イエスの十字架と復活がキリスト論の中心を占め、神の支配（＝国）についてはただ折りに触れて語られる（一テサ二・一二、ガラ五・二一、一コリ四・二〇、六・九―一〇、一五・二四、五〇、ロマ一四・一七）。使徒はイエスと個人的に会っていない。復活事件の後、彼はステファノ集団とその関係者に対抗したのであり、彼の使徒召命の後に初めて、ダマスコとエルサレムとアンティオキアのキリスト者たちを通して、直接イエスの教えと宣教の事柄に出くわした。つまりイエスとパウロの間には、伝承史的・神学的に著しい相違が存在する。

しかし、イエスの言葉（一コリ七・一〇―一一、九・一四、一一・二三―二五）、模範となるイエスの苦難の服従（二コリ八・九、ロマ一五・三、フィリ二・五）、そして十字架において極まるイエスの苦難（ガラ三・一、一コリ一・二三―二四、二・二、八、一一・二三、一五・三―四）など、パウロ書簡に織り込まれたこれらの事柄への指示は、パウロがイエスの教えと活動と苦難に関するまったく特色ある像を抱いていたこと、そして主（キュリオス）の言葉が使徒にとって高貴な権威を占めていたことを確かに表している。

第二コリント書五章一六節がパウロの史的イエスへの関心の放棄を意味するのでなく、むしろ使徒自身のキリスト認識の一大方向転換に関係していることは、我々が前にすでに明らかにした。

右に述べたいくつかの視点からパウロとイエスの関係をさらに考えるならば、使徒が福音を単に公に宣べ伝えたのみならず、数年に亘って教会共同体で教えを施していたことが留意されなければならない。アンティオキアとコリントとエフェソでのパウロの教授に関する使徒言行録の報告（一一・二六、一五・三五、一八・七―一一、一九・九―一〇）は、教育活動に対するパウロ自身の指示によって証明される（例・一テサ四・一―二、一コリ四・一七、一一・二三、一五・一―二を参照）。パウロはいわば使徒として、原始キリスト教の教師でもあった。この事実は、教会教育の重要性を聖書的に根拠づけることを促す。

さらにこの事実はまさに、どうしてパウロ書簡にイエス語録への明瞭な言及が極めてわずかなのか、そして主の言葉への示唆も皆無に等しい程特徴をなしていないのか、という繰り返し出される問いに対する納得のいく答えを提供する。すなわち、書簡には確かにパウロのケリュグマ（宣教の言葉）が前面に出ているが、その背後にまたそれと並行して、高挙の主から啓示された「主の言葉」（一テサ四・一五。一コリ一五・五一―五二も同様な意味）のみならず、地上の「イエスの言葉」（諸福音書に保持・反映）に依拠する教示的な教会育成が充分に察知され得る（一例としてマタ二四・三〇―三一、三六、四三に対応する一テサ四・一六―一七、五・一―二。その他多数）。

だがそうであるにしても、これらの暗示がそれ自体としてはっきり特徴づけられていないので、果たして使徒と彼の受信人の間で、イエス伝承との接触がそこで総じて自覚されていたかどうかは論争されている。

考えてみるならば、イエスの言葉の引用や指示の欠乏は、何もパウロだけに見られる特徴ではない。例えば、ルカは続編の使徒言行録における伝道説教のどこにおいても、彼のルカ福音書の内容に遡っていない（唯一、イエスの言葉が使二〇・三五に引用される）。同様に、第一ヨハネ書の著者はヨハネ福音書を何ら引き合いに出さないし、第二世紀中葉に書き下ろされた講解説教の『クレメンスの第二の手紙』は疑いもなく周知のはずの諸福音書伝承をまったく使用していない。それは、ヤコブ書と第一ペトロ書にも妥当する。その理由を、ゴッペルトは、復活の前と後に起こる解釈学的情況の相違から次のように説明する。地上のイエスの活動と指図は、「厳格に彼の特殊な終末論的情況に関係づけられていた」が、そのことは、イエスの言葉をすべて復活の出来事から出発する教会の情況に移し換えるために、その都度変容を必要としたのである（『新約聖書神学Ⅱ』[10]）。

引き続いて、パウロのキリスト論における諸福音書（に含まれるイエス関連）伝承の問題を扱っているが、一つ言えることは、これらの伝承とパウロ書簡とは、それぞれ異なる場によって規定され、互いに違う機能をもったということである。つまり、一方において使徒の手紙は、実際的状況の中でその受信人に語りかけつつ、ある境遇の中で必要となれば、福音書伝承を指し示すことがある。これに対して、福音書伝承の方は、特に原始キリスト教の教会教育の中で保持され、教師たち（ディダスカロイ）（ガラ六・六、一コリ一二・二八、ロマ一二・七、使一三・一、他）によって伝えられた。しかし、この両者は根底において繋がっていると思われる。

パウロもしばしば教師として活動した。彼は、自分または他の使徒たちが施した教授内容について、それらが疑問に付され、忘れられ、または補足的に解説すべき必要に迫られた所でのみ、明確に踏み込んで取り組む（例えば、一テサ四・一―二、四・一三―五・一一、一コリ七・一〇―一一、九・一四、一一・二三―二五、一五・

一―一一を参照）。そうでない普通の場合には、彼は学習内容を単に示唆することに甘んじ、しかも、この内容が彼の手紙の受信人に（教会学習の場で）周知の事柄として解読されることを期待している。事実、それらの内容を想起させようとして、彼は例えば、「あなたがたは（きちんと）知っている（アクリボース・オイダメン）」（一テサ四・二、五・二、一コリ六・二―三参照）、「それともあなたがたは……ということを知らないのですか（エー・アグノエイテ・ホティ）」（ロマ六・三）、「なぜならわたしたちは……を知っているからです（オイダメン・ガール）」（ロマ七・一四）といった定式でもって、明瞭に語り始める。

パウロ書簡における次のような事例は、今我々が取り上げている問題がいかに教会のカテクーメナート（求道者・受洗志願者の教育。初期キリスト教の最も重要な教会教育。その制度的確立を明瞭に示す文献は二世紀末頃から現れる）の文脈の中で説明され得るかを示している。

(1)パウロがそのためにはっきりと共観（マタイ、マルコ、ルカ）福音書（前）の伝承を引き合いに出している第一テサロニケ書の詳細なパラクレーシス（励まし、勧告。四・一五―一八）が、第一コリント書（一五・五一―五二）においては（そういった歴史的伝承の次元とまったく関係ないと思われる、垂直的な）啓示の言葉／神秘［ムステーリオン］）として要約され、しかも信徒らに告げ知らされる。つまりこの言葉を、コリントの信徒たちはカテケーシス（教理問答的教育）の関連へと移入し、根づかせることが求められる。

(2)第一コリント書一五章三―五節（最古の復活告白伝承）のカテケーシス定式の内容を、パウロはローマ書六章七節においては形式的に、「教えの型（テュポス・ディダケース）」との見出し語で指し示す。その際に彼は、ローマの信徒たちが以前に受けた洗礼準備学習から、使徒の言う「教えの型」が何を意味するのかを理解してくれることを、期待している。

(3)同じく教会教授の内容であった「知恵の教説」をほのめかすことによって、パウロはまったく同様にそれを行う（一コリ一・二一とロマ一・一八―三二を知一三―一五章と比較せよ）。

(4)さらに彼は（旧約）聖書による根拠づけを、一度は明確に行うが、他の場合には行わない（例えば、一コリ七・三九をロマ七・一―三と、またフィリ二・一〇をロマ一四・一一と比較せよ）。つまり、それを行わなくても、その聖書的典拠を受信人が周知であることを前提にして語る。

このように、パウロ書簡にある伝承や示唆を読み取る場合に、従来の研究以上に、原始キリスト教の教会教授、および受信人が教会カテクーメナートで得た知識ということが考慮されるべきであろう。

いずれにせよ、パウロはダマスコ体験以来、原始キリスト教の証人であり教師であったし、ペトロおよび他のイエス伝承の主要証人たちと絶えず接触していたので、彼がイエス伝承をほとんど認知していなかったと評価するのは正しくない。また逆に次のような主張、すなわち、パウロはそれらを認知していたのであるが、あのアンティオキアでの衝突事件以来、彼とペトロおよび他の伝道者たちとは緊張関係に陥り、ユダヤ人キリスト者らが（地上のイエスと近い関係にあった）エルサレムの先達の使徒たちの伝統と教えを担ぎ上げて、神なき者の義認を説く使徒パウロの福音を過小評価したゆえに、使徒は彼らとの論争の中でもはやイエス伝承をほとんど強調しなくなり、エルサレムの使徒たちからはできるだけ独立して自ら振る舞うに至ったのだ、との興味深い主張もまた、以前ガラテヤ書一―二章やその他の箇所の取り扱いの中で確認したように、やはり歴史的には妥当でない

（ヤコブ書と一ペトロ書でもイエス語録への直接的言及はない）。むしろ諸テキスト（特に一コリ一一・二三―二五、一五・一―一一）から直接認知され得るのは、彼が主の晩餐と福音に関して教える場合、（彼以前に召されたエルサレムの使徒たちに遡り、さらに彼らからイエス自身に遡る）教育的、伝承的連続性の中に立っていることである。イエス伝承から教会教育的意義を解明する試みは、筆者に先立って、山内一郎も行っている[11]。

⑸　キリストの高挙、来臨、最後の審判、救済

キリストによる神の救いの業は、イエスの贖いの死と復活をもって終わるのではない。むしろ、イエスにおいて前もって約束され実現される「死んだ人たちの甦り」（一コリ一五・四、二〇、ロマ一・四参照）を伴う、あの「第三のキリスト論的運動」がそれに続く。この運動は高挙から来臨に至るキリストの業を描く。パウロはその描写に際しても、教会諸伝承に拠り所を求めることができた。例えば、イエスは甦りによって「力ある神の子」と定められ（ロマ一・三―四）、「わたしたちが義とされるために」イエスは神によって復活させられた（ロマ四・二五。一コリ一五・三も。これらの伝承句については、P・シュトゥールマッハー『新約聖書神学』参照）[12]。キリストの高挙と将来の業については、教会で唱えられたキリスト賛歌の引用にも表明される（フィリ二・九―一一）。とりわけ、フィリピ書二章九節の高挙の言表がイザヤ書五二章（一三―一五）と五三章（一一b―一二）でまったく同様に特徴づけられていたことは、パウロに先立つ原始教会の旧約解釈伝統との関連で注目すべきであろう（ロマ四・二五も同様）。このキリスト賛歌によれば、身を低めて十字架に架けられたイエス・キリストの高挙によって、神の終末論的な王的世界支配は啓示された。

高挙のキリストの支配権（キュリオテース）において、何が問題になっているのであろうか。十字架につけられ、天に挙げられたキリストは何よりもまず、「教会の主」である。教会は聖霊においてすでに現在、キリスト

をキュリオスと告白して祈りを捧げ（一コリ八・六、一二・三、フィリ二・六―一一）、またそれによって、救いの新しい時と神の支配がそこで始まった世界の一部として自己を表すことになる。自己犠牲により、罪と律法の下にあった奴隷のくびきから人間を解き放った主に、教会はいかなる時にも服従しつつ一コリ六・九―二〇、ロマ六・一二―二三）、その審判の日に備えて歩む（一テサ五・四―一〇、一コリ七・二九―三一、ロマ一三・一一―一四）。キュリオスが霊において地上の教会のもとにいる間、信仰者たちは主の晩餐を祝いつつ、マラナタ（主イエスよ、来たりませ。一コリ一六・二二、黙二二・二〇、『ディダケー』一〇・六参照）の祈り求めによってイエスの最後的な到来（パルーシア）を祈願する。主の到来に際して、信仰者は主の裁きの座の前で、主と同じ栄光へと変容することになる（二コリ五・一〇、フィリ三・二〇―二一）。それと共に、彼らは主の終末論的支配に与り（ロマ五・一七）、主と共に世界審判を執行するであろう（一コリ六・二―三）。

第一コリント書一五章の二三―二八節によれば、復活のキリストは（引用した詩一一〇・一に従って）高く挙げられて神の右に座す「主」であり（人の）子であって、神は彼のもとにすべてを服従させる（詩八・五―七。マコ一二・三六―三七参照）。神が御子にその支配を委託するのは、すべての敵を神の足の下に置くためである。この支配は、神の最大の敵である「死」が滅び、キリストの勝利の中に飲み込まれることによって達成されるであろう（イザ二五・八、ホセ一三・一四の約束の成就としての一コリ一五・二六、五四―五七を参照）。ここでキリストはその復活と高挙以来、「神の国」の完成に向けて神に敵対的な諸力を滅ぼす、いわば進行途上にある。こうしてやがて、キリストは平定した万物を神に譲渡し、自らは子として改めて父に服従することになる（二八節）。このキリスト論的教説がもとの旧約聖書的定型に依拠していることは、明らかである。

「主の日」におけるパルーシアとは、高挙のキリストの最終的な到来を意味する。それは、盗人が夜襲ってくるような到来である（一テサ五・二、マタ二四・四二―四四参照）。キュリオスのパルーシアの場面に関するパウロの黙示的表象は、初期の手紙にすでに描写される（一テサ三・一三、四・一五―一七）。パウロはパルーシアを時間的近さにおいて待ち望んでいるので、主が来臨して救済の出来事が起こる時、個々人について言うならば、すでに死んだ信仰者らがまず体をもって復活し、その後、地上に生きている自分たちが主の栄光に変容すると信じる（一テサ四・一四―五・一一。一コリ一五・五〇―五七、フィリ三・二〇―二一参照）。そう信じる根拠は、キリストがすでに「眠った人たちの初穂（アパルケー）」（一コリ一五・二〇）または「死者の中から生まれた最初の人（プロートトコス）」（ロマ八・二九、コロ一・一八、黙一・五参照）であって、キリスト者らは神の似姿（エイコーン）であるこの御子の存在に与るからである。これを神のイスラエル救済の約束の視点から見るならば、「シオン」から到来するキリストは異邦人のみならず、ユダヤ人をも含むメシア的救済共同体を実現することになる（ロマ一一・二五―三二。申三二章、イザ四五章、四エズ一三章、他がその背後にある）。

詩編の一一〇編一節と八編七節に基づき、キリストは神によって世界の主、審判者に立てられるゆえに（一コリ一五・二五―二八）、主のパルーシア（来臨）には「終末論的な怒りの裁き」を伴う。このように、パウロのキリスト論との関連で最後の裁きが取り上げられねばならないのは、使徒がさらにローマ書二章一六節（それは伝承的性格をもつ）で、彼の説く「福音に従って」まさに神が終わりの日にキリストを通して世を裁くことになろう、と強調するからである。当該聖書箇所を逐一挙げるわけにはいかないが、裁きの待望という視点はパウロ書簡を貫いて組み込まれている（一テサ一・一〇、ガラ六・七―八、その他）。この裁きはそれ自体が目的でもなければ、単なる神の報復行為でもない。むしろそれは「主の日」（一テサ五・二、一コリ五・五、その他）に、（被造物［クティシス］に対する神の支配要求に異議を唱える）悪の全勢力に立ち向かって救いと秩序を造り出す「神の義の決定的な貫徹」の出来事である（一コリ六・一―二、九―一〇、一五・二四―二八、五四―五七、ロマ八・三八―三九、他）。

ところで、最後の審判の特徴と時期について、パウロは組織的に論述している訳ではないので、言述に不一致が見られ、解きがたい解釈上の問題を呈している。例えば、審判の座につく方が「神」であったり「キリスト」であったりし（二コリ五・一〇、ロマ一四・一〇）、神の右に座する「審判者」キリストが同時に神の前で信仰者たちの「執り成し人」でもある（ロマ八・三三―三四）。さらに、キリスト者は（地上での身体的行為の善悪が最後に審問される）裁きの下に置かれるが、同時に天使たちと共に積極的に裁きに参与するであろう、とも言われる（二コリ五・一〇、一コリ六・二―三）。また、信仰者たちが順次に復活に与ることになる相異なる順序／グループ（タグマタ）を区別する時（一コリ一五・二三―二四）、事柄はまったく複雑になる。

確かにパウロは、審判に関して何ら統合的な教説を構想しなかったのであろう。むしろ、彼の散発的な発言が目につく。したがって、彼はその都度ある側面にのみ関係づけて思考し、ただ初期ユダヤ教やイエス伝承と共に、（その御名において最後の裁きを執行するために）神がメシア的な人の子をご自身の裁きの座につかせるという審判思想から出発している（エチ・エノ六一・八、六二・二、マタ二五・三一―四六、ロマ二・一六参照）、とも考えられる。しかし、パウロが教会学習の場で数々の最終的出来事についても教えたのであるから（「あなたがたは知っている」との前提で語る一テサ五・二、一コリ六・二―三参照）、初期ユダヤ教諸文書テキストやヨハネ黙示録に見られるように（四エズ七・二六―三六、シリ・バル二九・一―三〇・五、黙二〇・一―一五参照）、特別に選ばれた人々が与り得るメシア的救済の時が世界審判前に引き入れられ、この救済の時が経過したある時点で初めて最後の裁きが据えられる、ということも考慮されるべきであろう。

主のパルーシア、とりわけ段階的な終末の理解について使徒が発言するテキスト（一テサ四・一三―五・一一、一コリ六・二―三、一五・二三―二四）は、彼が個々に知って基本的に是認した事柄（そこでは表象の厳密性や相互間の一貫性は特に問わない！）の反映として受けとめる場合にのみ、納得のいく解釈が施される。したがって、パウロは（黙一九・一九―二〇・一〇の千年王国観のように）少なくともまず、彼が確信する信仰者らの復活待望、変容、キリストと共にいることの開始（一テサ四・一七、一コリ一・八、フィリ一・二三参照）、および異邦人とユダヤ人から成るメシア的救済共同体の最終的な建設（ロマ一一・二五―三二）といった一連の事柄を、キリストの来臨と結合し得たであろう。しかも彼は（黙二〇・一一―一五の場合のように）、メシア的救済の時が終結した後に初めて、あらゆる死人の復活と世界審判が行われるとの考えを抱いたとも思われる。

最終的審判が一緒に考えられている以上、歴史の終わりにすべての人間と被造物が神と一体になるという普遍的な万有和解への待望は使徒の中にない。彼によれば、キリストをさしおいては誰も何も、神の王国（バシレイア）を受け継ぐことはできない。高挙の主キリストの霊においてキリスト者たちは現在すでに、神をアッバー（父）と呼び、彼らの懇願が主を介して神に聞き届けられると信ずることが許される（八・一五―一六、二六―二七）。このことが彼らに、差し迫った最後の審判を見つめる時にも、救いの確信を与え、また、世界のどんな勢力ももはやキリストにおける神の愛から彼らを引き離すことはないと希望することが許される（ロマ八・二八―三九）。これに反して、不信仰者と神の敵には滅亡の脅かしがある（一コリ六・九―一〇、ロマ二・一―一二、その他を参照）。

以上述べてきた第三のキリスト論的運動は、高挙の主がそのメシア的支配の務めを完了し、万物を神に譲渡して自らも父に服して、天使らの神賛美を導くことをもって終息する。フィリピ書二章一一節と第一コリント書一五章二八節からすれば、使徒のキリスト論全体が頌栄的性質を帯びていて、その内容はこうである。「キリストは神の子として彼自身のためでなく、神のために、すなわち、彼を派遣し、十字架につけ、高く引き上げ、万物の支配をもって彼を見つめる父のために働く」。

2　イエス・キリスト　注

（1）　G. Eichholz, Die Theologie des Paulus im Umriß, Neukirchen-Vluyn 1972, 1997^{7}, 101ff.

（2）　E. P. Sanders, Paul, Oxford/New York/Toronto 1991, 77ff.　E・P・サンダース『パウロ』土岐健治・太田修司訳、教文館、一九九四年、一五七頁以下。

（3）　O. Hofius, Der Christushymnus Philipper 2,6-11, WUNT 17, Tübingen（1976）1991^{2}, 137.

（4）　E. Lohmeyer, Der Briefan die Philipper, KEK 9, Göttingen 1974^{14}, 96.

（5）　E. Käsemann, Kritische Analyse von Phil 2,5-11, in: ders., Exegetische Versuche und Besinnungen, Band I, Göttingen 1960, 82.

（6）　Heon-Wook Park, Die Kirche als Leib Christi bei Paulus, Giessen/Basel 1992.

（7）　W. Wrede, Paulus, RGV 5/6, Halle（1904）1907^{2}, 72.

（8）　K. Stendahl, Paul among Jews and Gentiles, Philadelphia 1976.（deutsch: Der Jude Paulus und wir Heiden, 1978, 141.）

（9）　E. P. Sanders, Paul, 131.

（10）　L. Goppelt, Theologie des neuen Tetstaments II: Vielfalt und Einheit des apostolischen Christuszeugnisses, Göttingen 1976, 370.

（11）　朴憲郁「パウロにとってのイエス」『イエス・キリストの再発見』中央出版社、一九九四年、一〇五―一三二頁において取り上げた。山内一郎「福音のパラドシス――カテケーシスの観点から」『神学研究』二二号、一九七四年、八八―一〇七頁（山内一郎『新約聖書の教育思想』日本キリスト教団出版局、二〇一四年、一八二―一九八頁に所収）、および山内一郎「パウロス」『教育思想史Ⅱ　古代キリスト教の教育思想』上智大学中世思想研究所編集、東洋館出版社、一九八四年、一〇七―一二六頁もまた、パウロ書簡における福音の伝承（パラドーシス）に注目して、原始教会における教育的意義を明らかにする。

（12）　P. Stuhlmacher, Biblische Theologie des Neuen Testament, Band 1, 191.

3　福音・義認・信仰

(1)　福音――十字架と和解――

先に述べてきたキリスト論の諸局面は、パウロの宣べ伝える福音の中核を占める。ところでこのユーアンゲリオン（福音）に関しては、預言者イザヤが、喜ばしい知らせをもたらし、平和を告げ、良い知らせを伝え、救いを告げ知らせて、「あなたの神は王である」、とシオンに向かって言う使者について語っていた（イザ五二・七）。使徒パウロもこの預言を引用するが、そのことを語る彼の言語（ロマ一〇・一四―一七）からすれば、福音と使徒職に対する彼の理解は彼独自のものではなく、イエス時代にまで遡る一連の伝承に係わっている。したがってそれはまた、原始キリスト教的・使徒的なユーアンゲリオンとヘレニズム・ローマの皇帝礼拝における喜びの使信との峻別をも認識させる。というのも、当時の皇帝碑文（例、紀元前九年、小アジアのプリエネの碑文）に刻まれたユーアンゲリア（複数）とは、そのつど人々の感謝奉献がなされる皇帝の誕生や支配継承、勝利や慈善行為など、数々の良い報告を指したからである。アレクサンダー大王の時代以来、支配者は神の権化として幾度となく崇拝された。しかし、パウロと彼に先立つ使徒たちは、それとまったく内容を異にする唯一のユーアンゲリオン（単数。ガラ一・六―九参照）を宣べ伝えた。とりわけ、この言葉がパウロの思考の中でいかに高い位置を占めていたかは、最も短いフィレモン書をも含めて、彼のどの文書にもこの語が欠けることがないことからも明らかである。彼にとっては福音の中に、キリストにおける神の究極的な救済意志が要約されている。

イザヤ預言からイエスを介して使徒たちに至るユーアンゲリオン理解の経緯は、次のように跡づけることが許される。イザヤ書五二章七節（とナホ二・一）によれば、神に遣わされた喜びの使者（メバッセール）はイスラエルと世界に向かって、間近に迫った神の支配の開始を予告した（イザ四〇・九も参照）。この知らせを携える者はイザヤ書六一章一―三節によれば、神の霊を注がれた預言者でもあった。イザヤ書のこの両テキストは初期ユダヤ教の中で、一部終末的‐メシア的に解釈されていた（クムランの『メルキゼデク断片［11QMelch］』二・一六、一五以下参照）。これと同じ時代環境の中で、福音書（マコ一・一四―一五とその並行記事、ルカ四・一六―二一、七・一八―二三とその並行記事）によれば、イエスは先の両テキストを彼自身の人格と神の終末的支配の使信とに関連づけ、（復活以前に）彼の弟子たちをこの喜びの使信の宣教に当たらせ（ルカ九・一―六とその並行記事）、遂には自己の犠牲の道行きをやはりイザヤ書（四三・三―四と五三・一一―一二）から解明するよう彼らに求めた（マコ九・三一、一四・二四、および一〇・四五）。その後、復活の事件によって、同一の弟子たちは神の右に挙げられたキリストによってパルーシアの時まで使徒として召された。今や彼らの使信は、もはやイエスが宣べ伝えた「御国の福音」（マタ四・二三、九・三五、二四・一四参照）のみでなく、むしろイエスの派遣・犠牲行為・主キリストとなる高挙によって樹立された、神の支配の福音となる。この新たな内容を盛り込んだ福音は、すでにエルサレムにおいて学習定式で要約されていた。しばらくして後、パウロはあのダマスコのキリスト顕現によって、自分も使徒的な福音伝道者たち（ユーアンゲリゾメノイ）の列に加えられ、高挙のキリストから福音伝道を委託されたと見たのであり（ロマ一〇・一四―一七）、やがてエルサレムの復活告白定式（一コリ一五・一―一一）をも受け入れた。

さて、パウロは「福音」の到来を、旧約時代以来の選びの歴史における画期的な出来事として把握する（二コリ三・四―一八、五・一八―二一）。すなわち、神は「和解の言葉」の制定（二コリ五・一九）によって、シナイ山で公布した古い務め／奉仕（ディアコニア）を取り除き、新しい契約（エレ三一・三一―三四）を実現させる。こうして、律法と福音は「古い契約」と「新しい契約」として対置され（二コリ三・六、一四）、その奉仕者との関係で言うならば、モーセの務めと使徒の務めは対置される（O・ホフィウス『パウロ研究[1]』参照）。つまり、モーセは律法（トーラー）の伝達者であり、パウロは福音に仕える（ロマ一五・一六も参照）使徒である。モーセが仕えるトーラーの文字（グランマ）は、（それが罪人を最終の弾劾判決［カタクリシス］に引き渡すことになるので）人を殺す。しかし、パウロが仕える福音の内に宿る「霊」（二コリ三・一七ではキリストの霊）は、人に永遠の命をもたらす。使徒はかえって罪人を最終判決から守り、神の前で義と自由に与らせる。確かにモーセの奉仕もパウロの奉仕も、神から出た栄光に適っているが、後者の奉仕の栄光は前者のそれを消え去らせるほどに優れた輝きを新たに放ち続ける（二コリ三・一〇）。だがなおも主の再臨まで、この二つのディアコニアは、シナゴグとキリスト教会に象徴されるように併存するので、キリスト者はしばらくの間、古い時と新しい時という二つの時の中に存在することになる（二コリ三・一八）。

使徒の捉える「福音」の諸展開を引き続き追っているが、第二コリント書五章一九節によれば、神の福音は「和解の言葉」である。動詞のカタッラセイン（和解する。一コリ七・一一、二コリ五・一八―二〇、ロマ五・一〇）と名詞のカタッラゲー（和解。二コリ五・一八―二〇、ロマ五・一一、一一・一五）は、新約聖書の中でパウロ書簡においてのみ初めて神学的に用いられている。つまりそれは、特にパウロの関心事である。使徒とその教え子ら（エフェ二・一六、コロ一・二〇、二二参照）がこの言葉を使用するのは、神の行為としての和解と、その行為による信徒間の現在の救いの獲得とを表示するためである。聖書外のギリシャ精神やヘレニズムのユダヤ教において「和解」が語られるのは、今まで敵対し合った人間（グループ）間の私的、政治的な平和締結が特に問題となるテキスト（一コリ七・一一もその例）においてである。だが同じヘレニズム・ユダヤ教のテキストでも、神が人間の執り成し行為に動じてご自身の怒りを捨て、個々の人間またはイスラエル全体と和解する、ということがすでに言及される（二マカ七・三三、フィロン『モーセの生涯』二・一六六、ヨセフス『古代誌』三・三一五など参照）。ここでは神に対する人間の作用によって引き起こされる和解が語られるのに対して、新約聖書の和解のテキストは、神自身の自由な恵みによって実現された和解について語る。すなわち、人間が自己を神と和解させるのでなく、神が先手を打ってキリストの贖罪死による神なき人間への義認と和解を拓くことにより、人間とその世界が神と和解させられるのである（二コリ五・一八―一九）。神は何ら罪過なき御子を世に派遣して、我々のために罪の担い手（贖いの犠牲）とした。このような仕方で、つまり「キリストにおいて」神は世界を自己と和解させた。それは、我々がこの包摂的な贖罪行為によって神の義に与るためである（二コリ五・二一。ロマ五・一―一一の和解は信仰者の義認の結果である）。このようにして福音は、神主導的和解の業を知らせて救いを起こすことによる、生きた「和解の言葉」なのである（二コリ五・一八―二一）。ここでは、贖罪と和解は分離され難く結び合っている。

さて次に、使徒は自分に託された福音を「十字架の言葉」（ロゴス・トゥー・スタウルー。一コリ一・一八―一九）と呼ぶ。彼はこの用語によって、スタウロス（十字架）の出来事の二つの側面を見つめるが、それらは「パウロの十字架の神学」の本質をなす。第一の側面としてパウロは、神が十字架の出来事により、ユダヤ人と異邦人から成る究極的な救済共同体（そして全被造物）の希望に満ちた解放（アポリュトゥローシス）をもたらした、と確かに考える。つまり福音の中で、この出来事はまったく神の最終的な救いの業と呼ばれる（一コリ一・二三、三〇、二・七―八、一二、他を参照）。だがもう一方の側面からパウロは、十字架および十字架にかかったメシアの使徒的宣教がもたらす分離的効力をも見据える。つまり、十字架の言葉たる福音において諸霊は二グループに分かれる。その一つは、十字架の言葉を拒み、それゆえに最後の審判において滅ぶグループであり、もう一つは、その言葉を従順に受け入れ、こうして終局的な救いを受けるグループである（一コリ一・一八、二三―二四参照）。十字架の説教がもたらす救いと災いの事柄は、パウロによってきわめて厳密に仕上げられ、パウロに特徴的な神学的関心事として語られる。

すでに以前に確認したことであるが、十字架がイエスの敵にとっては律法違反者に課せられた神の呪いの場（申二一・二二―二三）であって、十字架にかかり神に引き上げられたメシアのイエスのことを語るキリスト教的説教などは、多くのユダヤ人にとって腹立たしい事柄であった。パウロは自らこの苦い経験を味わった。また、ヘレニズムの教養あるギリシャ人とローマ人にとっては、十字架と十字架の説教は忌み嫌うべき不合理なものであった。スタウロスという見出し語やスタウロスにかけられたキリストに関する語りかけが、ヘレニストたちにどのように作用したのかを正しく評価するためには、キケロが十字架刑を「科せられ得る最も残忍かつ不快な死刑だ」（『ウェッレース弾劾［Orationes in Verrem］』二・五・一六五）と述べた言葉がここで思い起こされてよいであろう。いわば、十字架の言葉は多くのユダヤ人とギリシャ人にとって救済使信ではなく、神の本質と救済意志とを逸する愚か（モーリア）であり、憚るべき無意味なものと映る。

しかし、無意味と思われる十字架の告知は、この世の独断的知恵を打ち崩す（一コリ一・一九、二一）。それに対して、神のこの打ち崩しを甘受し、神と救済について抱く自前の宗教的・美的基準を放棄して、耳にする十字架の使信を自己の内に働かせる備えのある人には、「伝道の愚かさ」のもつ救済的意味が明らかにされる。彼らには、躓きの十字架の出来事の中に、世の知恵に対置する神の知恵（一コリ一・二〇）を見出すことが許される（青野太潮『「十字架の神学」の成立』[2]は、十字架の真理の逆説性を説得的に明示する）。

(2) 神なき者の義

ローマ書一章一六―一七節の綱領的文章を、その解説と言える三章二一―二六節に関連づけるならば、福音は「神なき者の義認」(四・五、五・六)をもたらす救済的使信と見られる。この使信は、すでに述べたように使徒の召命体験と呼応し、また特に、彼の伝道神学に特徴的である。これは伝承史的には、パウロに先立つキリスト者共同体の信仰伝承に根をもち、さらにそこからイエスの伝道と(旧約)聖書証言に遡る。

義の教えに関する用語とその終末論的地平は、すでに旧約聖書と初期ユダヤ教の中で数世紀に亘って構築されたので、その背景から少し振り返って見たい。旧約聖書には、イスラエルおよびその個々の人間が神の意志から逸れて繰り返し罪を犯すので、彼らとその世界に「神の審判」が降りかかる、との経験と思想が見られる。審判予言者らはこの裁きがすでに現世内でイスラエルに下ると見たが、バビロン捕囚以後は、「ヤーウェの日」に全世界に対する終末論的な最後の審判が起こることへの期待が寄せられた(ゼファ一・一四―一八、ヨエ四・一―二一、エチ・エノ六一・一―六二・一二、四エズ七・二六―四四、他)。神自身または神から全権委託されたメシア(か人の子)は、神とその民に対抗する諸勢力、および神的意志(=シナイで啓示されたトーラー)の違反者すべてを告訴する(四エズ七・七二、八・五六―六〇参照)。そして、天に書き記された人間の数々の所業に従って、義と不義を峻別する裁きが執行される(詩六二・一三、箴二四・一二、ヨブ三四・一一、ヨベ五・一五、他)。これらの個々の用法に至るまで、新約聖書はこの終末的期待を受容している(例えばマタ二五・三一―四六、ロマ二・一―一六、ヨハ五・二四―二九、黙二〇・一一―一五参照)。中間文書(『詩華集［4QFlor］』一・六―七、『義の教師の手紙［4QMMT］』二一・三、七―八といったクムラン文書、および旧約偽典のシリ・バル五七・二)によれば、パウロも言及する「律法の所業／実行」(エルゴイ・ノムー。ガラ二・一六、ロマ三・二〇、二八）は、敬虔なユダヤ教徒が終わりの日に神から「義」（正しい関係性を表すヘブル語のツェデク）と認められることを願う拠り所となる、いわば個々の律法遂行を意味する。

この最終審判は何らそれ自体が目的でなく、イスラエルを抑圧者と死から解放して救済共同体を確立するという、積極的な目標をもつ（イザ二五・六―九、二六・二〇―二七・五、ダニ一四・二六―二七、エチ・エノ六二・八、一三―一五など）。この積極的側面も、新約聖書の証人たちに受容された（マタ二五・三一―四六、一コリ一五・二三―二八、ロマ二・一―一六、黙二〇・一一―二一・八）。

パウロは、神なき人間を義とする神の行為を能動態の動詞（不定詞ディカイウーン）で表現し（ロマ三・二六、三〇、四・五、他）、人間によるこの神的義認行為の受領（→義とされること）については受動態（ディカイウースタイ）で表現するが（ガラ二・一六、ロマ三・二〇、二四、二八、他）、いずれにせよこの動詞を用いる時に、ここで逐次取り上げないが、彼は確かに旧約的‐初期ユダヤ教的言語用法と結合している。その一用例として、神なき者（→罪人）の無罪判決／自由放免（ヘブル語のヒッツディーク・ラーシャー、またはギリシャ語のディカイウーン・トン・アセベー）は神の前における法的な悪行としてはっきり烙印を押される（出二三・七、イザ五・二三、箴一七・一五、ダマスコ一・一九）。したがって、パウロがローマ書で用いる同一の定式化（四・五の「神なき者を義とするお方」）は、セム語的に思考可能な逆説的、暗示的意味を含む。「神なき者」（ホ・アセベー）とは、近代的な意味での無神論者でなく、裁きを負う罪人を意味する。

イエス伝承に立ち返ってみると、「義とされる」（ディカイウースタイ）との動詞・受動態はたった一度のみ、「罪の赦しを受け、新たに神に受容される」との意味で現れるが（ルカ一八・一四）、イエスは、神が罪人を憐れんでご自身の交わりへと新たに受け入れることを、身をもって教えた（ルカ一五・二。ロマ一五・七と比較）。我々はこの事柄を、イエスの徴税人や罪人との食卓の交わり（マコ二・一五―一七、他）の言行から知り、また放蕩息子（ルカ一五・一一―三二）や葡萄園の労働者（マタ二〇・一―一六）の譬え、ファリサイ人と徴税人の譬え（ルカ一八・九―一四）において知り得る。しかしこの事柄は特に、苦難の神の僕として多くの人のために死におもむき、こうして彼らの義を引き起こす、そのようなイエスの覚悟（イザ五三・一一―一二を背景とするマコ一〇・四五。これは様式史批判を乗り越えてイエス自身に遡り得る言葉。一四・二四も参照）から引き出される。おしなべて、福音書が記述するイエスの伝道、その十字架の犠牲、その高挙を見つめるならば、尽きぬ憐れみから神なき者を義とする神の意志は、イエスにおいて歴史的現実となったと言うことができよう。

高挙のイエスとの新たな出会い、つまり、後ずさりしたあらゆる（イエス関係の）拒否にもかかわらず、キュリオス・イエスによって新たに受容された、との経験に基づいて、使徒たちはパウロに先立ってすでに、イエスによるイザヤ書五二―五三章の成就を証言し始めたのである。

⑶　義認教説を巡る論争

ところで、特にプロテスタントのキリスト教におけるパウロ理解は今日まで、宗教改革者M・ルターのパウロ神学解釈に大いに規定されている。ルターの「神の義」（iustitia Dei）の発見は周知の通り、神の前に不義にして罪人であり続ける人間に対して、神が容赦なく有罪判決を下し裁く「能動的な義」ではなく、今や慈愛の神が不義な人間をその信仰のゆえに義としてくださる「受動的な義」への転換を意味した。これは神の救済行為、すなわち賜物としての義であって、これによって信仰者は神から義と宣告され、義人として生きることが許される。

しかし、二十世紀初頭から盛んになった宗教史的研究が新約聖書学の領域に適用されるに及んで、義認教説への従来の評価を疑問視する批判的問いが広がった。それによれば、パウロの思考の中心にあるのは神の義のテーマでなく、まさしく人間の自然的変化をもたらす「救済の宗教」である。この救済宗教のもつ意義を認識した時に初めて、パウロにはユダヤ教からの分離の遂行が可能となった。だがこの関連において義認教説なるものは、ユダヤ教からの分離の問題に取り組む際に有効かつ大切な「戦いの教説」ではあるが、それは結局のところ、必要不可欠なものではないのだ（W・ヴレーデ『パウロ』(3)）。それはいわば、救済教説の中の補助テーマに過ぎない。否、それらよりはむしろ、パウロ神学の中心に神秘主義、およびサクラメント的な言表があるに違いない（A・シュヴァイツァー『パウロの神秘主義』(4)）。

今述べたような見解は近年、アングロサクソンの新約学者によって受けとめられ、新たに展開された。それによれば、法廷概念によって規定された義認教説は、使徒の神学の一部分をなすに過ぎない。彼らが一様にまず指摘するように、確かにパウロは「神の義および義認」の視点を特にガラテヤ書、ローマ書、フィリピ書において展開するのに比べ、初期に書いた第一テサロニケ書、そしてフィレモン書ではまったく言及せず、両コリント書では時折触れるだけである。このような所見から、パウロはガラテヤでの対決によって初めて神なき者の義認の伝道を押し通すことになったのであって（それをG・シュトレッカーは小論「解放と義認」(5)において積極的に位置づける）、最初はキリストをもっぱらメシアおよび神の子として宣べ伝えた、との結論が導き出された。ここでは、パウロ神学の段階的発展が考えられている。K・シュテンダールとE・P・サンダースたちは、パウロの義認教説がユダヤ主義者との対決の中でのみ構想された補助教説として格下げされるのを当然とみなす。それと同じ見解に立ちつつも、義認教説を格下げでなく最高の神学的価値とみなすのは、ドイツ系の新約学者、G・シュトレッカー、U・シュネッレ(6)、H・ヒュブナー(7)、J・ベッカー(8)などである。

右の主張をもう少し追ってみよう。それに従えば、パウロの考えの中心は人間がキリストと共に死ぬことによって新しい命を受けるという思想である。そして、この最初の変化は最後の変化である体の復活へと導くはずである。キリストの体（教会）のメンバーとなる人は、参与的交わりを自分の側で壊すのでない限り、キリストと一つの霊となる（一コリ六・一四―一七）。救いに与る経験によって始まった変化はまだ完成しておらず、主が再来する時に初めてその目標に達する。だがそれまでの中間時に、キリストにあって生きる人は律法違反による罪と汚れの力から解放されていて、彼の振る舞いはこの新たな状況に規定されている（サンダース『パウロとパレスチナのユダヤ教』[9]）。このように、パウロ神学の中心的意味は何ら義認教説にあるのではない。なぜなら、使徒はユダヤ教的分立主義と対決する目的にのみ、この教説を用いるからである。むしろこの教説を借りてパウロは、イスラエルにのみ関係づけられた契約の妥当性を打破しようとした。それは、異邦人も救いに与るべきだからである。こういうわけで、使徒はことに偏狭な契約観念と対決する時に神の義について語った。彼は、この契約の妥当性を基本的には問題にしなかったが、神の義の啓示を引き合いに出して、異邦人にも契約への参与を開示しようとした（J・D・G・ダン『イエス、パウロ、律法』[10]）。

右の興味深い論争的主張に傾注しつつも、やはりそれに反論せざるを得ない。確かに特殊な義認の用語は、全書簡に見られるわけでない。だが他の神学的テーマの議論についても、個々の諸概念が多くの書簡には頻繁に誇張して使用されるが、他のテキストには欠けている。そのように、第一テサロニケ書には律法についてもキリストの十字架についても語られない。（異なる福音との）先鋭化した論争に使用されたアナテマ（呪い）の語は、ガラテヤ書にのみ固有のものであるが詳述しておらず（一・八―九）、その少し後に書かれたローマ書ではそれが積極的な律法との関連で述べられる（九・三―五）。すなわち、それぞれの言語使用上の統計からのみ、広範囲な帰結を引き出してはならない。使徒は一定の形式言語に固着せず、福音の使信を多様な仕方で豊富に把握したのである（ダンとの論争論文を含めたセユン・キム『パウロと新たな観点』[11]を参照せよ）。

パウロの義認教説は彼の後期の発展に過ぎない、などと言うことはできない。その理由を、いくつか列挙することができる。第一に、「義認」の言語と表象世界は使徒にとって、彼が使徒の務めに召された時に、すでに前もってキリスト教的な仕方で差し出されていた。第二に、第二コリント書の苦難箇条によれば（一一・二四―二八）パウロは彼の伝道活動の初めから、律法批判的なキリスト説教のために迫害を受けたし、第一テサロニケ書によれば（二・一六）福音伝道に際してユダヤ人によって阻止された。最初期パウロ文書であるこの第一テサロニケの手紙に律法と義といった概念が欠けているのは、それらの概念がテサロニケ教会との対話の中で議題とならなかったからである。だがそのことは、厳格に律法に従って生きた以前のファリサイ人パウロがまだ律法と義を熟慮しなかった、という意味ではあり得ない。第三に、以前に使徒の生涯を追いながら推察したような「南方ガラテヤ説」に従うとすれば、ガラテヤ書は、いわゆる第一伝道旅行ですでに行われたパウロの義認神学的、律法批判的なキリスト告知から派生した数々の衝突を反映している。そうすると、ガラテヤ書とローマ書とフィリピ書において義認のテーマが鮮明化するのは、パウロが後になってこのテーマを一貫させたことの証拠ではなく、むしろ（ダマスコとアンティオキアで着手した）彼の初期伝道の時からこのテーマが使徒の思考と使信を規定したことの証拠となる。第四に、（パウロが教会伝承から引き合いに出す）イエスの代理的贖罪死に関するテキストがすでに義認と関連しているが、この開運はパウロ書簡の随所にも見られる（一テサ一・一〇、五・九―一〇、一コリ一・三〇、一〇・一六―一七、一一・二三―二六、一五・三―五、二コリ三・九、五・一四―二一、その他）。義認教説とイエスの代理的贖罪死とのこの組み合わせから明らかなのは、パウロが自己の活動の終わりにようやく義認の認識に達したとの命題が無効であるばかりか、この義認が救済論的射程の限界をもつ使徒の補助思想にすぎないとの見解もまた根拠のないものだ、という事である。

使徒は、彼が信仰による義認の教えの中で展開するのと同一の使信を、別の表現を用いているにせよ、実は（前に解説した）「十字架の神学」の内に込めている。すなわち、この世の目には愚かと思える十字架の言葉は、救いの力を授ける（一コリ一・一八）。この力は、（ユダヤ人とギリシャ人には躓きや愚かと思われる）十字架のキリストを頼みとするすべての人に分け与えられる（二三節）。しかしそれによってはっきりするのは、パウロ神学の諸要因のすべてが神の義の告知の中に合流しているということである。したがって、義認教説は使徒の思索と説教の中心にあるが、それは十字架にかけられたキリストを宣べ伝えることに対する彼の理解から獲得されている（E・ローゼ『パウロ』[12]参照）。

今までの議論を振り返る時、次のような要点が確認されるであろう。パウロが語る「神の義」（ディカイオスゥネー・セウー）は、純粋に神中心的にまたは逆に純粋に（人間）救済的に把握されるのでなく、むしろ神の「創造的救済行為」の両局面を包括する。すなわち、万物の創造者であり審判者である神は御子の贖いの死によって、その方をキリストと信じる者らを罪の支配から救出し、彼らを新たにご自身の交わりの中に受け入れる。ユダヤ人と異邦人はただ信仰から、律法の助力なしに、キリストのために彼らと全被造物を御前に生かす唯一の神に向かって接近することができる。このように「神の義」は、神中心的視点と人間救済的視点との両視点を内包するが、福音を先に扱った和解の言葉と規定し、パウロ自身の使徒性を和解の奉仕と捉える時には（二コリ五・一八―一九）、特に救済論的関心の方が察知される。

パウロの義認教説は単なる恩寵教説ではなく、そこにきわめて深刻な裏面が含まれており、一貫して法的にかつ終末論的に思考されている。つまり、神の前でキリスト信仰によって生きることをせず、最終審判におけるキリストの執り成しを待ち望むことをしない者は、神の裁きの座の前に立ち得ない。パウロはこのことを、見誤ることのない仕方で言い表す。

キリストの執り成しにではなく、自己の業に全面的な期待を寄せる者には、その業に対する最後的審判が迫っている（ロマ四・四参照）。なぜならば、「律法の業によってはどんな肉も神の前で義とされることはない」（ガラ二・一六、ロマ三・二〇）からである。それは、パウロ自身の召命体験からも悟った事態である。キリスト教徒の迫害者であった時に、パウロはいまだ初期ユダヤ教に見られる次のような別の見解を抱いていた（フィリ三・九、ロマ一〇・三）。初期ユダヤ教には、「神の慈愛への信頼」と「自己の律法的業」との両方が最終審判における敬虔な人々の受容へと導くであろう、との希望が実際に存在した（『義の教師の手紙［4QMMT］』二一・七―八、四エズ九・七）。ヤコブ書二章（二〇―二六）とヘブル書一一章から、（ユダヤ人）キリスト者もこの理解に接近した所に立っていたことが窺える。

⑷ 律法

すぐ前に取り上げた義認教説を巡る問題は、律法理解と不可分に係わっており、福音の特質を明らかにする上でも、律法の考察が不可欠となる。だがパウロの「律法」論は、パウロ神学における最も困難なテーマである。それは、機会あるごとに教会宛に差し出された使徒的手紙であるゆえに組織的な記述となっていないばかりか、パウロに伝承されそれに彼が手を加えた旧約聖書とユダヤ教、さらにイエスと原始キリスト教の律法諸伝統が重なるからでもある。

① 律法理解の相違

パウロの律法理解の把握の仕方は、学者間において極端な仕方で異なっている。H・コンツェルマンはR・ブルトマンに倣って、次のように定式化した。「あらゆる律法の教説は、一神学的解釈以外の何物でもない。この教説は、人間がどこに立ちどこから来ているのかを明かすものとして、人間に解き明かされる所で理解される」[13]。クラインは「律法」の解説[14]でこの見解に賛同するのに対して、ケーゼマンはこう書く。「特に神学的かつ使徒の根底にある考察方法は、律法の中に、契約の民に対する神の救済要求の数々の記録を見ている」[15]。H・ヒュブナーは「パウロにおける律法」[16]に関する論考の中で、パウロはローマ書における多様な試みの果てに、律法問題での持続的かつ神学的な解決に達した、とのテーゼを主張する。これに反してライサネンは、パウロの律法との関わりに厳しい批判を加えて、パウロの律法神学は総じて一貫せず終結なきものであると解説した。[17]Ｅ・Ｐ・サンダースも同意見である。

②　律法理解の諸局面──旧約聖書・初期ユダヤ教・イエス・パウロ──

こうした種々の見解の相違に直面して、⑴旧約聖書と初期ユダヤ教において律法がどのように理解されてきたのかを要約的に提示することは賢明であろう。なぜならば、パウロはかつてのユダヤ教律法学者として、旧約聖書的・初期ユダヤ教的な律法諸伝統に精通しており、自らの人格においてファリサイ主義が、確かに十字架につけられ甦ったキリストの前で典型的に際立ったからである。その次に、⑵イエスがトーラーについてどのように語ったかが想起される。最後にそして特に、⑶パウロの律法教説が持ち上げられ、どこにこの教説の重点があるのかが問われる。これら三つの視点の内、⑴と⑵については紙幅の関係上、残念ながら詳細には取り上げられない。

人が旧約聖書的・初期キリスト教的な律法理解の基本線を辿ろうとするならば、現代人の我々を含めて、長く（異邦人）キリスト教的伝統の中で批判的、神学的に馴染んできた律法の否定的な風刺画というものに別れを告げ、旧約聖書と初期ユダヤ教が繰り返し律法の賜物への深い喜びと感謝に満ちて指し示されていること（例・詩一・一─二、一九・九、一一九・一四、二四、七七、九二、その他、およびパウロ自身の場合はロマ二・一七─一八、七・二二）を認識する心構えがまず求められるであろう。

律法における喜びについてはとりわけ、イスラエルが自らを神によって選ばれ、エジプトでの奴隷状態から解放され、シナイでトーラーを委ねられたと見なすことに由来する。イスラエルの選びと解放と契約義務という密接な相互関連は、例えば申命記四章七―一八、三二―四〇節によって証明される。律法への人間的服従による救済の獲得について、律法関連の聖書箇所は何も述べないが、律法の道からの逸脱が呪いと死を自らに招くであろうことは述べられる（申三〇・一五―一八）。

③　契約的律法を巡る論争

サンダース[18]によって論争となった「契約的遵法主義[19]」（covenantal nomism, Bundesnomisumus）は、イスラエルが神の「契約」（Bund）への参与を手中に収め得なかったし、終末論的にも諸戒律の保持によってそれに参与し得ないと言い表す。神の律法契約における「選びと最後の救いが、人間の業としてではなく、神の憐れみの行為として理解されている」とする。ダンもこの見解を受容して更に展開する。したがってイスラエルの「律法の行い」とは、神の主導的選びによって契約の民とされたイスラエルの責任的な応答を意味する。律法の業に対比する信仰義認という従来の教理的理解に批判の一石を投じるこの新たな視点を、ダンは自ら「パウロに関する新たな視点」（New Perspevtive on Paul）と呼ぶ。彼の代表的著書『使徒パウロの神学[20]』を最近、浅野淳博が邦訳したが、彼はダンの核心的主張を表出するために、covenantal nomism の訳出について、「契約的遵法主義」は不適切であるとして、「契約維持のための律法体制」と説明的な邦訳を充てた[21]。

確かに、サンダースやダンのみならず、彼らに先立つ学者たちの間でも見られたこの主張は、基本的に正しい。しかし covenantal nomism という造語は人を惑わす。すなわちクッチュは彼の数々の出版物、特に『新約聖書――新しい契約？　誤訳は修正される[22]』は、בְּרִית（ベリート）/ *διαθήκη*（ディアセーケー）の通常の訳語「契約」（covenant, Bund）はヘブライ語旧約聖書および七十人訳にとって不十分であることを示した。この両語は特に、

「規定」または「義務」の意味である。つまり神のベリートが語られ、神がベリートを制定する所において、ベリートは人間に対する神の承諾、約束または神の責務として、さらに神の戒律・律法としても理解されている[23]。その典拠としてクッチュは、例えば出エジプト記一九章五節、二四章七―八節、エレミヤ書三一章三一―三四節を挙げ、シュミット[24]は中命記四章一三節、列王記下二三章二―三節（王下二三・八、一一も参照）、エレミヤ書一一章三―四節、詩編七八編一〇節、その他を付け加える。この調査結果は、新約聖書後のラビ文書（例えば『メキルタ・デラビ・イシュマエル［Mekhilta de-Rabbi Yishmael］』出一二・六でこう定式化される。「……Bund［契約］によって、トーラー以外の何も考えられていない」）にまで耐え抜かれている。covenantal nomism, Bundesnomismus なる概念は、旧約聖書的・ユダヤ教的トーラー理解に関する厳密な情報を与えるための、一つの類語反復であって、余りにも未区分な概念である。

この一般的な検証を目にすると、人はさらに、唯一のトーラーがイスラエル史の中でゆっくりと徐々に定式化されていったことに習熟しなければならない。ゲーゼ[25]とコッホ[26]によれば、律法理解における多くの発展諸段階が区分される。

④　律法の多義的用法

パウロがかつて深く関わったファリサイ的律法理解は随所にみられ（例・フィリ三・六）、神の聖なる意志がシナイ山でイスラエルに啓示され、また、トーラーの賜物は異邦人の前で、イスラエルの失われ得ない特典であり続ける（ロマ二・一七―二〇、三・二、九・四）ことがパウロの前提となっている。使徒はトーラーの中に、神の創造者的知恵と一致する人間内在的な秩序（一コリ一・二一、ロマ一・一八―二〇、二・一二―一六参照）――それは創造の業および異邦人の良心の中に現れる――を見つめ、さらに初めにシナイで啓示された神の意志の顕現（ガラ三・一七、一九、ロマ五・一三、二〇参照）を見つめることができる。エデンの園でアダムに与えられた戒め（創二・一五―一七）はパウロによっても十戒（および総じてトーラー）と同一である（ロマ七・七―一二参照）。

使徒のこれらの律法理解の背景にある初期ユダヤ教の文献に、『シラ書』（四四・一九―二一）、『ヨベル書』（六・一一―一四、二一・一―二五）、『シリア語バルク黙示録』（五七・二）、『タルグム・ネオフィティＩ』と『タルグム・エルシャレミーＩ』（創二・一五）、『アダムとエバの生涯』（三二・三七）、『第四エズラ書』（三・七、七・一一）、ヨセフス『古代誌』（一・四一―四七）、フィロン『寓意的解釈』（一・九〇―九七）などが挙げられよう。特に十戒は、パウロにとっても大きな意味をもつ（ロマ一・二一―二三、七・七―一二、一三・八―一〇）。

律法が人間に内在するという考えは、ローマ書二章一四―一五節、七章一八―二五節に露呈する。また、生を最も詳細な所にまで規定するトーラーは基本的に、実行可能である（シラ一五・一五、ソロ詩九・四―七、四エズ八・五六―六一）。フィリピ書三章六―七節でパウロは、使徒への召命を受ける前に、非の打ちどころのないファリサイ的義人だと自認しており、いわばトーラーが実行可能であることから出発しており、ローマ書二章一七―二〇節で彼はこの思考様式を、ユダヤ人伝道のために前提としている。

中間文書の最終審判思想と同じく（四エズ七・三七、七〇―七三、シリ・バル四八・二七、三八―四〇、四六―四七）、パウロにとってもトーラーは最終審判の基準であり（ガラ五・一九―二一、一コリ六・九―一〇、ロマ二・一二―一三、一四・一〇―一二）、律法の業（ἔργα νόμου）が彼において至る所で語られ、先に述べたように、召命以前の彼は自分を非難の余地のない義人であると見なしていた（フィリ三・六）。

この豊富で多様な旧約聖書的・初期ユダヤ教的な律法伝承からパウロに向かうならば、彼が受け継いだ律法教説をイエス・キリストの使徒（ἀπόστολος Χριστοῦ Ἰησοῦ）としての召命の光の中で新たに熟考した時に、彼は巨大な精神的挑戦を受けて立っていた[27]。

⑤　イエスの教え

パウロは初期ユダヤ教の律法理解のみでなく、〈イエスの教え〉を新たに熟慮していた。彼はステファノグループの迫害の際にすでに、トーラー遵守に対するイエスの教えの大きな影響と対決させられ、召命後はダマスコとエルサレムとアンティオキアでもなおイエスの教えを聞き知ることによって、神の意志について知らされた。福音書に記された神の意志に関するイエスの教えとは、例えば次のように特徴づけられる。「わたしが来たのは律法や預言者を廃止するためだ、と思ってはならない。廃止するためではなく、完成するためである。はっきり言っておく。すべてのことが実現し、天地が消えうせるまで、律法の文字から一点一画も消え去ることはない」（マタ五・一七―一八）。これに続いて一八節以下でイエスは、十戒の教えを徹底化させる仕方で、旧約律法に対峙する新しい戒め、愛の戒めを展開する（例・マタ五・四四におけるイエスの愛敵の教えはロマ一二・一四のパウロ的勧告の中に受容）。福音書の他の箇所では、ファリサイ人や律法学者との安息日論争において、イエスは形骸化した律法実践を厳しく批判して、象徴的癒しを行った。

⑥　パウロの律法用語

律法用法に注意を払うならば、フィロン（『神の不動性』六九、『モーセの生涯』二・五一、他）とヨセフス（『戦記』三・三五六など）が複数形の οἱ νόμοι をも使用するのに対して、パウロは常にただ単数形の ὁ νόμος で語り、戒律も同様に単数形の ἐντολή を用いる（一コリ七・一九のみ例外的に複数形 ἐντολῶν）。パウロにおける ὁ νόμος の単数形用法には四つの意味合いがある。その第一は、聖なる書物（旧約聖書）の意味である（一コリ一四・二一、ロマ三・一九、その他）。第二は、モーセ五書（創世記〜申命記）の意味である（一コリ九・七―八、ロマ三・二一、その他）。第三にそれは、モーセの仲保によって開示された律法で、それはユダヤ人と異邦人に対する神の意志の顕れを特徴づける（ガラ三・一七―一八、ロマ二・一二―一三、四・一五、五・一三、二〇、その他）。第四は、教示、規則、または規定という転義的意味である。この言語用法はその ὁ νόμος（＝モーセ律法）なる専門用語的用法に対する内容上または文体上の補足的定式化として、その都度浮上する（ガラ六・二、ロマ二・一四、七・二一、二三、二五、八・二を参照）。

このパウロ的言述様式を初期ユダヤ教の言語用法と比べるならば、更なる共通性がみられる。ただ基本的に新しい部分は、ガラテヤ書六章二節の ὁ νόμος τοῦ Χριστοῦ と第一コリント書九章二一節の ἔννομος Χριστοῦ という表現のみである。

⑦　キリスト論的解釈

パウロは多層なファリサイ的律法神学を前提にしているが、それを決して十分な吟味もせずに受容しているわけではない。彼はダマスコ途上でイエス・キリストの使徒に召されて以降、彼に受け継がれたユダヤ教的な律法教説を、彼に与えられたキリスト啓示に直面して新たに評価することによって、いわずもがな一人のファリサイ人以上となる。

その一つに、終末待望からの律法の意義づけがある。つまり、キリストの来臨とそれによる世界審判とが差し迫っていると表明され（一テサ四・一三―五・一一、ロマ八・三一―三九、一三・一一―一四参照）、審判においてすべてのユダヤ人と異邦人が各自、取り違えようもなく神の審判代の前で責任を負わなければならない（一コリ三・一一―一五、二コリ五・六―一〇、ロマ一四・一〇―一二参照）。したがって、最終的に生と死に関する決定的な問いは、神の前におけるこの責任が果たされるのか、またどういう状況で果たされるのか（または破綻するのか）という点である。それゆえに律法問題は使徒にとって、法廷的‐黙示的地平の中に立つ。

使徒は彼の律法論によって、キリストによる召命に基づいて初めて彼に照り輝いた諸洞察を代表する。それによって彼は、律法を拠り所とする信心深いユダヤ人とユダヤ人キリスト者とに立ち向かう。キリストにおける神の啓示は、シナイの啓示を解消し、それをはるかに凌駕する。それゆえにパウロは、イエスの十字架と復活以来、シナイのトーラーが神の前でもはや何ら最上位を占めないということから出発する。彼はこの洞察を多様な仕方で仕上げる。

律法はアダムの堕罪以来、呪いと有罪判決の聖なる力として人間に出会う。本来は命を守らせ、正しく善いはずの神の指示が、神の前で神の意志の違反者として烙印を押して、死刑判決に値すると訴える告訴人として、罪人らに出会う。トーラーは人間にその罪を認識可能にし、提訴可能にするが、自分自身からは余りにも弱くて、実際に罪（*ἁμαρτία*）を防ぎ、その支配から人間を解き放つことができない。使徒によれば、*ἁμαρτία* は実に強力で、いかなる人間も自らの意思決定と倫理的努力によって自分を罪の介入から引き離すことができない。こうしたパウロの律法理解が、ガラテヤ書三章一〇―一二節とローマ書七章七―二五節において主張される。

罪を暴き罪人を告訴する神の律法は、キリストにおける神の恩寵に対立するのでなく、むしろそれに仕えなければならない。トーラーはアダムの堕罪によって神の手から何か滑り落ちたのではなく、それはシナイ以来神の意志の啓示であり続け、罪人を死罪に値するものとさせる。罪人（*ἁμαρτωλοί*）はキリストへの告白とキリストの執り成しによってのみ、裁きにおける有罪判決に立ち向かうことができるので、トーラーは有罪告発を受ける罪人らをキリストに向かわせ、このようにして神の意志に、すなわち *ἁμαρτωλοί* をキリストにあって、およびキリストによって憐れもうとなさる神の聖なる意志に仕える。パウロはこの洞察を、ガラテヤ書三章一九、二三―二四節およびローマ書五章一三、二〇―二一節において救済史的に強調しつつ定式化する。

神の子イエスはユダヤ人として律法の下に立てられていた。しかし彼はアダムの不服従（創三章）とは異なり、服従によって神の意志を満たし、しかも滅びゆくユダヤ教の指導者たち（ἄρχοντες、一コリ二・六）が律法に基づいて彼に死の判決を言い渡し、（ローマ人たちの手によって）十字架につけさせたまさにその時にも、自らご自身の派遣に忠実であり続けた。自らは罪責がないのに忍耐された十字架死によって、イエスは神の救済意志を成就した。いわば彼は代理的に罪人を律法の呪いから解放し、（罪人を支配し死へと誘い出すために、堕罪以来律法に仕えていた）〈罪〉の支配を滅ぼしたのである（典拠となる聖書箇所はガラ三・一三、四・四―五、五・一四、六・二、一コリ九・二〇―二一、ロマ七・七―八・一一、フィリ二・八）。

律法の中に啓示された神の聖なる意志は、キリストによって破棄されたのでなく成就され、罪の介入を防いで新たに力を及ぼす。キリストの律法（ガラ六・二）によって、神の聖なる、正しい、善い、霊的な戒律（ἐντολή）は、その完全な啓示様式を得る。その様式は聖霊により、イエス・キリストを信じる者たちの心の中に入り、彼らが愛を行うことを可能にする。（七・一二でパウロは神の ἐντολή を聖なる、正しい、善いものと特徴づけ、七・一四ではキリスト者がその認識を共有していることを示唆しつつ、彼は律法［νόμος］が霊的［πνευματικός］であると付け加える。）

⑧　ファリサイ人とまったく異なる律法理解

上述したいくつかの原則から見ると、パウロはファリサイ人が行うのとは全く違って律法を語り、思考することが分かる。ちなみに彼は、ファリサイ人にとってデリケートかつ重要な祭儀律法についてもほぼまったく触れず、ただ食物規程に対するユダヤ人キリスト者らの祭儀的な思考と振る舞いが問題になる所でのみに言及する（ガラ二・一一―一二、一コリ一〇・二三―一一・一、ロマ一四・一―一五・一三参照）。というのも、彼はエルサレムとアンティオキアのヘレニストらと共に、祭儀的犠牲の戒律がイエスの贖罪死によって終焉をもたらしたと考えるからである（ロマ三・二五―二六など参照）。

第二コリント書三・四―一八によれば、自らをモーセとの対立型で捉えるパウロは、義（への）奉仕（*ἡ διακονία τῆς δικαιοσύνης*. 九節）によって、神によりキリストを通して引き上げられた新しい契約（*καινὴ διαθήκη*. 六節）の中で自分を見つめる。第一コリント書一一章二三―二六節のパウロによる主の晩餐定式によれば、教会は食事の祝いを執り行うたびに、イエスの贖罪死によって開示された新しい「義務」（エレ三一・三一―三四）に向かって新たに立てられる。教会にとってイエス・キリストは前もって *καινὴ διαθήκη* の時と現実を露にしたが、それによってキリスト者たちはすでに、罪人の赦しと、キリストの霊によるトーラーの新たな啓示の中に、引き立てられている。不信仰に固執するイスラエルにそれはまだ起こっておらず、律法の新たな啓示にまだ届いていない（ロマ九・三一）。

それに対して、キリスト者はイエスの贖罪死と信仰と洗礼によって、キリストの律法（*ἔννομοι Χριστοῦ*）に要約された神の意志の中に引き入れられている（一コリ九・二一）。それゆえに、彼らは律法の下に立つユダヤ教徒でもなければ、逆に無律法的な瀆神者でもなく、異邦人とユダヤ人に対して、新たな第三グループ、すなわちクリスチャン（*Χριστιανοί*. 使一一・二六、一コリ九・二〇―二二参照）を形づくる。

⑨　結び

以上の概観によって我々は、パウロにおけるモーセ律法の弁証法的な考察方法について語るのみでなく、むしろ、エデンの楽園からシナイ律法を経てキリストに至るまで同一でありつつ、「キリストの律法」の中にその妥当な要約を見ることのできる〈神の意志〉を、弁証法的に順序づける啓示の諸段階について、もっと厳密に聖書的・神学的に語るべきであろう。

(5)　信仰による生

御子による神の先行的、普遍的な救済の業が個々の人間の身に起こるためには、ピステューエイン（信じること）が不可避的に人間に求められる。そこで改めて、パウロのピスティス（信仰）理解をここで追ってみることにする。

新約聖書の証人たちの中で、パウロほどにピスティス／ピステューエインを詳細に立ち入って語る人はいない。だが彼は信仰について語る時、まったく独自の用法を示すというのでなく、前もって彼に提供されたキリスト教的言語用法を受け継いでおり、さらに信仰を論じる際に、繰り返し語調を強めて旧約聖書に遡って話を始める。使徒がエルガゼスタイ（実行すること）とピステューエインを対置し、神なき者を義とする唯一の神に対する（アブラハムの）信仰について語る時（ロマ四・五）、使徒の信仰概念と初期ユダヤ教のそれとの根本的な（一致でなく）対立が明らかとなる。パウロにとってピスティスは、決して人間の功績的な「忠誠の成果」ではない。ピスティスは客観的に、イエス・キリストと共にこの世界に新たにやって来て（三・二三—二五）、福音によってユダヤ人と異邦人とに開示されるものであり（ガラ三・二、ロマ一〇・一七）、またキリスト者が神と共に歩むことを許される新しい生の真髄である。いわば、キリストにおいて人間に主体的な信仰を引き起こす神の先行的な働きがここでも問題になっている。このような新たな信仰理解をパウロ自身はあのダマスコ途上の神啓示の出来事から得たもので、それは以前に述べたように、彼のイエス理解の劇的転換とも重なっている。使徒はこの新たなピスティス理解を、義認の福音を脅かすユダヤ人と異邦人に対して絶えず弁護しなければならなかった。

ここで、パウロの信仰論の背景にある旧約聖書と中間文書の信仰概念を一瞥しておきたい。ガラテヤ書三章とローマ書四章が「信仰」を語る際に、アブラハムが引き合いに出される。そして、ローマ書の二箇所（一・一七、九・三三）ではハバクク書（二・四の口語訳、「しかし義人はその信仰によって生きる」）とイザヤ書（二八・一六）が引用される。これは、どのような信仰理解の伝統と関係しているのであろうか。こういった旧約聖書への遡及とその論争点を理解し得るためには、旧約的伝統の中で信仰が次第に「神とイスラエルとの関係」を表す言葉になったことが想起されねばならない。何よりも、預言者イザヤの語り方が決定的であった。イザヤはヘエミーン（「信じる」のヘブル語動詞アーメンのヒフィル形）を、ダビデ王朝を守るとの神の約束に対するイスラエルの信頼――それを結局ユダ王国とその王は拒んだが――の本質とした（イザ七・九、二八・一六）。イザヤのこの言語用法に対応するのが、同時代（前八世紀）のエロヒストの次のような言表である。すなわち、アブラハムは神の約束を前にして信頼に満ちた思いで自分を「神の内に固定し」、その上に彼とその部族の存在を基礎づけた（創一五・六）。その後、畏れつつ神の言葉と約束に信頼を置くとの言表が、いくつかの詩編（七八・二二、三二、一〇六・一二、二四、他）と前七世紀末のハバクク書（二・四）にも取り上げられた。しかし、バビロン捕囚後の時代に初めて「信仰（すること）」は一般に、神に対する人間の側の忠誠か敬虔の特徴づけとなった。そこで、心から神を畏れる服従の本随とみなされる具体的なものは、トーラーの堅持であった。この意味のピスティス／ピステュ－エイン用例は旧約外典の『シラ書』（ギリシャ語訳。前二世紀初め）に顕著である（三二・二四―三三・三）。そして、この種の神畏敬の原型に相応しいのが、アブラハムである。創世記（二六・二―五）と一致して、「先祖たちへの賛歌」の中で、アブラハムの契約と律法の遵守によって、神が彼とその子孫を豊かに祝福したことが語られる（シラ四四・一―四九・一六。特に四四・一九―二一）。この箇所と『第一マカベア書』(二・五二)および『ヨベル書』(一四・六)におけるアブラハムの信仰は、神に承認される「功績的な忠誠の態度」として現れる(フィロン『アブラハム』二七〇―二七一も同様)。それと並行して、クムランの『ハバクク書注解』八章一―三節において、ハバクク書二章四節は「ユダの家のすべての律法実行者に関係づけられる。彼らを、神は裁きの家から救うであろう。義の教師に対する彼らの労苦と忠誠のゆえに」と語られる。『第四エズラ書』(九・七、一三・二三)によれば、最後の審判に臨んで、地上での働きと神への信仰の真価を示した者だけが及第するに至る。また『シリア語バルク黙示録』(五四・一四、一六、二一。後二世紀初め)によれば、律法に忠実な者だけが最後の審判時に命によって報われる。

かつてファリサイ人であったパウロは、異邦人と区別してイスラエルを特徴づける右のような律法忠誠的な神畏敬の表現として、ピスティス／ピステューエイン概念を展開することを知っており、好んでそのようなピスティスの中に生きた。しかし、イエス・キリストの使徒として召されたことにより、彼はピスティスを新しく価値づけ、原始キリスト教的「信仰」用法を手がかりに、それを新たな概念として前に押し出したのである。

「信仰(する)」を表すギリシャ語のピスティス／ピステューエイン、およびヘブル語のエムーナー／ヘエミーンの旧約的用法とその語義変遷については、少し前に要約的に解説した。しかし総体的に見ると、実はこの語群は、旧約聖書と初期ユダヤ教とさらにイエス伝承には割合に少ない頻度でしか使用されていないのに比べて、使徒言行録とパウロ書簡とヨハネ文書の中では頻繁に使用される。すなわち、それはキリスト教の優先的用語となっており、それは初期キリスト教の伝道的教会の姿勢に特徴的なものであったことが察知される。この新たな、特にキリスト教的な「信仰」理解は、パウロとヨハネ学派に初めて現れたのでなく、パウロ以前の諸教会にすでに芽ばえていた。そうでなければ、(ルカの記述とは言え)使徒言行録で描くエルサレム教会の人々が「信仰する者たち」(ホイ・ピステューオンテス、またはホイ・ピステューサンテス。二・四四、四・三二、五・一四参照）とは容易に呼ばれ得なかったであろう。さらに、信仰への呼びかけは、まずユダヤ人に（使二・三八―三九、三・一六）、後には異邦人にも（使八・一二、一〇・四三、一テサ一・九―一〇）語り告げられた初期キリスト教の伝道説教における確固たる構成要素であった。

ではもう少し遡って、その使用頻度が低いと言った初期ユダヤ教とイエス伝承において、ピスティス／ピステユーエインはどのような意味で用いられているであろうか。初期ユダヤ教がその語の下で、特に律法遵守による「神への畏敬」を考えていたことは、右に確認した。これに対して、イエス伝承は「信仰（する）」に対する新しい語り方を提示する。イエスは、山を移したり木を根こそぎにするほどの信仰に関する言葉において（マコ一一・二二―二四、マタ一七・二〇）、神の賜物としての（神）信仰について語った。この信仰は、祈り求める人たちに与えられるものであり、神が全能をもって取り計らって下さることを彼らに経験させるものである。それに加えて、いくつかの治癒物語の中で、神中心的な神への信仰（マコ一一・二二）から神の救済仲保者たるイエスへの信仰（マコ二・五と並行箇所、五・三四と並行箇所、ルカ七・一―一〇／マタ八・五―一三）への踏み越えがすでに始まっている。

地上のイエスの教示の中ですでに変化しつつあったこの「信仰」内容に対応するのが、復活後の初期キリスト教会のテキストに見られる（神）信仰である。ルカはこの初期ケリュグマの信仰内容を、次のように記録に留める（J・イェルヴェル『使徒言行録の神学』[28]参照）。「あなたがたが十字架につけて殺したイエスを、神は主とし、またメシアとなさったのです」（使二・三六）。こうして、イエス（の名）への信仰によって、神の救いと癒しの業は現在化し（使三・一六）、究極的な罪の赦しは経験される（使一〇・四三）。

すでにエルサレムの証人たちが宣べ伝えた、信仰を生み出す「福音」の要約（一コリ一五・三b―五）と抱き合わせて考えるならば、「信仰」は原始キリスト教会の中ですでに、イエスの贖いの死と復活による神の救済行為に差し向けられていたことがまったく認知される。

今述べた経緯から特徴づけられる、イエスと原始キリスト教会の「信仰」用法が種々の形でパウロに受容されたことは、次のテキストから跡づけられる。彼が山を移すほどの信仰に関するイエスの言葉（マコ一一・二三、他）を知っていたことは、第一コリント書の愛の賛歌の冒頭句（一三・二）が示している。また、キリスト者を「信仰する者たち」と呼ぶ原始キリスト教的表示は、彼の手紙にも現れる（使二・四四、四・三二を一テサ一・七、二・一三、一コリ一四・二二、その他と比較せよ）。第一コリント書一五章一―一一節で使徒は、彼が自分より先に召された使徒たちの場合と同様に、同じ福音によって信仰へと召されていると表明する。そして、ガラテヤ書一章二三節においてピスティスは、他の使徒たちとパウロが宣べ伝える福音の内容を要約した概念として現れる。

以上述べた共通の「信仰」理解に立った上で、パウロはさらにこの概念を独自に表現し、展開する。ピスティスとは、「やって来る」もの（ガラ三・二三、二五）であり、使徒が伝える信仰使信を「聞く」ことから生じるもの（ロマ一〇・一七）である。つまり fides veniens（到来する信仰）、fides ex auditu（聴聞による信仰）としての信仰とは、律法によって勢いづいた罪の支配から人間を解放して、キリストの支配下の新生命に導き入れるところの「神の賜物」なのである。別言するならば、神自らが御子の派遣によって、御子に対する（人間の）信仰をも明らかにした、ということである。この意味での信仰の「到来」によって、神はユダヤ人と異邦人に信仰による義を与え、彼らをイエスのメシア的神の子たる身分に参与させる（ガラ三・二三―二八）。ピスティスは、キリスト自身によって据えられた福音の告知によって、人間に明かされる。そして信仰者は霊の力により、キリストを主と告白することによって、終末論的救いを経験する（一コリ一二・三、ロマ一〇・七―九）。

今述べたように、パウロにとってピスティス（信仰）がアコエー（聞くこと）との関連で捉えられている点は大切であるが、そこからさらに語呂合わせのように、ピスティスはヒュパコエー（ヒュプ・アコエー。服従、従順。ロマ一・五、六・一七、一〇・一六、一五・一八）として描かれる。福音において信仰者たちはキリストを救済者、主（キュリオス）であると呼んで告白するが、それは自分の生が「主」の行為と人格に基礎をもつことの表明であるゆえに、彼らはこの呼び求めに自ら服従する姿勢を整える。この服従は一度限りでなく、常に新たに起こる。こうしてピスティスとは、特定の生活様式および生活態度の表現ともなる。

使徒はあらゆる熱狂主義に対して、次のように強調する。キリスト者は切迫したパルーシア（主の来臨）の日まで、主と直接交わったり主の栄光を見ることによってでなく、主とのいわば間接的な信仰の交わりによって生きる。そこでパウロは、「私たちは目で見ること（エイドス。能動態の意が適切）によってでなく、信仰によって歩んでいる」（二コリ五・七）と語る。ではそのように歩む現在とは、どのようなものであろうか。信仰する人々（ピステューオンテス）は、なおも忍耐と希望が執拗に求められるような苦難の状況の中にいる。パウロはこのことを、特にローマ書で詳しく述べる（五・一―五。四・一八、八・二三―二五も参照）。事実、信仰者はキリストを「主」と告白し、自由における新しい生き方をする時、この世の敵対と迫害に身を置かざるを得なくなる。信仰とはパウロにとって「絶えず脅かされた信仰」であり、彼自身もそれを経験した（二コリ一一・二三―二七）。その意味で信仰は、緊張と禁欲の性格を帯びた、救いの獲得のための戦いを内に含む（一コリ九・二四―二七、フィリ二・一二―一三、三・一二―一六）。使徒と同じくこの道を歩むキリスト者たちは皆、詩編の敬虔者たちのように恥辱を被った「苦しむ義人たち」である。

しかし、キリストが霊において信仰者たちに伴い、神をアッバー、父と呼ぶのを助けるゆえに（ガラ四・六、ロマ八・一四―一七）、彼らはキリストにある神の恵みに確かに留まることができる。彼らはキリストによって律法による罪の奴隷から贖われ（ガラ四・五）、現在すでに祈りと相互の愛において神の子らの自由を映し出している（ガラ三・二五―二八、四・六、五・一、一三、ロマ八・二一）。命を脅かす危険な状況にあっても、彼らはキリストの力が弱さの中で発揮されることを経験し（二コリ一二・九）、この世のいかなる勢力も主イエス・キリストにおける神の愛から彼らを引き離すことがないことを確信する（ロマ八・三九）。そこで、「希望」は信仰の構成要素であることが明らかになる。希望は究極的な解放と義認、キリストの復活の栄光への参与を目指す（ガラ五・五、ロマ八・二二―二五、フィリ三・二〇―二一）。

さらに信仰は、神と人間に対する「愛」において生かされる。それは使徒にとって、キリスト者の生活を導く霊の賜物であり、信仰の業である（一テサ一・三、ガラ五・二二、一コリ一三・四―一三、ロマ五・五）。このような愛による信仰の規定を、パウロは次のように記す。「キリスト・イエスにおいて、割礼の有無が問題ではなく、愛によって働く信仰が重要である」（ガラ五・六）。神への愛は、賛美と祈りと感謝において表現され（一コリ一四・一三―一八、ロマ八・一五、一四・五―六、一五・六）、また全身体的な生活をキリストの理に適った礼拝として捧げることに見出される（ロマ一二・一）。しかし隣人（プレーシオン）への愛は、隣人に仕える「霊の果実」として働く（ガラ五・二二、六・二の「キリストの律法」も参照）。

この愛の業は、律法主義に戻ることではない。右に引用したガラテヤ書（五・六）に並行・対応して定式化されている箇所は、第一コリント書七章一九節である。「割礼の有無が問題ではなく、神の戒め（エントレー）を守ることが重要である」。割礼に対置するものは洗礼であるが、右の両テキストには、パウロがおもにアンティオキアで受容した洗礼伝承が反映されている。したがって、愛の業、神の戒め、さらにキリストの律法は、信仰による義を前提とした同じ意味であって、それは義認に至ることのない律法の業（エルガ・ノムー）と対置されている。確かに霊の実において、（キリストの）律法の成就の業が問題になっている。しかしそれはもはや、（なすべき）義務によって（カタ・オフェイレーマ）最後の義認を勝ち取るためでなく（ロマ四・四）、キリストにおける神の救済行為に感謝し、主なるキリストに服従するためである。

　パウロは手紙の中で、最後の裁きの日に良い仕事に対する称賛と報酬を期待するよう教えるが（一コリ三・一四、四・五）、それは働きによる最終的義認ではなく、罪から解放された信仰者が義への奉仕によって（ロマ六・一八）自己の真実を証したことに対する、神の承認を意味する。

3　福音・義認・信仰　注

（1）O. Hofius, Paulusstudien, WUNT 51, Tübingen 1989, 15ff.
（2）青野太潮『「十字架の神学」の成立』ヨルダン社、一九八九年。
（3）W. Wrede, Paulus.
（4）A. Schweitzer, Mystik des Apostels Paulus, 1930, UTB, Tübinben 1981, 220.　A・シュヴァイツァー『シュヴァイツァー著作集11　使徒パウロの神秘主義（下）』武藤一雄・岸田晩節訳、白水社、一九五七年、四七―四八頁。義認教説を巡る論争については、朴憲郁「パウロ研究」『現代聖書講座第二巻　聖書学の方法と諸問題』三三三―三四五頁でも取り上げた。
（5）G. Strecker, Befreiung und Rechtfertigung, 479-508.
（6）U. Schnelle, Gerechtigkeit und Christusgegenwart, Göttingen 1983.
（7）H. Hübner, Das Gesetz bei Paulus, Götingen 1982³; ders., Law in Paul' s Thought, Edinburgh 1984.
（8）J. Becker, Paulus.
（9）E. P. Sanders, Paul and Palestinian Judaism, Philadelphia 1977.（deutsch: Paulus und das palästinische Judentum, Göttingen 1985, 400.）
（10）J. D. G. Dunn, Jesus, Paul and the Law, London 1990, 195.
（11）Seyoon Kim, Paul and the New Perspective: Second Thought on the Origin of Paul' s Gospel, Tübingen 2002.
（12）E. Lohse, Paulus.

(13) H. Conzelmann, Grundriß der Theologie des Neuen Testaments, 1987^4, 253.

(14) G. Klein, Artikel: Gesetz II, NT, TRE XIII, 66.

(15) E. Käsemann, Der Ruf der Freiheit, Tübingen 1968, 1972^5, 123. 同書初版とその邦訳書（E・ケーゼマン『自由への叫び』川村輝典訳、ヨルダン社、一九七三年）には、本文の引用箇所の記述はない。E・ケーゼマン（原著一九六九年刊）の『パウロの神学の核心』佐竹明・梅本直人訳、ヨルダン社、一九八〇年の第7項「霊と文字」、二一〇―二五〇頁も参照せよ。

(16) H. Hübner, Das Gesetz bei Paulus, 1982^2.

(17) H. Räisänen, Paul and the Law, 1987^2, 199–202.

(18) E. P. Sanders, Paul and Palestinian Judaism, 1997.

(19) 拙論「パウロ研究」三二三―三四七頁、特に三四三―三四五頁、および本書Ⅱの3の(3)（一八八―一九三頁）を参照。

(20) J. D. G. Dunn, The Theology of Paul the Apostle, 1998.

(21) J・D・G・ダン『使徒パウロの神学』浅野淳博訳、二〇一九年、教文館、一二―一三、四四九、四六七―四六八、四七一頁。

(22) E. Kutsch, Neues Testament — Neuer Bund? Eine Fehlübersetzung wird korrigiert, 1978.

(23) E. Kutsch, a.a.O., 85.

(24) W. H. Schmidt, Atl. Glaube in seiner Geschichte, 1987^4, 132.

(25) H. Gese, Das Gesetz, in: ders., Zur bibl. Theologie, 1989^3, 55–84.

(26) K. Koch, Artikel: Gesetz I, AT, TRE XIII, 40–52.

(27) P. Stuhlmacer, Biblische Theologie des Neuen Testaments, Band 1, 261 参照。

(28) J・イェルヴェル『使徒言行録の神学』挽地茂男訳、一一四頁。

4　サクラメントと霊

最初に述べたように、パウロは神学者として思索したのみでなく、諸民族への使徒として福音を宣べ伝え、その結果、主の教会がどのように形成されるのかについても考慮しなければならなかった。その意味において彼は、教会設立の実際的課題に直面しつつ、神学的認識を明確化していったと言えよう。事実彼の手紙には、義認の使信に基づくキリストの教会の形成とそのために必要な洗礼・聖餐の正しい理解に関する議論、および聖霊の現実への指摘が見られる。

(1)　サクラメント

①　洗礼理解

そこでまず、使徒における洗礼（バプテスマ）理解の特徴を見てみたい。彼は「洗礼と洗礼伝承」を、彼に先立ってすでに独自に伝道したダマスコ、エルサレム、アンティオキアなどの諸教会から受け継いだ。バプテスマはどの教会においても、信仰を引き起こす洗礼説教と不可分に結合し、「イエス・キリストの名」において執行された。洗礼はこれを受ける者に罪の赦しを与え、教会に組み入れ、彼らを教会に吹き込む霊に与らせた。これらの伝承要素は、パウロにおいて再び見出される。すなわち、洗礼に先立って信仰を喚起する福音の説教がなされる（一テサ一・九―一〇、ガラ三・二、ロマ一〇・一七）。彼も洗礼教示を行ってこれを知っており（一コリ一五・一―五、ロマ六・一七）、キリストの名において洗礼を授ける（一コリ一・一三―一五、六・一一）。洗礼は人を罪から洗い清め、霊の伝達と密接に関係する（一コリ六・一一、一二・一三）。他の新約聖書著者たちと同様、使徒も今日的意味の「幼児洗礼」については何も言及せず、むしろ（成人）洗礼による信仰者の告白的信仰共同体への加入の出来事を見ている。すべてのキリスト者にとって洗礼は、クリスティアノイとして自分の生活を始めた決定的な生の転換を表示するものである（ガラ三・二六、一コリ六・一一参照）。

パウロは、自分が洗礼を授けるためでなく福音を宣べ伝えるためにキリストから遣わされた（一コリ一・一七）と語る場合でも、決して洗礼の重要性を軽視しているのでなく、コリントにおける洗礼の特異な過大評価（例・誰が洗礼を授けたかを重要視する）に立ち向かい、使徒の描く伝道の構想・戦略から自己の務めを理解している。すなわち、パウロは開拓的な伝道者として特に福音の伝達に権限をもったのに対して、洗礼教示と洗礼を含む教会形成の個々の仕事については、彼は教会の基礎を築いた後、協働者たちに委ねることができた（一コリ一・一五―一六。使一〇・四八参照）。

使徒の活躍した時期における洗礼は、彼の手紙の中で儀式張った洗礼教義を構想したり議論する余地のないほど重要なものであった。したがって、パウロが洗礼をどう理解したかは、彼が機会あるごとに洗礼を取り扱った諸言表からのみ引き出すことができる（ガラ三・二六―二八、一コリ六・一一、一二・一三、ロマ六・一―二三）。これらの関連テキストをここで逐次釈義的に扱うわけにはいかないが、それを踏まえた上で、ただ重要なポイントをいくつか追っていくことにしたい。

使徒の洗礼理解の一つの特徴として、洗礼は「支配交代」をもたらす。受洗者は罪の力から解かれて、主イエス・キリストの下に置かれる。彼らは洗礼に臨んで福音の言葉を学び（一コリ一五・三b―五）、それに対して告白し、洗礼行為によって福音の出来事へと引き入れられる。すなわち、キリストと共に十字架につけられ、罪に対して死に、キリストと共に埋葬され、キリストの復活に与り（ロマ六・四。コロ二・一二、三・一も参照）、生ける主であるその方に従属する。それは、もはや罪に仕えず、神の意志である義に仕えるためである。

洗礼に際してなされるこれらの教え、告白、洗礼行為、主との一致などは、神が前もってキリストにおいて起こした救済（ロマ五・八）の歴史の中に受洗者を引き入れる。こうしてパウロはバプテスマの中に、「受洗者に対するキリストの福音の象徴的な執行」を見ている。それは宗教改革者的に表現するならば、「一つのサクラメントであり、神の言葉の徴」である。

洗礼がキリストの死と復活に参与することであるとの理解は、ヘレニズムのキリスト教会に特徴的であって、それはパレスチナ教会に形成された洗礼理解を超え出ている。パウロはそのような理解をローマの教会員たちと既知の事柄として共有している（ロマ六・三―一一）。当時のヘレニズムの異教的密儀祭儀においては、入信者は自分たちの祭神の運命に与り、彼と共に死んで共に復活することを祭儀的に実行することによって、自分の死の運命からの解放と救いを得た。この宗教史的影響の下に、ヘレニズム・キリスト教会で洗礼諸表象が用いられたことを示唆している。しかし、その関連は確定できないし、特に古代の密儀的合一における「洗礼祭儀」はまったく知られない。たとえ何らかの影響があったとしても、キリストの名による洗礼を通して超自然的な不死の命を確保しているとの誤った魔術的な典礼理解を、パウロは徹底的に打破して、身体的な復活の命の将来性を希望させる。

さらに、洗礼の教会的意義が示される。初期のキリスト教は、最初から洗礼を行った。パウロが「バプテスマを受けた私たちは〈皆〉」（ロマ六・三。一コリ一二・一三も同様）と言う時、彼は、教会員全員の洗礼を自明のこととしている。では、どうして最初期から洗礼を施すことになったのであろうか。それは、原始キリスト教の洗礼がヨハネの洗礼を前提とし、それをキリスト教的に解釈して受け継いだからである。この歴史的な繋がりは疑いの余地がない（マコ一・九―一一、使二・三八、一八・二四―一九・七参照）。

パウロにとっても、洗礼は教会的に重要な意義をもつ（一コリ六・一一、ロマ六章）。すなわち、キリストの共同体で執行される洗礼によって、罪の支配下にいたユダヤ人と異邦人の中から新しい被造物が生じる。彼らはキリストを主と告白し、主が教えた神の意志に従う。このような仕方で救いが信仰者にとって現実のものとなる時、人間的な種々の差異や格付けは取り払われて、彼らは同等になる。彼らは皆、「キリストにおいて一人（ヘイス）」となる（ガラ三・二八）。コロサイ書は洗礼におけるこの事態を、次のように興味深く表現する。彼らは「古い人をその行いと共に脱ぎ捨て、その創造者のエイコン（像。創一・二七）に倣う認識へと新たにされる人を着たのである」（三・九―一〇の原文私訳。E・シュヴァイツァー『EKKⅫ　コロサイ人への手紙』当該箇所を参照のこと）[1]。ここには洗礼の教会論的な認識があって、それは使徒がおそらくアンティオキアで受け継いだと思われる洗礼伝承のテキストに明らかである（ガラ三・二六―二九、一コリ一二・一二―一三）。

紀元前一世紀に、小アジアのフィラデルフィアの神殿規定に従って、ゼウス神もまた「男と女、自由人と奴隷に」神の家への出入りを許し（『ギリシャ金石碑文集成』九八五）[2]、彼らに小アジアの密儀祭礼に関われるようにしたので、洗礼に基礎づけられた平等原則のキリスト教会はいわば伝道戦線の上で、そのヘレニズム宗教的共同体に対して競合的であった。

パウロはアンティオキア的な洗礼伝承を、（彼の教会論の特色である）「キリストの体」なる教会への直接的な関係の中におく。つまり、洗礼によって受洗者はキリストの体へと組み入れられ、古き世界の構造と価値がもはや救済に何の意義ももたない、そのような生命共同体の中に引き入れられる。使徒は教会からかけ離れた信仰というものを知らず、また福音への信頼と共同のキリスト告白から分離した洗礼の現実性をも是認しない（一コリ一〇・一―一三）。

キリスト教の洗礼は、入信者をその共同体に受け入れる時にただ一度のみ執行された。その点は、クムラン共同体が祭儀的清浄の回復のために水の洗い清めを規則的に繰り返したのとは異なる。パウロの設立した諸教会でも行われたこの洗礼は、すでにあのヨハネの洗礼と結び合ってキリスト教化していた（使二・三八）一般キリスト教的習慣に従って実行されたに違いない。

洗礼の出来事は第一コリント書において（六・一一、一二・一三）、聖霊の働きとして理解される。つまり、受洗者は福音によってのみでなく、さらに洗礼との結合によってこそ聖霊の働きを身に経験したのであり、それ以来プニューマ（霊）に満たされることになる。別言するならば、人は福音による霊の働きと洗礼時の霊による封印とを対置したり、分離したりし得ない。

この関連で、コリントでのいわゆる代理洗礼の風習に対して取るパウロの寛容な姿勢（一コリ一五・二九）は、我々の理解に困難をもたらす。果たしてパウロも古代人として、洗礼の魔術的な理解を代表していたのであろうか。確かに彼は、洗礼に一種の秘義聖別を見た洗礼理解が当時あったことを示唆している。プラトンはすでに『ポリテイア』（二・三六四ｂｃｅ、三六五ａ）の中で、いくつかの密儀祭礼には、聖別されなかった死者に代って生存者への清浄儀式を執行する可能性が存在した、と報じている。後二世紀以降の複数の碑文は、このことを証明している（Ａ・エプケ、キッテル編『新約聖書神学語句事典』「バプトー（沈める）」の項）[3]。それと同様の洗礼理解がコリントにあったことは、明らかである。そこで、使徒は死人の復活に関する議論との関連で、事のついでにそのような理解について語るに及ぶのであって、それをことさら否認したり承認したりはしない。少なくとも言えることは、コリントの代理洗礼は、真にパウロの洗礼理解とは何の関わりもないということである。代理洗礼はここで、パプテスマがいかにパウロの影響領域内でひどく（魔術的）サクラメント主義的に解釈され得たかということを、ただ文書に留めているのである。パウロ自身は同じ第一コリント書において（一〇・一―一三）、洗礼と主の晩餐のサクラメント主義的過大評価をはっきり警告しているのであって、この警告は神学的に代理洗礼に対しても妥当する。

②　聖餐理解

一度限りの「洗礼」は霊による新生の出来事が起こった日時を刻むのに対して、反復的な「主の晩餐」は信者たちを恵みの状態に保ち、彼らを常に新しくキリストの体（教会）に結び合わせる。

パウロはかつてコリント教会を設立した時に、（引き渡されたあの夜イエスが執り行ったように、）「主の食事」（キュリアコン・デイプノン、一コリ一一・二〇）を祝うよう教会員に教えた。パウロは彼らに、この執行に不可欠な特定のテキスト、つまり一種簡素な物語形式の典礼書を覚え込ませた。彼はこの伝承（パラドーシス）を、第一コリント書一一章二三―二五節で引用している。

少し細かい話になるが、この聖餐伝承は文面に至るまでルカ福音書（二二・一九―二〇）と一致する。このことは、ルカがある日パウロの聖餐テキストを直接自分の福音書作品の中に載せたことを意味するのでなく、むしろすでにアンティオキア教会での教授に際して、今日のルカ福音書に見られる苦難（特殊）伝承の前半の定式が用いられたことに、その理由があるに違いない。「主の食事」の由来を説明するテキスト（一コリ一一・二三―二五）は、その苦難伝承の中から典礼的に手直しされた一部を提供している。パウロはこのテキスト（の内容の端緒）を十字架上で死んで復活した主に遡らせる。すなわち彼は事実、アンティオキアからエルサレムのステファノ団体へ、彼らから使徒たちへ、そして彼らを通して完全にイエスへと遡らせる。

次に、第一コリント書一〇章一六―一七節は古い聖餐伝承を補っているものであるが、この両節の文体と表現は、使徒がここでも教えの伝承に手を加えていることを指し示す。この伝承の基本要素である「パンを裂く」「交わり（コイノニア）」は使徒言行録（二・四二、四六）を想起させ、「キリストの血」「多くの者（ホイ・ポロイ)」は(一コリ一一・二三―二五もしくはルカ二二・一九―二〇には欠如し、)むしろマルコ福音書一四章(二二―二四)またはマタイ福音書二六章(二六―二八)へと導く。つまりここでパウロは、主の食事に関する彼の教えをマルコ福音書(一四・二二―二四。マタ二六・二六―二八も)とルカ福音書(二二・一五―二〇)のテキスト伝承に基づいて展開している。そして彼は、コリント人らがこの両方のテキスト伝承を(パウロと彼の協働者たちが施した)伝道的教授から知っていることを前提とする(使一八・七―一一参照)。

第一コリント書一〇章(一四―二二節)と一一章(一七―三四)から明らかなように、パウロがコリントを去った後、使徒には容認し難い一つの聖餐理解が支持され、聖餐執行における不都合が生じた。そこで彼は、批判的な態度表明によって彼の聖餐理解を示しつつ、「主の食事」がキリストと食卓客との相互的「交わり」の食事であるべきであり、パルーシア(主の来臨)の時まで「イエスの死の告知」がその中心に立たねばならないことを強調した。

第一コリント書でパウロが引用し(一一・二四―二五)それに解釈を加えている(一〇・一六―一七)、これら二箇所の「制定語」において、単にぶどう酒とパンがイエスの血と体に一致するといった事柄以上のことが問題である。つまりここで問題となっているのは、この制定の言葉とそれに結びついた食事の取り扱いによって、実は「イエスの人格と犠牲供与が食卓仲間の全生活を規定する」という点である。それは現実を超えた霊的事柄として、しかもそれが同時に、現実へと介入する身体的事柄として起こる。すなわち、かつてイスラエルが荒野の流浪時代にマナで食物を供給され、岩から飲み物を得たのとまったく同じく、イエスの食卓仲間は奇跡的に霊的な(プニューマティコン)飲み物(ポマ)と食べ物(ブローマ)に与る(一コリ一〇・三―四を出一六・四、三五、一七・六と比較)。そして、一緒に「主の杯」を飲み(一コリ一〇・二一、一一・二七)、共に「主の食卓」を囲んでパンを食べること(一コリ一〇・二一)によって、イエスの食卓共同体を成す「多くの者」(ホイ・

ポロイ＝皆。これはイザ五三・一〇―一二と同じセム的用法で、「皆」に対するイエスの代理的苦難の死を示唆する）は、「一つの」体に結び合わせられる。彼らはすべて、イエスのソーマ（体）に、つまり彼の人格と代理的存在に与ることになり、また彼のハイマ（血）に、すなわち新しい契約（カイネー・ディアセーケー。エレ三一・三一―三四参照）の神の共同体へと導く、イエスの死の贖罪効力に参与することになる。「霊的な」（飲み物と食べ物）との表現によって、キュリオス（主）が自ら制定の言葉と食事の諸要素の中に今生きて働くことが考えられている。いわばパウロは晩餐執行の中に、主イエス・キリストが「現存する」ものと見ていた。それだからこそ使徒は、コリントの信徒たちが主の食事と偶像供犠の食事との両方に参与することを不可能なものと見なす。そんなことをする人々は、神の裁きを招く過ちに対して責任を負わねばならない（一コリ一〇・二一―二二を申三二・二一と比較せよ）。

ここで、コリントの「主の食事」を巡る状況を知っておく必要がある。パウロによれば、主（キュリオス）は食卓への招きにおいて、それに与る人々とご自身との交わりのみでなく、彼ら相互間の交わりをも打ち立てた。したがってパウロにとって、「主の食事」（聖餐）とそれに伴う「共同の食事の執行」との一致はきわめて重要であって、信仰者たちのコイノニアを損なう食事の実行は何の意味もなさない。彼はそのことを、第一コリント書一一章一七―三四節で問題にした。

パウロはコリント教会の設立に際して、おそらくアンティオキアやエルサレムの教会と同じように、「主の食事」を祝うことを教えた。教会員たちは礼拝の集会（エクレーシア）に少なくとも毎週日曜日に（一コリ一六・二）、だがおそらくもっと頻繁に集まったであろう（一コリ一一・一八）。エルサレムとアンティオキアの場合のように、初期キリスト教の信徒たちは「主の食事」の中で（腹を満たす）飲食もできるよう各々分相応に飲食物を持ち寄った。当然のことながら貧しい信徒たちは、富める信徒たちとまったく同じように食事をいただくことが許された。この「主の食事」を執り行う最初のところでは、何らかの勧告的な式辞が語られ得た。そのことは、使徒的勧めをもって締めくくる第一コリント書一六章二〇―二四節（『ディダケー』一〇・六も参照）にはっきり反映される（G・ボルンカム『古代・原始キリスト教研究』[4]）。

主の食事の執行の次第をより具体的に描くと、次のようになろう。参与者は清い口づけによって、互いに平和の挨拶を交わす。主を愛さなかった（洗礼を受けなかった？）人は食事への参与を許されない（一コリ一六・二一―二二、『ディダケー』九・五、一〇・六参照）。それに続いて、一つのパン（一コリ一〇・一六）についての祝福（ユーロギア。新共同訳の「賛美」は不適切）、つまり聖餐の祝福の祈りが唱えられ、パン裂きとその分配をもって（腹を満たす）食事が始まる。その終わりにはぶどう酒の杯が取られ、それについても祝福（の祈り）が唱えられ、ぶどう酒が参与者すべてに差し出された。

この初めと終わりの「祝福の祈り」がパンとぶどう酒を聖別する役割を担ったかどうかは不確かである。しかし、すでに紀元前後一世紀のユダヤ教文書『ヨセフとアセナテ』（八・五、一五・四）に見られるように、ヘレニズム・ユダヤ教的理解によれば、敬虔なユダヤ教徒が食事のたびごとにパンと杯について唱える神賛美は、パンと杯の中味に特別な霊的性質を与えた。この聖別（または聖変化）的な特徴は、紀元後二世紀のキリスト教弁証家のユスティノス（『第一弁明』六五・五、六六・二）にも顕著に見られる。したがって、そのことは主の晩餐の祝福にも妥当し得るが、速断は許されない。

原始キリスト教会がアラム語で保存した「マラナタ／主よ、来たりませ！」（パウロが一コリ一六・二二に引用）、すなわち、主の決定的な到来への祈願をもって、主の食事の執行が終わる。その執行はパウロ自身（使二〇・七以下参照）か、監督たち（エピスコポイ。フィリ一・一参照）によって導かれ、奉仕者たち（ディアコノイ）がそれを支えた。使徒にとって「主の食事」は、決してすべての客人を接待する教会のオープン・ディナーでなく、イエスを主と告白した人々の食事の執行であった。

第一コリント書一一章二六節が示唆するように、「主イエスが来られる時（未来）まで、イエスの死（過去）を告知する（現在）」は、神の歴史的救済行為を想起する旧約的アナムネーシス（記念、記憶。出一二・一四、一三・三―一〇その他、のジッカローン）と同じ構造をもつ本質的な構成要素であった（詩七一・一五―一八、一〇五・一―五、一四五・四―七も参照）。聖餐のアナムネーシスとイエスの死の（救済的意義の）告知とマラナタの願い求め、これらは相互に依存し、組み合わされる。

しかし、右に確認した「主の食事」のあるべきコイノニアを守れない悲しい事態が、コリント教会に生じた（一コリ一一・一七―三四）。すなわち、晩餐の執行に際して教会は、富者と貧者の二グループに分かれてしまったのである。パウロはこのような経緯を大変憂慮し、批判する。

コリントで起こった由々しき問題が何であったかは、プロランバネイン（一一・二一）とエクデケスサイ（一一・三三）という動詞をどう理解するかに掛かっている。前者を「先取りする」とし、後者を「〜を待つ」（一コリ一六・一一、その他と、使徒教父文書に一般的な意味）と解するならば、次のように想定される。パウロは本来、主の食事によって枠づけられた全信徒の満腹の食事を考えたのに対して、コリント人らはパンとぶどう酒の受領を、満腹の食事の終わりに押しやって、それ自体を（パンと杯の物素にやどる霊的力に与れるとの）サクラメント的に理解してしまった。それに加えて、主の食事に最初に現れた（富める自由な）信者らは自分の食事を先取りし、後からやって来た（貧しく不自由な）信徒らはもはや何の飲食にもありつけないことが慣例になってしまった。もちろん、それでもなおこの人々は、締めくくりの主の食事（聖餐）の部分に与り得たが、なおも空腹に甘んぜざるを得なかった。しかも、富める信者らはそのことに何の負い目も感じなかった、というのである。

しかし、コリント教会の「主の食事」を巡って発生した問題状況を上述したように再講成することは、動詞のプロランバネイン（一コリ一一・二一）を「先取りする」と訳出した場合に初めて可能となる。しかしそれとは違って、この動詞を「（自分の食事）に取りかかる」または「（自分の食事）を受け取る」と訳し、またエクデケスサイ（一一・三三）を（互いに）「～を待つ」ではなく「人を（客として）受け入れる」とか「誰かの世話をする」（ヨセフス『古代誌』一五・三四三、一六・六、一三一、一四〇など）との意味に解することもできる（それらの例証について、O・ホフィウス「主の食事と主の食事の伝承」『パウロ研究』[5]参照）。両動詞をこのように理解するならば、共同の（腹を満たす）食事の前後に設定された「主の食事」本来のパウロ的順序（前にパン、後に杯の祝福）が崩されてすべて食後に回され、しかもこの主の食事がサクラメント的に過大評価されたのだ、といった込み入った問題状況まで想定する必要もなく済ますことができる。そうすると、パウロの批判はもっと単純に、礼拝の集会（エクレシア）において富者と貧者が同一の部屋に居合わせながら、社会的な諸グループに分かれて各自持参した飲食を口にすることに対して向けられている。裕福な者たちが今、空腹な貧困者たちの前で派手に飲み食いすることによって、彼らは何も持たない人々（メー・エコンテス）を辱めているのだ、と。

この後者の再構成は前者のものよりも歴史的にはもっと単純で、説得的でもある。しかし、エクデケスサイのそのような語義用法が新約聖書と使徒教父らの文献には見当たらないのが多少難点である。

だがどちらの解釈にせよ、コリントにおいて食事の無分別によって聖餐共同体が崩される事態を、パウロは手厳しく批判する。教会は本来、否、実際に「主の食事」に与ってキリストの体のコイノニア（交わり）を築く。このコイノニアにおいて人は互いに食べ、受け入れ、持ち寄った食事を兄弟のように分かち合うものである。主の食卓の下で、イエスの食卓仲間たちは、十字架の死から甦ったキリストとのコイノニアに相応しい者とされる。このコイノニアは恵みの賜物であって、これをわきまえずに恣意的な交わりを独自に作り出すような人は、主の食卓共同体に相応しくない。不適切に主のパンか杯を受ける者に対しては、主の裁きが臨む（一コリ一一・二七―二九）。

パウロは、この裁きがすでにコリント人たちの間に、弱さや病気や死という仕方で起こっていると見る（三〇―三一節）。もちろんこの場合にも、審判に対する恵みの優位は妥当する。すなわち、「私たちが主から裁かれるとすれば、それは、私たちが世と共に罪に定められることがないために、懲らしめられて（パイデュオマイ）いるのです」（三二節）。つまりここで使徒は、コリントで起こった病気と死の事例を、最終審判での滅亡に陥らないよう当事者たちを守る、いわば教育（パイデイア）的な罰と理解する（一コリ五・五参照）。

総体として振り返るならば、パウロにおける「主の食事」は礼拝的儀式と思われる。つまり、聖餐儀式の中で福音の中心的諸内容は、洗礼の場合と同じように現在化される。洗礼と同様、主の晩餐も使徒にとっては「サクラメント（聖礼典）であり、神的な言葉の徴」である。ただ違うのは、信仰者は「洗礼」によって自己のクリスチャンライフを始めて福音へと引き入れられるのに対して、「主の食事」は福音を常に新たに現実化して、パルーシア（主の来臨）まで執行されるものである。

第一コリント書一〇章一―一三節の中で使徒は、かつて神の民がエジプトから引き出され、海を通って（象徴的に）洗礼を受け、荒野をさまよいつつ霊的な飲食物を受けたことを例に挙げて、コリントの信徒たちに、イスラエルが（象徴的‐予型論的な）洗礼と主の食事をいただいたにもかかわらず主に背を向け、裁きに服したこと（出三二章）を指し示そうとした。すなわち使徒には、両サクラメントの魔術的理解の余地はない。サクラメントは彼にとって決して、「絶えずイエス・キリストにあって生きるための不死の治療薬、死を阻む解毒剤」（イグナティオス『エフェソ人への手紙』二〇・二）などではない。サクラメントは、キリストの福音を現実象徴的に圧縮したものであるが、それによって主の恵みと霊が物質的に確保され得るような儀式でもない。

洗礼と主の食事において、十字架と復活のキリストは御自身に信仰的信頼を寄せるユダヤ人と異邦人に自らを贈与するが、後になってキリストから離反する者に向かっては、審判主として釈明を求める。

⑵　霊の働き

①　コリントの霊的熱狂主義

共に主の食事に与る際に、交わりを壊していくコリントの信徒たちがおり、その行動の根底に悪しきサクラメント理解がある、と先に指摘した。それは、少し広い別の角度から捉えるならば、コリント教会における「霊的熱狂主義」の問題として特徴づけることができる（松永晋一[6]）。そこでしばらく、使徒が語った「主の霊」を人がはき違えて起こった一連の問題を取り上げてみたい。

コリント人たちは使徒パウロの説教から、キリストによる人間の自由の意義を深く聞き分けた。しかしその結果、この世で有効性をもつ種々の勢力や束縛から解かれたキリスト者は、この自由によって気兼ねなく生き得るのであって、もはや特定の行動規則と道徳的義務にとらわれる必要がない、と彼らは思い込んだ。力強い霊は、キリスト者に自由をもたらし、キリストによって得た解放を常に現在的に経験させる。霊によって満たされ、導かれる人は、日常の煩雑さの彼方へと引き上げられるゆえに、今や何でも思う存分に振る舞うことができる（一コリ六・一二、一〇・二三）。

彼らにとって、新世界の栄光もしくは来るべき神の支配はすでに出現したのであるから、祝福された人々の食事を互いに執り行い、天的世界の賜物と救いを感激をもって喜ぶことになる（四・八）、こうして彼らはその飲食によって、あの貧しい信徒らを疎外する結果を招くに至った。

救われた人々が高揚した気持ちを抱いて、地上的なものをすべて過小評価し得ると考えた時、実は見るからに貧弱な使徒パウロの容姿をも見下すことになった（四・九―一三）。それればかりか、彼らの間で意見や立場の対立が表面化していく。その中には皮肉なことに、パウロの名を特に強調して呼び、担ぎ上げる信徒たちがいる、（一・一三）。彼らは、パウロから洗礼を受け、彼によって教会のメンバーになったことを誇る。同様な仕方で、他の信徒たちはアポロをまたはケファのことを誇る。挙げ句の果ては、彼らすべてに引けを取るまいとして、「私はキリストにつく」と言って、それを誇る別の人々が現れる（一・一二）。単なる党派争いでなく、この合い言葉の中にも、自分こそ真の正しいキリスト者であると高ぶって他の信徒と区別する、あの霊的に法外な自己意識が表明されていると思われる。だがこのような態度が支配するところに、対立と党派が起こり、そのことがキリスト者の共同体を引き裂くことになった。

事態は、さらに深刻な様相を呈することになる。教会員の間で、近親相姦者が現れ（五・一―一三）、もめ事が治まらずに異教世界の裁判に訴え出（六・一―一一）、娼婦と交際する者もいる（六・一二―二〇）。しかも当事者はこの交際について、一方では揺るぎない「霊」の所有を確信しているので、（やがて滅び行く）「体」に関わることは「どうでもよい」のであり、それは霊を損なうことがない、と考える。彼らは、「わたしには、すべてのことが許されている」との熱狂的スローガンを掲げる（六・一二―一三）。

この霊肉二元論的な人間理解から、一つは右に述べた自由主義的な生き方と、もう一つは禁欲主義的な生き方が生まれた。この両者は互いに相対立する態度となって現れ出るが、その根っ子は同一である。後者の立場につく時、人は身体的な事柄に関わることを欲せず、むしろ自己をこの世から引き離し、より良い人生の道として独身を選び取ろうとする（七章）。

誇張された自由の感情から生じたこの熱狂主義は、日常の様々の問題にも顔を出した。たとえば、ヘレニズム諸都市において社交的生活の大部分は、神殿の周辺地域で営まれた。人々は食事の接待に招かれたりすると、犠牲祭儀で畜殺された動物の肉を食した。しかし、旧約以来の律法諸規定に則らないで屠られた肉を享受したり、異教神殿の境内の催し物に参加したりして身を汚すといったことを、ディアスポラのユダヤ教徒たちは根本的に遠ざけた。では一体、パウロの設立した諸教会のキリスト教徒たちはどのように振る舞うべきであろうか。彼らは、ユダヤ教徒の例に倣わねばならなかったのか。あるいは憚ることなく異教の神殿に踏み入って、神々に奉献された肉を食べることができたのか。コリントでは、「すべてのことが許されている」（一〇・二三）との意見が大半を占めた。事実、神々など存在せず、ただ唯一の神が存在するゆえに、人は損害を被ることなく進んで犠牲の肉にありつくことができる。だが以前仕えていた神々の背後に危険な諸勢力が付きまとってはいないか、そのことで不確かな思いを抱いた信徒たちの留保の態度があるとしても、人々はそれに何も気を使う必要などないと考える。だが、キリスト教信者になってまだ日の浅い教会員の多くは、それに再び触れることをしたくなかった（八・九―一三、一〇・二八―二九）。それに対して、多数の霊に満ちた人々は一切の諸規定・制限に屈服する必要はない訳である。彼らは、異教の神殿とその犠牲礼拝が取るに足りず、したがってそれがキリスト者に何の危害も加えないとの認識によって、自己を強い者と感じることができたのである。

②　霊的生活

コリントの熱狂的な自意識は、教会全体の集会においても表明された。霊によって喚起された諸作用が、恍惚的経験と共に前面に現れた。これに対して、天使らの言葉を使うすべを知らない教会員たちは、それを全然理解できず、途方に暮れていた（一コリ一四章）。だが他の人々は、異言の充満によって強烈に表現される感激と共に、陶酔的喜びに浸った。彼らは天界の諸力に捉えられ、その影響下に身を委ねることに有頂天になった。

このような現象の背後に、混淆的性格を帯びた環境からの影響があったことは否めない。オリエント的祭礼がヘレニズム世界に広く行き渡っており、それは多様な仕方で密儀的諸宗教と結合していた。人は祭礼行為によって神的秘密に身を明け渡し、それによって天の諸力に与ろうと試みた。神殿において古い儀式が執り行われ、規則的な犠牲奉献がなされたが、それによって人間は神々を崇拝した。また、港町では異国の多様な風習が持ち込まれたが、人々はそれらに容易に影響され得たのである。

コリントの教会員たちが接触した諸思想や行動様式がどういった由来によるのかは、もちろん立ち入って知る余地もないが、それらは確かに様々に絡み合って存在したのであって、特定することはできない。それらの一つにグノーシス思想があったと主張する研究者（G・シュミットハルス『コリントにおけるグノーシス』(7)など）もいる。確かに、人間が天から下る霊的な知識（グノーシス）を獲得して物質世界から離脱し、神的な生命力と救済に与るとする、明確なグノーシス思想は、第二世紀以降の運動として顕在化する。しかし、それをすでに一世紀中葉のパウロの伝道時代にまで遡らせることはできない。いずれにせよ、少なからぬキリスト者たちが、並はずれたパウロ的「自由」の概念を、古代後期社会の多様な影響と結びつけたのであろう。そこから派生した熱狂主義は、コリント教会に見られたように、いろんな見解と行動様式とを生み出した。この種の信奉者たちは、自らの信仰を何か放棄するというのでなく、むしろそれを自分の理解の都合の良い方向に表現しようと欲した。彼らにとって「熱中」は、キリスト教的確信を自分たちの生活の隅々にまで行き届かせるのに実に相応しいものなのである。

これに対して使徒は、十字架の言をもって鋭く批判する（一コリ一章）。そこで我々は、彼の十字架の使信に注目することになるのだが、ここではむしろパウロの説く聖徒ら（一コリ一・二）の霊的生活の積極的な意義について明らかにしたい。これは、聖なる霊に従う生き方の問題である。

パウロは、イエス・キリストの教会と信徒らの生が（福音の受領と洗礼において働く）聖なる霊（ハギオン・

プニューマ）によってまったく規定されると見ている。しかし彼はプニューマを、原始キリスト教伝承よりもっと決定的にキリスト論的に理解する。すなわち、霊にあって十字架と復活の主はその共同体のもとに、そして各々の信仰者の中に現存する（二コリ三・一七—一八、一コリ一五・四五、ロマ八・九—一〇参照）。

ここで一瞥しておきたいが、パウロ書簡における絶対的用法である霊、主および神（一コリ一二・四—六）または霊（ガラ三・二、五・二五、ロマ八・二六）、神の霊（一コリ二・一一、一四、三・一六、ロマ八・九）、聖霊（一コリ一二・三、ロマ八・二六）、キリストの霊（ロマ八・九、フィリ一・一九）などの語は、相互に交換可能である（ロマ八・四—一四参照）。さらにプニューマは、神の救済効力とそれがもたらす賜物との両者の統合的意味において使用され得る（一コリ一二・四、六、七、一一）。しかし神の霊はいつも、身体的活性という人間論的概念としてのプニューマ（一コリ七・三四、二コリ七・一など）からは区別される。

パウロの「霊」理解には四つの局面がある。第一に、霊は福音の聴従と受洗によって受領されるキリストの力である（ガラ三・二—三、一コリ六・一一、一二・一三）。それはキリストの霊であり、信仰者らを神の子として受け入れて（フィオセシア）神を「アッバ、父よ」と呼ばせる霊である（ロマ八・一五—一六、ガラ四・五—六）。第二に、聖霊はキリスト者の礼拝を成立させ、規定する。すなわち聖霊は、信仰（ガラ二・一九—二〇）とキリスト告白（一コリ一二・三、ロマ一〇・九）、神認識と聖書理解（一コリ二・六—一六、二コリ三・一二—一八）、さらに祈禱（ガラ四・六、ロマ八・一五）と神賛美（それは信仰者の全生活を規定する。コロ三・一六—一七参照）などを可能にする力である。第三に、聖霊は新たな歩みの規範であり力でもあって、それは、キリスト者が日常生活における神礼拝に身を捧げて励む生き方の上に働く（ガラ五・一五—二六、ロマ八・二、四—一四、一二・一—二）。これは「霊に従った」（カタ・プニューマ）歩みであり、この歩みの基準は「キリストの律法」（ガラ六・二）もしくは愛（アガペー）である。第四に、聖霊は教会に息吹を与える。使徒は新約聖書の中で最初に、種々の霊の賜物（プニューマティカ）／恩恵の賜物（カリスマタ）について語る。それらは神の恵みの力ある個別化として、教会の中に働き、教会的な交わりと証しの生活を成り立たせ、しかもキリストの体の各肢体に取り違えようもない固有の場所を与える。

4　サクラメントと霊　注

（1）E. Schweizer, Der Brief an die Kolosser, EKK XII, Neukirchen-Vluyn 1976, 137, 145-147. E・シュヴァイツァー『EKK新約聖書註解12　コロサイ人への手紙』斎藤忠資訳、教文館、一九八三年、一五六、一六六—一七〇頁。

（2）Sylloge Inscriptionum Graecarum（Syll.^{3}）, hrsg. v. W. Dittenberger,（Hildesheim 1883）Leipzig 1977^3, nr. 985.

（3）A. Oepke, Artikel *βαπτω*, in: Theologisches Wörterbuch zum Neuen Testament（ThWNT）, Band I, 540.

（4）G. Bornkamm, Studien zu Antike und Urchristentum. Gesammelte Aufsätze II（BEvTh 28）, München 1959, 138ff, 167.

（5）O. Hofius, Hrrenmahl und Herrenmahls paradosis, in: ders., Paulusstudien, 218-221, 262.

（6）松永晋一『からだと倫理』（現代神学双書58）、新教出版社、一九七六年。および同『からだの救い——第一コリント書を中心にして』新教出版社、二〇〇一年。

（7）W. Schmithals, Die Gnosis in Korinth, Göttingen 1956.

5　キリストの共同体

(1)　イエス・キリストの教会――教会論的諸概念――

次に、パウロが「キリストの共同体」をどのように理解したのかを、明らかにしていきたい。使徒の教会理解にとって特徴的なのは、具体的な場所・地域の諸教会が彼の関心の中心にありながら、しかもこれらが常に全体教会の現象形態と見られていることである。このようにパウロによって初めて、可視的な教会と不可視的な教会とは不可分の関係にありつつ、しかも区別される（ガラ四・二六、フィリ三・二〇―二一）。

パウロは地域的・全体的な教会に対して、多様な諸概念を使用する。それは、彼がエルサレム原始教団の教会理解（同じく諸概念を使用）との連続性を保持したことの証拠であるが、教会のキリスト論的かつ有機的性質を強調したところに、彼の独自性もまた見受けられる。

原始教会と同様、使徒は教会を「神の集会」（エクレシア・トゥー・セウー。エクレシアはヒブル語のカーハール、出一九・六）と特徴づけ（一コリ一・二、一一・一六、一二・二八、ガラ一・一三、その他）、さらに「神の民」（ラオス・セウー。二コリ六・一六、ロマ九・二五―二六参照）、「神の神殿」（ナオス・セウー。一コリ三・一六―一七、二コリ六・一六参照）、または「神のイスラエル」（ガラ六・一六）とも呼ぶことができる。これらは旧約的・ユダヤ教的伝承の中で重要な意味を擁する中心的概念となり、原始キリスト教にまで及んだ。教会は、今やユダヤ人と異邦人とからなる新しい神の民と理解された。それは、神が旧約時代に選び導いた民イスラエルに与えた将来の約束が破棄されたのでなく、むしろ「新しいイスラエル」として実現された共同体である。

こうして旧約的表象が、キリスト者に対して一挙に適用される。選び出された者、聖徒、また、非ユダヤ人であっても信仰者は神に招かれた者として、アブラハムの子ないしは子孫（ガラ三・七、二九）であり、したがって約束の相続人となる。パウロはこの思想を徹底的に考え抜く。彼らは神の霊が宿る神殿、神の宮そのものと呼ばれる（一コリ三・一〇。拙論参照[1]）。しかし、異邦人はイスラエルというオリーブの木に接ぎ木されたゆえに、根と幹が彼らを支えており、彼らが根を支えているのでないことを忘れてはならない、と語る（ロマ一一・一七—二四）。

イスラエルと教会をこのように結び合わせる連続性は、神の救済計画の一貫性を示すが、この連続性は決して肉的、外的なもの、すなわち血統によるアブラハムの子孫たること、契約の徴であった割礼、全律法の遵守ということによっては成り立たない。それは、パウロがこれらの肉的、外的なものを擁護するガラテヤの異端者、ユダヤ主義的キリスト者らを断固として反駁する態度からもうかがわれる。彼がこのような批判をもって神の真の民となる道を示す際の論拠を、何と旧約聖書そのものの中から引き出す。もちろんその場合、単に引用するというのでなく、聖書をキリストの使信から解釈して引用する。つまり、アブラハムのように神の約束を信頼し、この信仰によって義と認められる人間のみが神の約束を相続し（ガラ三章）、イスラエルの中で真に区別された神の民に加わり得る（ロマ九・六、八）。

パウロはここで、非連続における連続を問題にするので、イスラエルの民の中に介入して神が峻別する行為に言及する。例えば、神はヤコブを愛しエサウを憎んだ、と（ロマ九・一三。一一・一—四も）。こうして、自由な恵みによって真の民を絶えず選び出した神の行為を刻んだイスラエルの歴史は、将来のあらゆる人々に向かって開かれた確固たる一モデルを提供する。その先に実現したものが、真のイスラエルとしての教会である。そこで、終末において肉のイスラエルもまた、不信仰者の義認の徴のもとで、この真のイスラエルの一員とならなければならないと、パウロはガラテヤ書で語りかける。

この意味においてパウロは、エクレシアを過去的でなく、終末論的な救済共同体——そこでは信仰によるすべてのユダヤ人と異邦人とが主イエス・キリストによってシオンに召集される（ロマ一一・一三—三二）——の前衛として神に定められているものと表現する。

この救済史的視野はパウロにとって、身をもって味わった運命的な意味をもっていた。我々がすでに彼に関する伝記的考察から明らかにしたように、律法に熱心なユダヤ教徒であった立場から転じて、諸民族／異邦人に対するキリストの使徒として召された彼は、初期の伝道活動の時以来、（律法から自由な諸民族伝道によって）ユダヤ人と異邦人とから成る教会形成に心血を注いだ。彼が最後まで貫こうとしたエルサレム教会のための（異邦人諸教会での）募金活動が、そのことを如実に物語っている。割礼のユダヤ人と無割礼の異邦人とが等しく信仰によって神の前に義とされることによって（ロマ三・三〇。一五・七—一二も同様）形造られる共同体への告白なくして、教会献金の問題に関するパウロの真摯な態度は理解され得ない。

このように、エルサレムに端を発して（ロマ一五・一九）救済共同体の集合場所たるシオンにまで方向づけられる（ロマ一一・二六—二七）パウロの伝道的展望、および教会論的用語から我々が認識するのは、使徒における教会概念と救済史的に構築された義認教説とが密接な関連をもっているという事実である。

(2)「キリストの体」としての教会

①「キリストの体」表象

「教会」がイスラエルとの関連で、「終末時の新しい神の民」と捉えられる時、そこに確かに神の救済史的業の一貫性が（非連続の連続という相関関係で）示される。しかし「神の民」概念は、パウロにおいて旧約聖書の引用句の中にだけ出てくる。しかもその概念は、シナイにおける神とイスラエルとの契約締結という思想ときわめて密接に関連していて、無割礼の異邦人キリスト者に対してはただ転義的に用いられるだけである。しかしパウロの教会論の中心は、今やアダムのアイオーン（時・世）とキリストのアイオーン、堕落した被造物と救われた被造物という対立であって、この徹底的な全世界的・二元論的局面は、神の民という概念からは適切に捉えられない。民の範疇をはるかに超えて、キリストによる新被造世界を最もよく言い表すために、パウロは「キリストの体」（ソーマ・クリストゥー）という独特な表象を用いる。

右において、神の救済史における神の民とか、キリストによる新しい事態のことを述べているが、パウロ神学全体を見渡すならば、「救済史」よりも先に重要な位置を占めるのはやはり（キリストにおいて起こった出来事の意味、つまりその総称たる）「キリスト論」であり、さらにその延長線上に「キリストの体」表象の「教会論」がくる。しかしだからと言って、キリスト中心的な「キリストの体」思想のもつ救済史的な意味、および「神の民」概念との関係性が否定されたり曖昧にされてはならず、むしろ明らかにされるべきであろう。しかし、両者の区別と順序が大切である。すなわち、使徒が決定的に注目するのは、世界大の次元における新しい支配と被造物の問題であり、これはキリスト論から答えられるものであって、「神の民」思想または一人の族長の活動範囲から直接答えることはできない。

さて、教会を「キリストの体」と称するのは、パウロ書簡と第二パウロ書簡においてのみである（一コリ一二・一二―三一、ロマ一二・四―八。コロ一・一八、二四、二・一六―一九、三・一五、エフェ一・二三、四・四―一六、五・二三も参照）。この表象によって、原始キリスト教史における新たな教会論的展開がなされる。だがキリスト教会にこの表象を用いたことの意義は、この表象の由来とパウロのソーマ（体）用法とを解明する場合にはっきり認められる。

まず第一に、教会に対する「キリストの体」表象は、一つの体（一致）と多くの肢体（多様性）という比喩の意味に用いられる（一コリ一二・一二―二七、ロマ一二・三―八）。教会には信徒各々が受けた多種多様な霊の賜物による奉仕や職務がなければならないのであって、自己の賜物の特殊性の誇示による相互の優劣や対立によって、キリストにある有機的な体を分裂と無秩序に陥らせてはならない、と戒められる。このように、キリストの恵みの事実（直説法）に支えられつつ、キリストにある共同体の一致を勧める（命令法）ために、パウロが用いた「キリストの体」概念の背後に、当時のヘレニズムのストア哲学に見られた「体」の有機体思想――リウィウス『ローマ建国史（Ab Urbe Condita）』二・三二・八以下で伝承されたメネニウス・アグリッパ（Menenius Agrippa）の寓話において、調和を保つ社会は、自己の多様な諸器官を統制する人間の体に譬えられる――が補助思想としてあることは、一応認められる。事実、パウロのこうした「キリストの体」概念の実践的な用法は、その概念の頌栄的な性格が濃厚なコロサイ書やエフェソ書とは自ずから異なる。

以上のように、体の「比喩的用法」だけを見ると、結局キリストの教会は多様な役割をもつ肢体から成り立つ一つの統合的体「のような」存在、ということになる。ところが、パウロにおけるキリストの体の意図は、ストア的伝統から摂取した比喩的表現をはるかに超え出たところにある。キリスト者の共同体はキリストの体「である」（一コリ一二・二七）と言い切る。つまり、地上におけるキリストの現存としての生きた共同体がここで問題になっている。そのことは、使徒が特に洗礼（一コリ一二・一三）と聖餐（一コリ一〇・一六―一七）を論じる脈絡の中でさらに確かめ得る。すなわち、その聖餐テキストで言うと、一つのパンにあずかる者として、私たちは大勢（＝皆）でも一つの体であると語り、またその洗礼テキストで言うと、私たちは皆一つの体の中へと洗礼を受けたと述べる。これらの箇所では、個々の肢体の集合によって初めて体が生じたとは考えられていない。つまり、多数から出発してそれを結合する一致を見て、キリストをいわば彼に連なる多くの肢体の内的一致の原点と見なす、のではない。むしろ、我々は彼の死と復活――それはサクラメントにおいてその参与者に現在化する――によって確立されたキリストの支配領域の内に組み入れられた、と言うのである。

②「キリストの体」概念の由来

先に述べたように、きわめてキリスト論的に把握された「キリストの体」は、ただ一つしか存在しないのだから、コリント教会における諸党派争いに直面した時、パウロは、いったいキリストはばらばらにされたのか、と問う（一コリ一・一二）。この表現は、キリストがキリストの体なる共同体として現存することを示唆している。そして、この体は肢体によって構成されるのでなく、キリスト自身によって創り出されたものである。すなわち、キリストに対して洗礼を受けた者は、この世における人種的な差異（ユダヤ人とギリシャ人）、社会的な差異（自由人と奴隷）、性的な差異（男と女）が徹底的に相対化されて（一コリ一二・一三、ガラ三・二八）、キリストの体に組み入れられ、今後は「キリストの中で」（エン・クリストゥー）生きる。しかし、この世的なあり方が徹底的に相対化されると言っても、それで何か抽象的にキリストに繋がっている訳ではない。むしろ、キリストの体への所属がどれほど現実的なものであるかは、遊女につくキリスト者に対する論駁からも明らかである。「あなたがたは自分の体がキリストの肢体であることを、知らないのか。それだのに、キリストの肢体を取って遊女の肢体としてよいのか。断じていけない」（一コリ六・一五の口語訳）。

では、教会が「救済者（メシア＝キリスト）の体」であるとの神学的に含蓄あるこの表象は、どこにその由来を求め得るであろうか。この問題に関する膨大な研究文献の諸見解を、我々はこの紙面で類型的に述べる訳にはいかない。しかし、試みられた代表的な諸見解の要点だけを紹介したい。

(1)すでに言及したように、当時のヘレニズムのストア哲学に見られた「体」の有機体思想に「キリストの体」概念の由来を見る立場がある。しかしこの概念の本質は、もはやヘレニズム的一般哲学から、すなわち、従属する諸肢体から成る一つの体としての社会・国家というストア的隠喩からは把握できない。ヘレニズム文献からは、ソーマ（体）を特定の人間に所属する社会・国家と同一視する、いかなる例証も見つけ出され得ない（H・シュリーア『古代学・キリスト教大事典』「キリストの体」の項など参照）[2]。

(2)あのダマスコ途上のキリスト体験がサウロにとって教会体験であった（使九・四、二二・七、二六・一四）と考えて、その表象をパウロの独創性に帰着させる試みがなされたが（古典的にはアウグスティヌス、近年ではJ・A・T・ロビンソン、F・ムスナー、F・F・ブルースなど）、ルカの文学的手法によるダマスコ体験の物語記述の史的不明瞭性のゆえに、人はルカ報告をパウロ神学の中心に据えるべきではない（M・ディベリウス、G・ボルンカムなど）。

(3)他の学者たちは、ヘブライ的集合人格概念にその表象の起源を求めようと試みた（E・シュヴァイツァー、W・D・デイヴィスなど）。旧新約聖書における信仰者らの集合的存在は、「集合人格」という用語で最もよく表現され得る。何よりも、将来の全人類の運命を左右する族長・先祖として、「アダム」は集合的存在と考えられる。この思想の発展が、後期ユダヤ教に見られる「アダムの体（グーフ）」思想である。確かに、旧約・ユダヤ教的な集合人格思想は、パウロの教会論を捉える際の一般的背景として大切であろう。しかし、後期ユダヤ教文献の中で断片的に証言するアダム・グーフ思想と、キリストの体思想とを無反省に対応させる試み（H・−J・シェップス『ユダヤ・キリスト教の神学と歴史』[3]）は、資料の時代的取り扱いに問題があり、また、その思想内容もパウロの教会論的ソーマ用法に正確には合致しない（E・ブランデンブルガー『アダムとキリスト』[4]参照）。

(4)A・エプケの代表的な研究書『新しい神の民』[5]（一九五〇年）は、パウロ神学の中心に救済史上の「神の民」（ラオス・セウー）概念を据え、教会こそ真の神の民であると考える。したがって、ソーマは単に神の民における交わりを表現するものに過ぎない。そして、「キリストの体」表象については、パウロがユダヤ教ラビにおけるアダム思弁の多様な構成要素と、親族・民族の連合を特徴づける「肉」（バーサール）概念から創出した、との仮説を立てる。しかし、この仮説は何ら根拠づけられない。そもそもエプケの問題は、パウロ神学の中心に「神の民」概念を据えたことである。そして少し前に確認したように、パウロの教会論の出発点は救済史に先だつキリスト論であり、その延長上に「キリストの体なる教会」が展開される。しかもその内容として、神の民の連続性が問題ではなく、最後のアダム・キリストの派遣による、異邦人を含む神の全世界的な救済の業が問題となる。

(5)A・E・J・ローリンソンはすでに一九三〇年に、サクラメント的仮説を提唱していた[6]。彼によれば、パウロのキリストの体思想は、晩餐の本質に関する彼の理解の結果であった。その後、この視点は多くの学者間で受容され研究された。その研究は決定的な解明には至らなかったが、目の付け所としては適切であるに違いない。

③　「キリストの体」とアダム・キリスト予型論

パウロの教会論に関しては、膨大な研究書が我々の前に提供される。しかし、それらの主要文献を丁寧に検証しつつ、「キリストの体」表象の当該テキストを釈義的、伝承史的に研究していくならば、その表象の根底に、アダム・キリスト予型論[7]のテーマが聖餐伝承との関係において介在することが認知され得る。筆者はそのことを突き止めた（『パウロにおけるキリストの体としての教会』[8]）。それに加えて、「人の子」伝承も考慮されるべきであろう。P・シュトゥールマッハー等の少なからぬ研究者たちも、この視点に注目している。[6]この視点から解明される基本構造の要点は、次のようなものである。

最初に、「人の子」伝承についてであるが、旧約聖書と初期ユダヤ教の伝承によれば、ダニエル書七章の天的人の子は、いと高き方の聖なる民を、すなわち終末時のイスラエルを代表する（ダニ七・一三―一四、二二、二七参照）。「人の子」（バル・エナーシュ）はセム語用法として単に「人間」（アダム）を意味し得るので、すでにパウロ以前に、そしてパウロにおいても、「人の子」言表はまさにアダム伝承と結合された（一コリ一五・二〇―二二、四四―四九、ロマ五・一二―二一、他参照）。終末的なアダムもしくは人の子という思想を背景に、初期ユダヤ教のアダム思弁がキリスト論の中に導入された（セユン・キム『神の子である人の子』参照）。

すなわち、明瞭に跡づけられ得るアダム思弁（四エズ六・五四以下、七・一一六以下、偽フィロン『聖書古代誌』三二・一五）によれば、神の民イスラエルは、地（アダーマー）から創られてその上に立つアダムの体から引き出されたのであって、自然な出産過程（→子孫）によるのでない。すなわちそれは、創世記二章二一―二二節に即して、アダムのあばら骨からの驚くべき直接的なエバ（ハウアー）の産出に比する事態なのである。逆に言うならば、このように生まれたエバは、イスラエルまたは「主の共同体」(カハール・エール。偽フィロンのラテン語 contio Domini. contio は七十人訳でほぼエクレーシアと訳され、それは後のキリスト教会に対応)に対する象徴的姿である。この箇所で留意すべきことは、創世記二章七節、二一節以下に示される「地(アダーマー)→アダム→女(ハウアー)」の順序が類比的に解釈されて、「地→アダム→イスラエル」の図式がそれに対応している点である。つまり、神賛美の文脈の中でこの順序が提示される時、イスラエルに対する神の救済行為は、原初的な創造行為によって基礎づけられる。

偽フィロン『聖書古代誌』とほぼ同時代の『第四エズラ書』では、紀元七〇年のエルサレム陥落の滅亡を被ったイスラエルの民全体(「我々」)が、神義論を巡る問いへと深化させつつ、アダムの罪との連帯性を問題にする。「ああ、アダムよ、おまえは何ということをしてくれたのか!……」(七・一一八)。ここでは、直接アダムに問いかける形式を取っているのであって、アダムから派生した族長らの子孫としてのイスラエルという系図的な把握は見られない。しかも、アダムの罪のゆえに地(アダーマー)もイスラエルも罪の支配下にあり、呪われている。その際に、アダムの犯した罪のように、イスラエル自身も罪を犯しているとの深い認識が示される。罪に染まった状態ではあるが、そこにおいても「地→アダム→女」という創世記二章の順序に代わって、「地→アダム→イスラエル」という図式が確保されている。その変形は『シリア語バルク黙示録』にも認められる(四八・四二・六六)。『第四エズラ書』でもう一つ注目すべきことは、神に選ばれた「民が彼(=アダム)から導出された」(ex eo [= Adam] educimur ... populum)という定式は、エジプトの奴隷生活からのイスラエルの救出を繰り返し述べる際の ex eo[= Aegypte] educere populum とまったく同一である。つまり、それは告白定式である。ここでも、イスラエルにおける救済史と創造史が、「地→アダム→女」という創世記二章の図式を保持したアダム伝承の中に見出し得る。

初期ユダヤ教の他の諸文献テキストにおいて、アダムの包摂的体の広大さについて思索されつつ、この体が全人類と同一視される（『アブラハムの遺訓』B版八・一三をA版一一・九と比較せよ）。これらのアダム伝承はキリスト教的に採用されて、世界包摂的な（最後のアダム・）キリストの体という思想へと導き、しかも特に創世記二章二一—二四節に対する初期ユダヤ教の共同体論的解釈の施された「アダム伝承」が、使徒パウロのキリスト論的・教会論的解釈へと誘導した。今やパウロにとって（一コリ一五・二二、四五以下の釈義から明示されるように）、右の図式の中の中間に立つアダムは、キリストにおいて初めて決定的な意味をもつ。すなわち、救済の出来事であるイエスの甦りが、同時に信仰者の復活の体を生み出す終末的な創造行為を意味し、この最後のアダムとしてのキリストは、堕落した被造物である最初のアダムとは反対に、終末的な創造の仲保者（一コリ八・六）となる。罪のゆえに苦しみ悶えてきた被造世界（ロマ八・一八—二五）は、今や彼にあって古いアダムから解放され、新しい神の民が住むべき栄光ある天と地へと変えられる。

④　「キリストの体」としてのパン、および教会

そもそもパウロの教会論において、人間の体（それが重要な概念であることは以前に述べたが）ではなく、キリストの体が第一義的な関心になっている。しかし、それでもなお「体」と言われる以上、「キリストの体」のモチーフがどれほどパウロの人間論的「体」概念に方向づけられているのか、という問いが出されよう。この問いに対する答えは、終末論的アダム（人間）であるキリストという、パウロ独特のキリスト論の中に求められるであろう。事実「キリストの体」表象は、アダム・キリスト論の思考が表明されるテキストの前後に用いられる（一コリでは一二・一二—二七に対して一五・二一—二二、ロマでは五・一二—二一に対して一二・四—六。さ

らにロマ七・二―四、一コリ六・一五―一六も考慮に値する）。

世界包摂的なキリストの体と、創世記二章二一―二四節のキリスト論的・教会論的な解釈とは、パウロと彼の学派（例・エフェソ書著者）に見出される。すなわち、キリストの体は、人がその中に向かって洗礼を受けるところの現実であり（一コリ一二・一三）、キリストは、ちょうど夫婦において男女が一つの肉となるのと同じように、キリストの体を形づくる教会と固く結び合わされる（ガラ三・二七―二八、一コリ六・一三、一六―一七、エフェ五・二九―三三参照）。第二コリント書一一章二―三節でパウロは、蛇によるエバの誘惑に言及する時、コリントの教会を清い乙女としてキリストと婚約させる意図を視野にいれる。つまり、キリストと共同体とは、最初の一対の人間（創二・二二―二四）に対する終末論的な対応である。このように見極めると、第一コリント書（一二・一二―三一）とローマ書（一二・四―八）において、教会と「キリストの体」の等置に際して、もはや補助思想としての有機体の比喩だけが問題となっているのではない。むしろキリストの体においては、信仰者たちに先だって現存し、彼らが洗礼によってその中に引き入れられるところの霊的現実が問題となっている（一コリ一二・一二―一三）。

ここに至って我々は、「キリストの体」表象の起源を思わせる聖餐伝承のテキスト（一コリ一〇・一六―一七、一一・二四）に強い関心を抱く。それによれば、主の食事を執行する会衆は、彼らのために死に引き渡されたキリストの体（＝パン）に新たに参与し、これによってキリストの体（＝教会）へと新たに一体化される。そこで使徒は、聖餐執行の仕方が主の霊と戒めに反する事態（↓共同体の破壊）を厳しく批判する。パウロが「キリストの体」概念を取出したと思われる他の諸テキストは見当たらないゆえに、やはり聖餐伝承の中に、教会と「キリストの体」との等置を許す本質的な隠喩領域が認められるべきである。しかも、アダム・キリスト思弁がまさに、この聖餐的および教会的な語り方に深く関与し、この語り方に包摂的な意味を賦与したことを突き止めることができる。このことは特に、第一コリント書一〇章一六―一七節の釈義的考察から解明される。初めに、この箇所に先立つ一四節の冒頭で、「……こういうわけですから（偶像礼拝を避けなさい）」との理由づけによって、パウロは一―一三節までのミドラーシュ風の出エジプト物語を、偶像礼拝への堕落に対する一般的警告として用いつつ、一五節でコリント人の判断能力と洞察に訴える。それによって、一―一三節の内容のみならず、一六節の「聖餐の教え」（マコ一四・二二―二四参照）をも新たに想起させる。ここでは、釈義の結論だけを要約する。

⑴パウロは一七節で、一六節の聖餐のパンを二度も強調しつつ共同体に関連させる時、ラビたちと同様、イエスが受け取ったユダヤ教の祝福辞「我らの主なる神はほむべきかな。彼は世の王であって、パンを地から引き出したもう」（Mベラホート六・一）、およびこの「引き出す」という語の創造史的かつ救済史的な解釈（イスラエルをエジプトの奴隷生活から、そして水を岩から「引き出す」［BTベラホート三八ａ］。一コリ一〇・四参照）を捉えて、これをキリスト論的に再解釈する。すなわち、聖餐のパンにおいて提供された最後のアダム・キリストが地（アダーマー）からの生成に類比的に関係づけられることにより、今まで第一のアダムの罪のゆえに呪われた「地」が、逆に主の支配下に置かれることを意味する。実に、ミシュナ当該箇所のゲマラ（BTベラホート三五ａ）に引用された詩編二四編一節を、パウロは同じ第一コリント書一〇章二六節で引用している。

⑵パンを食してキリストの無限の救済行為に参与する者を、新しいイスラエルと見なすので（一八節参照）、一七節でパウロはキリスト論的に把握した「地→アダム→イスラエル」という順序を――先に明示したユダヤ教の黙示的順序に対応して――考えており、この思考順序の中で、パウロは食卓の共同体を初めて「一つの体」と

特徴づけた。

以上のようにパウロは、地より生産された（麦↓）パンの中に現された、最後のアダム・キリストから直接生じた体として、真のイスラエルなるキリスト者の共同体（教会）を見ている。これはもちろんただパン、すなわち我々のために死んだキリストの体への共同の参与（コイノニア）によってのみ実現する。ここでは、勧告に先立つ「恵みの事実」としてのキリストの共同体が問題となっている。

(3)　教会と世界

パウロの神学的人間理解のところで確認したのと同様、彼の教会論においても、身体的・具体的なものと霊的なものとは根本においては対立的でなく、同一の事態である。すなわち、キリストの体としての教会は霊的現実である。その現実はイエスの死と復活以来、個々の信者たちに先立って、そして彼らに依存することなく、すでにそこに現存する。したがって彼らは洗礼により、キリストの体の中に受容されるのであり、彼らは主の食事を執行する度ごとに、キリストへの所属を確かなものとされる（一コリ一〇・一四―一七）。

「世界」との関連で見るならば、教会は、この世のために自己を供与し復活したキリストのゆえに、この世の中で生きる。つまり教会は、「世界のただ中にキリストを体現したものとして」顕れる。使徒は、宗教結社のように自己自身のために取っておかれるような閉鎖的な教会理解、および悪しき礼拝主義には関心を示さない。そのことはすでに、ソーマ（体）概念に表明される。すなわち、人間のソーマが存在的関わり合い（コミュニケーション）の必然性と現実であるように、キリストのソーマである教会もまた、復活者（キリスト）と我々の世界との関わり合いの可能性と現実として顕れる。教会は、キリストが復活・高挙の後に御自分を地上においてキュリオス（主）として明らかにする際の領域のことである。「キリストの体」がもつこのキリスト集中的かつ全地球的な特質は、すでに明らかにしたパウロのアダム・キリスト論的展開とも合致する。E・ケーゼマンは「体」表象に規定された教会と世界とのこの関係性を、次のように適切に表現する。「教会は、キリストの現在的な支配領域としてキリストの体なのであり、この領域においてキリストは、言葉とサクラメントとキリスト者の派遣とによって世界と交渉し、世界の中で彼の来臨以前にすでに服従の姿を知る」[11]。

それでは、教会の生きた具体的姿はどのようなものであろうか。教会はキリストの霊に満たされて、二重の仕方でキリストに服従する。すなわち、内に向かって教会は、自由かつ愛の共生による共同体を築き上げる。そこで人々は霊の担い手として、互いにまったく異なる霊の賜物と能力とによって、一つの体の最善を求める（一コリ一二・一二―三一、ロマ八・三―一一、コロ三・五―一一）。しかし同時に、外に向かって教会は、イエスの模範と戒めに従って、教会を迫害する人々を祝福し、すべての人と平和を保つ（ロマ一二・一四、一八。ルカ六・二七―三六とその並行記事を参照）。福音による教会の命は、神から遠ざかった暗闇を射す「世の光」（マタ五・一四）として作用する。

諸地域の教会が非信仰のユダヤ人と異邦人に伝道していく活動は、事情を知らない人々の間で理解可能な信仰の証しの中に、そして納得のいく生活態度の中にある。信仰の証しは第一コリント書一四章によれば、コリントで過大評価されしかも事情に通じた人にのみ分かる「異言」によってでなく、特に皆が理解できる「預言」によって担われた。預言は、理解できる言葉を用いて、神の終末的救済行為の秘密を教会のために実りあるものとする。しかし、納得のいく生活態度については、すべての信徒が一緒に押し進めなければならない。主から受けた教会の召しは、個々の教会員の誤った振る舞いによって損じられてはならぬ、とパウロは強調する（一コリ五・一―八、六・一―八、一〇・三二、二コリ六・一四―七・一参照）。

パウロが教会をキリストの体として特徴づけ、それに連なる多様な肢体の一致を強調する時、「教会秩序」がもう一方で問題となっている。原始キリスト教会の実践における特徴として、シナゴグの範例に従った長老制が基本的に指摘され得る（G・ボルンカム、キッテル編『新約聖書神学語句事典』「プレスビュス」の項）[12]。しかし使徒パウロ自身は、アンティオキアの自由な教会構造をモデルとしたであろう（カリスマ的な預言者と教師が強調された使一三・一―二参照）。真正のパウロ書簡には、長老による教会秩序はまだ現れていない。使徒は二箇所で（一テサ五・一二、ロマ一二・八）初めて教会責任者（プロイスタメノイ）について語り、一箇所で（一コリ一二・二八）指導的奉仕者（キュベルネーセイス）について述べる。またフィリピ書一章一節では、当教会の信徒たちの間で活動する監督と奉仕者たち（エピスコポイとディアコノイ）について語る。フィリピの教会員の中にはおそらく、それぞれの家の教会で聖餐執行の長を務めた教会員たちがおり、もう一方で、不可欠な食卓の奉仕に当たるディアコノイがいたに違いない。

パウロは彼の伝道領域内の全教会を、一般に妥当な憲法原則に従って組み立てるような意図を明らかにもたなかった。彼は「キリストの体」において、まだ何の指導的階級制も知らず、ただ一連の奉仕者たちを数えあげる。第一コリント書一二章二八節に列挙される使徒、教師、預言者に続いて、他の多様なカリスマを挙げる。ローマ書一二章六―八節も、それに似た種々の役割を列挙する。

⑷　霊の賜物を生かす信徒たち、女性たち

使徒はエルサレムの教会を、全エクレシアの母教会としてはっきり承認したが、この母教会にすべてを依存・従属させたわけではない。むしろ彼は、彼が設立し世話をした多くの地域教会・家の教会の中に、自らの手で結束を固めねばならなかった自立的カリスマ的団体の姿を見ていた。それは、次のように定式化される。パウロは

すでに、新約後期文書の表現を借りるならば、すべての信徒の祭司職務（一ペト二・九、黙一・六参照）を教えたのであり、彼の諸教会が福音によって各個教会を繋げる適切な共同形態を自ら作り上げていくものと信じていた。このような自立的、連帯的な教会は、霊の賜物を生かす信徒たちの奉仕によって現実のものとなる。

とりわけここで、女性の働きに注目したい。パウロは、教会の指導と教えの諸奉仕（ディアコニアイ）から女性を排除しない。例えば、女性たちはパウロの伝道に際して共に働いたし（フィリ四・二―三）、彼がケンクレアイ教会の後援者（プロスタティス）としてフェベを認めたことは、コリントとローマの（家の）諸教会の指導におけるプリスカとアキラの役割を認めている（一コリ一六・一九、ロマ一六・三―五参照）のと同様である。さらにパウロは、彼が使徒の召命を受ける以前にすでに全使徒（一コリ一五・七が言及するアポストロイ・パンテス。それには一コリ九・六が記すキプロス出自のバルナバも含まれる。それに対応してルカ一〇・一―一二、使一・二一―二六は、イエス時代にすでにイエスによる十二人の群れ以上の弟子派遣のことを報じる。G・クライン『十二使徒』[13]参照）に数え入れられていたヘレニズム・ユダヤ人キリスト者のアンドロニコとユニア（ス）にも高い敬意を表した（ロマ一六・七。一六章は歴史的に疑い得ないパウロの挨拶）。この二人が教父らの解釈のように夫妻であったかどうかは知り得ないが、少なくともこの箇所から、女性たちが使徒グループに属していたことは、はっきり見て取れる。伝道における彼女らの積極的な協働がなければ、古代の社会環境の中で女性をキリスト信仰に導き入れることはさらに困難であったに違いない。しかし使徒はとりわけ、当時のユダヤ的慣例に従った保守的発言に際しても（一コリ一一・五、一三）、婦人たちがコリント教会の集会で祈禱先唱者および預言者として現れることについて何ら異議を唱えなかった。彼はただ、彼女らが（古風な尺度による）節度ある態度と着こなしによって伝道活動を果たすよう、強く主張したのみである。彼によれば、頭の覆いは、恥知らずだとの批判を受けないよう彼女らを守り、また、コリント教会の集会に怪しげな運動が起こるのを未然に防ぐものとなる。

右の見解に比べて、女性が教会で公的に発言をし教えることを禁ずる第一コリント書一四章三四―三五節の勧告（一テモ二・一二も同様）は、その文脈と本文批評の視点から見て、問題となっている。この両節は、重要な写本には欠如しており、ただ二、三のテキスト証言において四〇節の同一文を手本にして現れる。しかし両節は、文脈上の位置としてまったく不確かなものであり、それらの表現方法はむしろ牧会書簡の第一テモテ書二章一一―一二節と関連する。したがってその両節はおそらく、グノーシス的主張者がパウロの諸教会に潜り込むのを阻止すべき牧会書簡の状況から、一人の書き手が判断した後の挿入句と思われる。

使徒の取り組むカリスマ的教会型と、そこに含意された「自由」の要求とは、確かに魅力的である。しかし、一世紀末に（初期）グノーシス主義的傾向のキリスト者らが教会に潜伏し始め（一テモ六・二〇参照）、その異端的教説によって辺り一帯に（秘義的集団の）地歩を固めることができた時から、パウロの諸教会が困難な危機に陥ったことを（二テモ二・一六―一八、三・六、テト一・一一）、我々は知らなければならない。今やパウロの伝道領域の諸教会においても、長老制的な（一テモ四・一四、五・一七―一九、テト一・五―六）教会規則を提示し、教会指導者の按手をあくまでも主張することによってのみ（一テモ五・二二、六・一一―一六、二テモ一・六）、ようやくグノーシス的侵入は食い止められた。女性が教会の公的教えの活動からまったく排除された（一テモ二・一一―一二）のは、男女の性差そのものを巡る態度の問題に由来するのでなく、ここでは彼女らがグノーシス的教説に心を開くことに傾いたからである（二テモ三・六を黙二・二〇と比較せよ）。こうして、パウロ書簡が後日収集される過程で、グノーシス的女預言者たちが真正のパウロを自己流に引き合いに出すことを阻止するために、第一コリント書一四章三四―三五節が挿入されたと思われる。そこで、牧会書簡の教会論的勧告の価値と意義がどう位置づけられるのかは、神学的に大いに論争されている。しかし、パウロのあの洗礼伝承

（ガラ三・二六―二八などにみられる性的差異等の徹底的相対化）と、それが教会の生活と教えに対してもつ意味の方が、急を要する反グノーシス的前線で語られた（女性の）沈黙戒規よりも根本的な重要性をもっている。

⑸　教会員の社会階層

教会において多様な霊的賜物を生かし合うのは、もちろん女性たちだけではなかった。当時の社会の様々な階層や地位の中から、福音を聞き入れた人々が教会の交わりに加わった。使徒によって設立され、彼の助言と批判によって発展していった諸教会は、当時どのように見られていたのであろうか。教会員の大半は住民の下層の出であって、彼らの内に奴隷たちもいた。この様子を、パウロは次のように詳述する。「……人間的に見て知恵のある者が多かったわけではなく、能力のある者や、家柄のよい者が多かったわけでもありません。ところが、神は知恵ある者に恥をかかせるため、世の無学な者を選び、力ある者に恥をかかせるため、世の無力な者を選ばれました。また、神は地位のある者を無力な者とするため、世の無に等しい者、身分の卑しい者や見下げられている者を選ばれたのです。それは、だれ一人、神の前で誇ることがないようにするためです」（一コリ一・二六―二九の新共同訳）。使徒は教会内の社会的混成というものを、人間のもつ性質や功績への依存によってでなく、神の自由な恵みの選びによって生じる召し出しの特徴的徴として、まさしく評価する。教会に連なるのは、誰の手柄でもない。自分の卑賤を知り、神の召し出しの賜物を感謝の心をもって受領する人々こそ、神の招きを最もよく理解する。

教会には、より良い地位にあってささやかな所有物を役立てる何人かの人もいた。たとえば、使徒にテント造りの仕事を与えたアキラとプリスキラ（一コリ一六・一九、ロマ一六・三、使一八・二、一八、二六）、コリントでクロエと呼ばれた婦人（彼女の家でいろんな人々が住んだ。一コリ一・一一）、当時の会堂長クリスポ（一コリ一・一四、使一八・八）、またはステファナと彼の家の人たち（一コリ一・一六）がそれである。彼らは特別な責務を自覚していて、小さなキリスト教徒の群れが集会をもてるために、自分たちの家を開放した。安息日礼拝ごとに集まるシナゴグ共同体の場合と同様、キリスト教信徒らもまた、十分に収容し得る場所を提供する一人の教会員の家で集会した。そのような家の教会はパウロ書簡の中に、またローマ書の挨拶リストの中に数多く言及される（ロマ一六・四―五、一六、二三、一コリ一六・一九、他）。より大きな教会のために特別な建物を建てるといったことはまだ考えられておらず、むしろ客をもてなしていろんな可能性に役立てる用意のある信徒らが期待された。ローマのような大都市には、様々な地域に小さなユダヤ教諸会堂が誕生して、その会員たちの出自と彼らの生活様式の点で、地域ごとにかなりの相違を見せつけたのであるが、それと同じく、都市の各地域には、まもなく多くの原始キリスト教の家の教会が起こった。

だがシナゴグと異なって、キリスト者共同体はもはやエルサレムに目を向けた特定の国民に限定されることはなかった。むしろユダヤ人と異邦人、貧者と富者、身分の高い者と低い者は、（時には、コリント教会における主の晩餐の執行に際して、対立問題を引き起こしたようなこともあるが、）根本的には、この世の至る所で見られる相互分裂的な諸制限というものを無効とする一致の思いを抱き、互いに唯一のキリスト共同体を築いていく。それは、あの洗礼において起こった根本的な変革に基礎を持っているからである（ガラ三・二八）。

古代社会において奴隷は、たとえ彼らがその労働によって共同の社会生活に必要な財などの諸前提を調達したとしても、いかなる権利も所有しなかった。確かにヘレニズムの密儀宗教団体においても、奴隷に対して自己を開く姿勢が見られたのであるが、キリスト教会にあっては、彼らは何の制約もなく完全な資格をもつ教会員となり得た。彼らをその主人から区分した深刻な社会的分離は、キリストにおいてその妥当性を喪失してしまった。だがキリスト教徒と言えども、周辺世界に妥当する秩序が存続し、それ相応に尊重すべきであることを承認しなければならなかった。

これらの諸前提から規定されているのが、（おそらくエフェソの獄中にいた）使徒パウロが逃亡奴隷のオネシモの件で、（使徒の福音伝道によってコロサイの教会員となったと思われる家の主人）フィレモンに宛てた「フィレモンへの手紙」である。その緒論的問題としての諸経緯は省略するが、奴隷の身分の存続または解放の可否が救済に直結しないという思考は、第一コリント書七章一七―一九節（写本上の困難がある！）の見解と基本的に同じと見てよい。それは、キリスト者はすべて現にある社会的身分のままで主に出会い、福音の召しに与ることを許されたからである。パウロはおそらく社会的奴隷のクリスチャンに対して、たとえ彼らが現在の状態を堪え忍ばねばならないとしても、主キリストによって解放された自由人であることを（社会的には奴隷の主人である他のクリスチャンとまったく同等に、主にある兄弟姉妹として）自覚するよう要求したに違いない。ただしその上でパウロはフィレモン書一六節で（一コリ七・二一ｃとは異なって）、社会的自由人としてオネシモを改めて受け入れる可能性をも、彼の主人フィレモンに問うていると思われる。

5　キリストの共同体　注

（1）　原始キリスト教が「神殿」概念を自己に転用した伝承史的背景をクムラン文書との関連で解明した、朴憲郁「究極的神の宮としての共同体の建設」『ペディラヴィウム』三〇号、一九八九年、一五―三八頁。

（2）　H. Schlier, Artikel „Corpus Christi", in: Reallexikon für Antike und Christentum (RAC), Band III, Stuttgart 1957, 444.

（3）　H. -J. Schoeps, Theologie und Geschichte des Judenchristentums, Tübingen 1949.

（4）　E. Brandenburger, Adam und Christus. Untersuhung zu Röm 5,12-21 (1. Kor. 15), WMANT 7, Neukirchen-Vluyn 1962, 143.

（5）A. Oepke, Das neue Gottesvolk, Gütersloh 1950.

（6）A. E. J. Rowlinson, Corpus Christi, in: Mysterium Christi, hrsg. v. G. K. Bell/D. A. Deißmann, Berlin 1931, 273-296.

（7）この教会論的表象については、朴憲郁「第一コリント一〇・一六―一七における聖餐論と教会論の *σῶμα* 概念を巡って」『新約学研究』一七号、日本新約学会、一九八九年、二―一八頁、および朴憲郁「パウロによる〈キリストの体〉としての教会理解」『教会・その本質と課題を学ぶ』サンパウロ、一九九五年、六七―九五頁において論及した。

（8）Heon-Wook Park, Die Kirche als Leib Christi bei Paulus.

（9）P. Stuhlmacher, Biblische Theologie des Neuen Testament, Band 1, 358f. 彼は一九八八年当時、副審として受理した朴の博士論文、Die Kirche als Leib Christi bei Paulus（一九九二年にGiessen: Brunnen から出版）の主要テーゼを、ここで確かに受容している。また M. Hengel/A. M. Schwemer, Paulus zwischen Damaskus und Antiochien, Tübingen 1998, 439, anm. 1802 は、聖餐の体（パン）への参与が終末論的なキリストの体（教会）の一致を形成する、この両者の内的関係を考察した朴（Park）の主要帰結を引用する。さらに、W. Schrage は第一コリント書注解書 Der erste Brief an die Korinther, EKK VII/2（1995）u. 3（1999）の中で、パウロが霊主義的キリスト者と対決して個人および共同体としての〈体（*σῶμα*）〉概念を多用する当該箇所（六・一二―二〇、一〇・一六―一七、一二・一二―二八など）における釈義上の子細な議論の中で、筆者（Park）の見解をも随時引照するが（VII/2: 7, 33; VII/3: 205, 211, 213, 231 など）、「キリストの体」概念の由来と意義に関する筆者の伝承史的考察とテーゼには残念ながら踏み込んでいない。

（10）Seyoon Kim, “The ‘Son of Man’,” as the Son of God, Grand Rapids 1985.

（11）E. Käsemann, Paulinische Perspektiven, 204. E・ケーゼマン『パウロ神学の核心』佐竹明・梅本直人訳、一八二頁。

（12）G. Bornkamm, Artikel *πρέσβυς*, in: Theologisches Wörterbuch zum Neuen Testament（ThWNT）, Band VI, Stuttgart 1959, 660. 44ff.

（13）G. Klein, Die zwölf Apostel, Göttingen 1961, 40-43.

6　恵みによる生と服従——倫理——

(1)　信徒への勧め

パウロの神学は、イエスの派遣から終末時の再来にまで及ぶ一大過程について語る。すなわち、神による派遣、誕生、死、高挙の道を突き進んだキリストは、歴史の中でなおも主として明らかにされていく。この歴史的プロセスの中に、キリストの共同体は引き入れられる。いわば教会は、ゴルゴタと復活に始まって、再来のキリストを目指す途上にあり、聖霊の助けによって彼こそ世の救済主であることを告白し続ける。そして、個々の教会員と教会自体の生活のために、当然ながら秩序と方向を賦与する諸規則が用いられた。問題は、それらの指示がパウロの説く福音とどう関係するのかということであろう。

パウロの手紙には、確かに数多くの教会勧告が見られる。それらの一部は、神学的根本問題が論じられた後に、手紙の終結部に述べられる（例えばガラ一—四章の後の五—六章、ロマ一—一一章の後の一二—一五章）。しかし教会勧告のあるものは、神学的対論の中で章から章へと展開される（一コリ、フィリ参照）。勧告の第一の表現形式は、特定の伝道説教・教会説教の型に従って形成されたと思われるが（一テサ一・九—一〇、ヘブ六・一—二、九・一四参照）、その第二の表現形式は、使徒を彼の諸教会の助言者もしくは「父」として示す（一コリ四・一五、二コリ一一・二八）。

さらに、第一テサロニケ書（四・一—三。一コリ四・一七も）が示すように、パウロは教会設立の当初から、一種の「倫理的カテキズム」を講じていた。それらは、事例的、断片的に伝えられるので、全体としてどういうものであったかは厳密には再構成され得ない。しかし、パウロが全教会で教えた数々の「道」（複数名詞のハイ・ホドゥース。一コリ四・一七）、および勧告に関する内容的・用語的な驚くほどの共有性（ロマ一二・一と一ペト二・五、ロマ一三・一―七と一ペト二・一三―一七など）から指し示されることは、パウロの時代に全使徒の共有し合った福音伝承（一コリ一五・一―一一）が存在したのみならず、彼らが教え勧めた諸教示の基本財も存在した、ということである。したがって、パウロは単に付随的にまた必要に迫られて指示しただけでなく、意図的・自覚的に倫理の教師として諸教会で活動した。それらは福音と別の事柄ではない。むしろ彼は、福音とそれに相応しい日々の歩みについて、同時に語った。

M・ディベリウスが指摘したように（『福音書の様式史』[1]）、パウロの勧告は両面性をもっていて、ある箇所では特定の人物と状況に向けられるが（フィレ、一コリ七・一―四〇、ロマ一四・一―一五・一三など参照）、他の箇所では特定の受信人を超えた初期キリスト教の一般的必要に応じて定式化されてもいる。つまり、パウロ書簡は次のことを表示する。使徒は一方で伝来の（使徒的）教示を伝達するが、他方では自己の新たな「道」を指し示し、それによって彼は、神に喜ばれるキリスト者の歩みに関する新約聖書的教えの実質面において貢献した。

教会に対する使徒の勧めは、イエスの戒めと模範を引き合いに出し（ガラ六・二、一コリ七・一〇、ロマ一二・一四、一七、一五・三）、また旧約聖書の戒律を指し示し（ガラ五・一四、一コリ七・一九、ロマ一三・八―一〇）、さらにはヘレニズム古代において一般に承認されていた義と不義、善と悪の（一般哲学的）諸基準を繰り返し拠り所としている（フィリ四・八のストア的徳目表、ロマ一二・二の「完全なこと」など）。しかし使徒は、初期ユダヤ教およびヘレニズム古代一般の価値基準と内容を、決して吟味もせずに受容したことはなく、むしろ「キリスト・イエスにおいて」妥当な道のみを教えようとした（一コリ四・一七）。したがってそれはしばしば、従来の倫理と対立するものとなる。例えば、イエスの十字架への行路を模範として高く称賛された「謙遜」（フィリ二・三、八のタペイノフロシュネー）は、例えば古代世界において奴隷的屈従として否定的に評価されたし、また新たな服従への自由という教え（ロマ六・一六―一八）は、「他者のためでなく自己のために現存する人」だけが真に自由である、とのアリストテレスの理想（『形而上学』一・二・九八二b）と矛盾する。

パウロの勧告が当時のユダヤ教または一般哲学の倫理と内容的に接触することについて、我々は彼に先立つ背景を知っていなければならない。すでに初期ユダヤ教において、ヘレニズムの教養あるユダヤ人とシナゴグに集う異邦人「神畏敬者」たちのために、神の意志であるトーラーの解釈が具体的に仕上げられていた。その古典的モデルはフィロンやヨセフスなどユダヤ・ヘレニズム諸文献に見られる（その資料に関しては、K・-W・ニーブーア『律法と勧告』(2) 参照のこと）。パウロは、キリストによって啓示された神の意志を彼の諸教会の日常に有効なものとする必要に迫られた時には、初期ユダヤ教的範例とその内容とに適度に従って行動した。しかし彼は、「キリストにある」（エン・クリストー）ことを逸脱せず、説得的力があると思われるようなヘレニズム・ユダヤ的律法解釈の諸要素だけを受けとめた。

(2)　パラクレーゼ

使徒にとって福音は、主イエス・キリストの「慰め」と「要求」の言葉である。前者は義認の恩寵（→現実。直説法）に属し、後者は勧告（→当為。命令法）に属する。相異なると思われるその両概念を、パウロは一つの事柄として一つのギリシャ語動詞のパラカレイン（あるいは名詞のパラクレーシス。そのドイツ語表現はパラクレーゼ［慰め、勧め、言い聞かせ、要求］）で表現し、その語を彼の説教と倫理的教示とに用いる（二コリ五・二〇をロマ一二・一と、また一テサ二・三―四を一テサ二・一二、四・一と比較せよ）。したがってパウロの教会勧告は、今や定着したドイツ語の「パレネーゼ（勧告）」（その語源は、「要求・命令する」のギリシャ語動詞パライネオーの名詞形パライネシス）という表現によっては充分にその特徴を捉え切れない。それは本質から言えば、むしろパラクレーゼというのが正確であろう。すなわち、使徒の語るパラクレーゼは、キリストの救済行為と支配要求が一体となって開示される福音の本質部分に属する。別の言葉で表現するならば、義とされた人間存在の直説法は「霊に従って歩むこと」の命令法を基礎づける（R・ブルトマン『新約聖書神学』[3]参照）。E・ケーゼマンは、その次第をより適切にこう言い表す。「パウロの倫理は、教義学と祭儀に対して独立させられ得ない。それは彼の終末論の一部であり……、より厳密には彼のキリスト論の人間論的な裏面である」[4]。ケーゼマンのこの定式化は、受洗者が経験する（罪からキュリオスへの）支配交替に伴う（神の義の履行の）責務とまさしく合致する（ロマ六・一七―一八）。それは、義認と聖化との不可分な関係を表してもいる（一コリ一・三〇、六・一一等随所に見られる）。

パウロのパラクレーゼは、キリストの体である教会に差し向けられる。彼はしばしば断固たる態度で、教会教示を行った。それによって使徒は、教会と不信仰者との間に鋭い距離を置いたが（一コリ五・一―六・一一、二コリ六・一四―七・一、ロマ一二・一―二）、そのことから言えるのは、イエスの弟子団（マコ一〇・四一―四五と並行記事参照）と原始キリスト教団（使四・三二―五・一一）のみでなく、パウロの諸教会もまた、旧約の神の民と不信仰者に対置・対照させる終末的共同体を築いた、という事である。この対照的共同体のために、パウロ的パラクレーシスは編まれた。したがって、教会教示をすべての人に融和的・対話的なものとし理解可能なものとすること（ロマ一三・一）は、使徒の主要関心事ではない（フィリ四・五、八―九、ロマ二・一四―一五など参照）。彼にとって差し迫ったことは、聖徒らがこの世でキリストによる証言の委託を果たし、それによって不信仰な隣人のために光の徴を与えることであった（フィリ二・一五をマタ五・一四、ダニ一二・二、三と比較せよ）。この関連においてパウロは、教会員らが身体をすべて捧げて神に仕えることを迫ったのである（ロマ一二・一―二）。

このローマ書一二章一―二節のパラクレーゼには、全信仰者の祭司職の思想（一ペト二・五、九）に関するパウロ的異形が見られ、それと同時に、「キリストの体」思想の人間論的具体化が見られる。すなわち神は、ご自身に対するキリスト者の身体的献身の姿によって、ご自身から疎遠になっていた被造物の一部を取り戻すのであり、また、キリストによって取り戻された被造物（ここでは人間）の側では、生きているあらゆる場所で自らの創造者を崇めるべきである。

この聖書箇所の二節でパウロは、ローマのキリスト者たちが終局を急ぐ世界時に迎合せず、自己の思考と行為を新たに方向づけるよう呼びかけることによって、倫理的生き方を強調する。つまり教会信徒たちは、何が神の目に善であり、喜ばれ、完全であるのかを、不信仰な異邦人以上に明確に認識し得るし、またキリストを主と告白しないユダヤ人とは異なり、この見分けた善を行為へと転換することができる。一―二節のこの強い倫理的勧めから明らかなのは、使徒が彼の主張する義認教説の枠内で決して否定的、悲観的な人間観を代表してはいなかった、ということである。

さらにパウロは他の箇所で（フィリ二・一五―一六、四・五、一コリ一〇・三二―一一・一）、神の言葉に従う模範的な教会の歩みによって、光が暗き世に照らされることを期待した。彼にとってもイエス（塩、光の隠喩で語るマタ五・一三―一六）およびペトロ書（一ペト二・一二）にとっても、良い業は伝道的に有効な目印であった。教会間の局面で見るならば、異邦人教会が貧しいエルサレム教会のために献金を捧げる奉仕（ディアコイア）という善行が、物質的欠乏の補充という次元を超えて、いかに大きな意義をもったのかは、例えば第二コリント書が言及している（九・一一―一五）。

(3)　霊による自由と服従

「キリストの体」に連なるキリスト者は、福音を聞き、洗礼と主の食事に与ることによって主の霊を受け（ガラ三・二、一コリ六・一一、一〇・三―四、一二・一三）、この霊の力によって自らの生を押し進める（ガラ五・一六―二六、ロマ八・四―一一）。このことから、パウロのパラクレーゼは聖霊におけるパレネーゼ（勧め）だと言うことができ、合わせてガラテヤ書五章二五節の逆説的な指示（霊に導かれた生の事実と勧め）もまた理解できる。以前確認したように、使徒はプニューマ・ハギウー（聖霊）をキリスト論的に理解したので、彼は自分も教会員も単純に超自然的力に支配されているのでなく、むしろ心情と理解力において霊の働きに与っていると見た（一コリ七・四〇、一テサ五・一六―二二、ガラ五・一六―六・一〇、フィリ二・一三）。

聖霊の導きによるキリスト教倫理の問題は、従来より聖化のテーマとして扱われてきた。そこで「我々キリスト者の聖化は聖霊の働きである」と言う場合、この両者間の密接な関係は次のような事態を指す。すなわち何よりもまず、我々は聖霊がその力を発揮するところの単なる器官や道具や舞台ではない、ということである。むしろ聖霊は、キリストにおいて起こった義認と聖化の現実を、我々の内で有効なものにし、我々の肉的存在および呪いと罪の下にある束縛から我々を引き離す。その結果、我々はイエス・キリストへの信仰によって、神的要求に向けた恵みの招きを理解し、自分の力を尽くして神に喜ばれる（聖化の）業を行うことが許される。そこに奇跡がある。

今要約した事柄は、パウロのパラクレーゼの中で用いられるエリューセリア（自由）概念によって一層展開される（ガラ五・一、一三、ロマ六・二〇―二二、八・一―二）。パウロはこの自由を、罪と律法「からの」自由として、しかし同時に愛「への」自由として教えた。キリスト者のこの自由は、人間の権利としてよりも、（キリストにおいて将来的、究極的なものが現在化しつつある）終末論的な「神の賜物」として特徴づけることができ、したがってそれは「将来から現在へと流れ込む自由」（S・フォレンヴァイダー『新創造としての自由』[5]）だと規定することもできよう。この現在、キリストは霊において信仰者たちのもとに存在し、彼らが賜物として受け取った自由を（具体的指標となる）律法の導きによって行使できるよう彼らを助ける（ロマ八・四―一一参照）。

パウロの説く自由とは、人間の自己発展を妨げる一切の諸要求「からの」一大解放を意味しないばかりか、受洗日から数えるこの世的、異質的な一切の規定・支配の終結と等置されてならず、また、人間の近代精神的な自律性の開始とも等置されてはならない。パウロは自由を、キリストによる神への全面的依存から生じる自由として捉え、さらにキリストの教えの核心でもある「愛への自由」であると考えている。

したがって、このような性質の自由は、積極的な「服従」の態度とも結びつく。その際にパウロは、福音に対する信仰の服従だけでなく、主キリスト（とその指示）に対する行為の服従をも教えた。服従（する）とか奴隷（になる）といった見出し語は、使徒の教会勧告から排除されてはならない（ガラ五・一三―一四、一コリ三・二一―二三、ロマ六・一五―二三）。

パウロのパラクレーゼは「愛の戒め」、あるいはパウロの言う「キリストの律法」を巡って語られていく（ガラ六・二、一コリ九・二一）。そこでは、使徒の神学的独自性のみでなく、旧約聖書的伝統とイエスの宣教的教えと、さらに原始キリスト教との連続性が明らかになる。例えば、旧約聖書との連続性は、パウロがガラテヤ書五章一四節で愛の戒めをレビ記一九章一八節を引き合いに出して語り、さらにその戒めを（右の聖書箇所と）ローマ書一三章八―一〇節では十戒の第二の板の総体と解していることに示される。使徒のファリサイ的教育から見て、愛の戒律はトーラーの総体または中核的律法として重んじられた（BTシャバット三一a参照）。

だがパウロの愛の戒めは、「イエスの教え」の視点からこそ充分に理解できる。このことは、ノモス・クリストゥー（キリストの律法）という語彙からすでに察せられ、また、パウロ的アガペー（愛）用法がイエスの二重戒律のもつ全体的次元（マコ一二・二八―三四とその並行記事）を保持していることからも示される（一コリ一三章、ロマ五・五、八・一五―一六、二六―三〇、三九、一三・八―一〇参照）。使徒は、イエスの愛敵の戒めを暗示しつつ、隣人愛を教会迫害者にまで押し広げる（ロマ一二・一四―二一をルカ六・二七［とその並行記事］と比較せよ）。さらに注意を引くのは、彼がローマの信徒たちに（ロマ一五・一―三、七。フィリ二・五も）、キリストが奉仕する模範を指し示していることである。それによって教会は、イエスが自己の生を通して教えたように、一人が他の人の重荷を担い、教会員が互いに受け入れ合う、そのような教会の交わりとなることが求められる。

(4)　終末論と倫理

疑いもなく、パウロのパラクレーゼ（慰め、勧め）は終末論的に動機づけられている。パラクレーゼは義認と和解に根拠をもつが、それは同時に、裁きの執行と神の国の実現のためにキリストが現れる「主の日」まで（一テサ五・二、一コリ一・八、五・五、二コリ一・一四、フィリ二・一六）その方を証言するよう、信徒に呼び求める。キュリオスの間もない出現に対して、教会はしっかり心の備えをすることが求められるべきである（一テサ五・一―一一、ロマ一三・一一―一四参照）。

キリスト論のこの将来的観点から引き出される倫理的帰結は、使徒による現世界からの距離と離脱の呼び求めに現れる。それを端的に表明したものが、第一コリント書七章二九―三一節（「……妻のある人はない人のように、……」）である。しかし、パウロのこのような呼びかけは、霊的熱狂主義とまったく関わりをもたない。逆にパウロは彼らに、主の来臨待望と地上的務めの欠如を警告している（一テサ四・一〇―一二、二テサ三・一〇、一コリ六・一二、ロマ一二・三参照）。

切迫した終末待望によって、キリスト教的責任は弱められたのでなく、むしろ強まった。各人の業に応じた最後の審判が差し迫ったことにより（二コリ五・一〇、ロマ二・一―一六参照）、彼らの責任は最も真剣に問われることになる。だからキリスト者は救いを得るために、全力を尽くさなければならない（フィリ二・一二―一三）。彼らにとって恵みは、ただ審判の中に存在するからである一コリ三・一四―一五参照）。

そのことは、次のように言い換えることができる。確かに、キリストが人間のために死んだことにより、人間の「存在」こそその「行為」以上に価値あるものとされたので、人の誤った悪しき「業」がキリスト者たちの最終的運命を決定することはない。しかし使徒は一貫して、彼らが神の記憶に留められる霊の果実を生み出し得る、と考えた（ガラ五・二二―二五）。また確かに、彼らのソーテーリア（救い）はキリストによって獲得されるのであるから、霊の果実がその行為者に救いをもたらすことはない。だがこの果実は、彼らを神の前における称賛と報酬へと導くものとなる（一コリ三・一四、四・五。フィリ二・一六では、使徒的労苦もその対象）。

使徒におけるこの終末論的パラクレーゼの展開は、まったく神なき不義者の義認という考え（ロマ四・五、五・六）に対立する二つの人間観、すなわち楽観的人間理解（シラ一五・一一―一五、ソロ詩九・四―五、ヤコ一・一三―一四など参照）と悲観的人間理解（それは創造者の活動を否定し、世界に人間が自分一人で立っていると見なす。一コリ一五・三二―三三）との間で、神学的に見事に均衡を保つ。パウロにとって、神と人との前で生きる人間の倫理は確かに信仰の基準ではないが、信仰の標識（または認識目印）であった（ガラ五・六、一コリ七・一九）。

その関連で思い起こされるのであるが、パウロのこの大胆なバランスと新しい視点は、確かにすでに原始キリスト教会の中で非難されていた。すなわち、彼は自由主義であり、神に対する人間の最終審判的な責任を崩してしまった、と（ガラ一・一〇、ロマ三・八参照）。しかしパウロは、福音を指示しつつ、そのような批判に屈しなかった（ガラ一・八―九、二コリ四・三―四、ロマ二・一六）。

パウロのパラクレーゼの内容は多岐に亘っており、具体的教示から始まって、神崇拝、教会における信徒生活上の詳細な助言、そして愛敵の戒めと実践にまで及ぶ。神を崇めて生きるようにとの勧め（一コリ六・二〇、一〇・三一、ロマ一二・一―二、一五・六）は、使徒として召命を受ける以前のパウロの、神に対するファリサイ的情熱（ゼーロス。ガラ一・一四）に通じるものがある。教会は神とキリストを告白し、福音に相応しく礼拝を捧げ、絶えず祈り、彼らの全生活を神奉仕に捧げることが期待される。

パウロが呼び求める不断の（感謝）祈禱（一テサ五・一七―一八）は、主キリストへの告白と同じように（一コリ一二・三）、聖霊の力によって生じる（ガラ四・六、ロマ八・一五、コロ三・一六）。祈りは使徒にとって、決して救済を得る手段ではなく、すでに贈与された信仰の絶え間ない表明である。この祈りは、キリストの仲保によって神に向けられる。

礼拝執行に関するパウロの指示は、第一コリント書一四章に見られる。この章は、教会の礼拝集会の場で主観的・霊的な忘我と異言を優先させるのでなく、全信仰者および未信仰者にも理解できる預言を優先させるように、との呼びかけで貫かれている。預言は教訓と勧めと教会の建て上げに役立つのだと、使徒は強調する。そして、「一万の異言の言葉よりも五つの理性の言葉を！」（一三・一の表現と類似）と一九節で語るのを考えるならば、第一四章は、いわゆる愛の賛歌の第一三章との類比において、預言者的説教の賛歌であり、またキリストの奉仕によって裏打ちされた理性（ヌース）の賛歌であると言えよう。

さて次に、パウロのパラクレーゼの内容をさらにいくつかのテーマに従って取り上げてみたい。

⑸　愛に生きる

ローマ書一二章一―二節によれば、イエス・キリストの教会の理性的礼拝（ロギケー・ラトゥレイア）は、信仰告白と礼拝と祈りに限定されてはならず、むしろ信徒各々の体と生活を神賛美のために捧げることを含む。それは、全教会員に妥当するイエスの指示である「愛の戒め」を通して押し進められる（ガラ五・一四、ロマ一三・八―一〇）。しかもこの愛は、善（アガソン）に対応する（ガラ六・一〇）。

こうして愛もしくは善の業によって神を崇める時、人が直面する種々の問題を克服する筋道もまた指し示される。それが教会生活の場で問題とされるケースの一つが、第一コリント書八章とローマ書一四章一節―一五章一三節である。使徒は、特に食物や偶像への供え物をめぐって教会内に強い人々と弱い人々がいることを認める。コリントでもローマでも、強者と弱者の両グループが教会に存在して、いろいろな信念をもつ様々な人間がそれぞれのグループに属した。コリントでは、一方のグループが自分たちにはあらゆる信仰の知識があると主張し（一コリ八・一―一二）、また、キリストが神々と偶像の諸力を剥奪してくださったのだから、（異教神殿で）偶像への供え物の食事に与ることに何の問題もないと見た。彼らはこうした態度によって、他の弱い教会員をその良心の葛藤に陥れた。ローマでは、「強い人々」があらゆる食物（肉食・菜食）のタブーと祝祭規定をすでに即決した事柄と見なしたのに対して、「弱い人々」は自分がなおもそれに縛られていると見た。パウロ自身は両教会のいずれの場合も、神学的に強い人々の側に立つのであるが、弱い人々の良心およびその未確定な信仰状態を考慮するよう、強い人々に向かって語調を強めて呼びかける。それが、あの愛の戒めに従った信仰の自由における決断の道筋である。

パウロは、各々の教会の結束が守られ、その内的建設（オイコドメー）が保持されることをあくまでも主張する。「強い者」は「弱い者」のわだかまりとためらいを担っていくキリスト者としての務めを果たし、また自分の趣向のまま生きるのでなく、キリストの模範に従って、弱い人々が自己の信仰生活を損なわずに彼らと共に生きられるよう配慮しなければならない。それが起こる時にのみ、キリストの律法（ガラ六・二）は守られ、教会は共に神を賛美し始めることができる（ロマ一四・一九、一五・六）。

相互に向き合うようにとの要求は、権利放棄の呼びかけともなる。つまりそれは、しばしば自己犠牲を伴った。その一例が第一コリント書六章一―一一節である（六節は不義の甘受を求める）。コリントの信徒たちは、異教的代弁者たちの見ている前で自分たちの資産問題で内輪もめし、裁判争いを引き起こした。この態度は教会の公の尊敬を傷つけ、また、（イエスの犠牲死によって聖別され、最後の審判に耐え得るようにされた）キリスト者の状態に不適切なものである。彼らの間の財産争議は、せいぜい専門的な知識と経験のある教会員（五節の知恵ある人。ソフォス）の前で決着がつけられるべきである。パウロのこの助言のモデルは、自立的なディアスポラのシナゴグであろう（ヨセフス『古代誌』一四・二三五とビラベック注解参照[6]）。しかし、イエス・キリストの教会においてはなおさらのこと、紛争当事者たちがイエスの規定（左右の頬を向けることの勧め。マタ五・三九）を守って不義を甘受し、いわば愛を手本に努力する姿勢が求められる。使徒は信徒たちに、真に「聖徒たち」に似つかわしい態度として、権利主張に代わるいわば教会内の権利放棄を勧める。古代教会では、この第一コリント書六章一―一一節から独自の教会法が形成されていった。

愛の戒めは、右に一瞥した教会内倫理に限定されるわけでない。第一コリント書の教会規定の直後に（一二・一―三〇）、王道として讃えられた愛の道（一二・三一―一三・一三）は使徒にとって、古代の周辺世界で決していつも好まれたわけでないキリスト者の生活を、外に向かっても規定すべきものである。同じく、ローマ書における教会規定の後に（一二・三―八）、使徒はイエスの教えた愛、特に愛敵に遡って（ルカ六・二八、マタ五・四四）ローマの信徒たちに勧める（一二・一四―二一）。キリスト者には、でき得る限り自分と出会うすべての人と平和に過ごすことが求められる（マタ五・九参照）。

イエスだけでなくパウロにおいても、隣人愛と愛敵が教会の内と外におけるキリスト教的態度の基本的規則である、との確信が見られる。古代教会にとって、イエスとパウロに由来するこのような愛の生活は、非キリスト教世界における特にキリスト教的振る舞い方として特徴づけられた。そこでは、この愛の戒めを履行するかしないかが、キリスト者であるかないかを決めた。非または反キリスト教的な周辺世界に対するキリスト教徒の（愛敵の）関係と、もう一方では、同じキリスト教の兄弟姉妹との（兄弟愛）の関係が結ばれるところでは、相互批評の放棄や相互的許し（マタ一八・二二参照）の要求が満たされる。

⑹　性と結婚

性と結婚に関して、パウロは第一テサロニケ書（四・三―五）と第一コリント書（五・一―一三、六・一二―二〇、七・一―四〇）において異なる立場を取る。彼自身はイエスと同じく（マタ一九・一〇―一二参照）「独身のカリスマ」を受けていると見ており（一コリ七・七）、また終末の切迫と主の来臨を前にして、すべてのキリスト者（その中で少なくとも未婚者と寡婦）が使徒の例に倣うことを勧める時（一コリ七・七―八、二六、三二、三五、三七、四〇）、その独身が最善であると見る。しかし使徒は、この願いから禁欲的規定を作ろうとはしない。むしろ彼はイエスの離婚禁止に基づいて、コリントのある信者たちの精神的な性禁欲の傾向に反対し（一コリ七・一〇をマコ一〇・九と比較せよ）、また既婚者（コリントとテサロニケで）には「清さと尊敬」をもって（一テサ四・四）自らの結婚を維持し続けるように、そして禁欲的な別居をし続けないように（一コリ七・二―五、二七）、と呼びかける。すでに離婚してしまった場合には、当事者は再び一緒になるか別れたままでいるべきである（一コリ七・一一）。キリスト者と非キリスト者との結婚において、その後者が前者との夫婦生活の持続を望まない場合にのみ、パウロはその離別を是認し得るものとみなす。結婚は神により、宗教的な不和でなく和合の場所と定められている（一コリ一五―一六）。独身のカリスマをもたない未婚者に対しては、パウロは「主にある」婚姻を勧めるが（一コリ七・九、二八、三六、三八―三九）、彼らが切迫した終末的緊急時に苦境に陥ることがあると言い聞かす（一コリ七・二八をマコ一三・一二、一七―二〇およびその並行記事と比較せよ）。

不倫（ポルネイア）、すなわち結婚外の遊女（古代ギリシャのヘテライ）との性交を、パウロは力を込めて警告する（一テサ四・四―五、七および一コリ五・一―一三、六・一二―二〇、七・二）。ヘレニズム・ユダヤ教的文体をもつポルネイアは、異邦人に特徴的な反神的悪徳として烙印を押されるが（例：知一四・二二―二七）、パウロはこの際に単純にそのような判断で満足しているのでなく、ポルネイアに対してキリスト論的、教会論的に論証する。すなわち、信仰と洗礼によって「聖徒たち」は主（キュリオス）の所有とされた。それは、主が自己の命を代価として、彼らを罪の支配から贖い取ったからである。主は聖霊によって彼らの中に生き（ガラ二・二〇、ロマ八・九―一〇）、男女が一つの肉となるように（創二・二四。一コリ六・一六―一七を二コリ一一・二―三、エフェ五・二九―三二と比較せよ。これは以前言及したように、パウロの教会論的「キリストの体」概念の背景となっている）、主の体である教会（と個々の肢体）にきわめて密接に結び合わされている。それゆえに、男を娼婦と繋ぎ合わせる肉的ポルネイアは、あるコリント人たちが霊肉二元論的に考えたように、単に地上的、可朽的な腹と肉（サルクス）に関係するものでなく、霊に満ちた共同体に対する主の所有権を全面的に犯すのである。不倫に寛大であったり、ましてやそれをキリスト教的自由の印として容認するのでなく、それに代わって次のことが妥当する。「あなた方は代価を払って買い取られたのです。だから、自分の体で神の栄光を現しなさい」（一コリ六・二〇）。

使徒はさらにもう一歩踏み込んで、次のように語る（一コリ五・一―一三）。一教会員が前代未聞の不道徳（それはレビ一八・八、二〇・一一によれば死罪！）を行う自由を、しかも異教の道徳と法をも犯す自由を用いて、自分の継母との性的関係をもつならば、それはキリストの体としての教会の本質と内的関係を壊すことになるので、その当事者は教会から排除されなければならない。

新約聖書全体の文脈の中で見ると、パウロは「結婚」の中に、過ぎゆくこの世界時に属する単なる「情欲対応策」よりはるかに多くのものを見ていた。彼は結婚の中に、神によりキリストにおいて聖とされた新創造の秩序を、すなわちそこで異邦人とユダヤ人からなる救済共同体とキリストとの排他的な関係が類比的に映し出される創造の秩序を見た。そのことは、すでにパウロの教会論における「キリストの体」概念の由来に関する先の伝承史的、釈義的考察において言及したところである。この神学的な深淵の次元のゆえに、パウロにおけるキリスト者の結婚は純真で清いものと見なされ得る。

⑺　この世の権威

①　国家的機関との関わり

パウロは教会員に向かって、国家の諸機関に関わる事柄に対して距離を置くことと、それを受け入れて寛容であることとを同時に呼びかけた。このことは、彼の神学的な確信と使徒としての経験とに深く関係している。

経験の側面からまず見るならば、彼は使徒としての活動期間に、国家権力との積極的、否定的な出会いを経験した。すなわち、使徒の生涯の描写の所で述べたように、彼は両親の家に生まれた時からすでにタルソス市民として、ローマの市民権を獲得していた。したがって彼は、たまたま自分にも与えられた諸権利と特権とを、自己の伝道活動や募金とその移送、さらに遂には自己自身の生命の擁護のためにも利用することができた（使二五・九—一二参照）。しかし彼は他方で、公の騒動を起こしたかどで（ローマの）殴打刑を三度受けるひどい目に遭い（二コリ一一・二五）、またアキラとプリスキラとの出会いから、ローマのクラウディウス皇帝によるユダヤ人追放を知った（使一八・一—三）。国家に関するパウロのパラクレーゼは、実にこの二重の経験に対応している。

だがもう一方で、旧約聖書とユダヤ・ヘレニズムの背景をもつパウロの神学的見解がそれに加わる。第一コリント書六章一—一一節において教会の自主的裁定が求められているように、イエス・キリストの教会と異邦人の法廷との間に設けられた距離、および信徒間の財産争いに際して支持される調停手続きは、即述したようにディアスポラ・シナゴグの法伝統に対応している。しかし、使徒にとってその伝統との関わりは、ただそのまま踏襲されるのでなく、なおも不信仰に陥っているこの世に対する教会の根本的な立場のために提示されたものである（二コリ六・一四—七・一）。

ローマ書一三章一—七節においてパウロはローマの信徒たちに、ローマの税金要求を満たし、神的委託によって悪を抑制し善を促進すべき国家権力に忠実に対応し、あるいは積極的に参与するようにと促す。それには、人間の理性的な分別が伴う。この呼びかけは、旧約聖書的・ユダヤ教的伝承に対応している。何よりも、バビロンに捕囚となったイスラエルの民に向かって、預言者エレミヤが命じた異教国家のための執りなしの祈りは注目されてよい（エレ二九・七。シラ一〇・二三—二四、フィロン『ガイウス』一四〇、ヨセフス『古代誌』六・八〇、九・一五三も参照）。その見解を引き継ぐシナゴグ伝承によれば、唯一なる主が諸国の支配者たちを立てたのであり、しかもその活動に制限を設ける。ユダヤ教の「知恵」は、この世の王と支配者と裁判官について、次のように語る。「あなたたちの権力は主から、支配者はいと高き方から与えられている。主はあなたたちの業を調べ、計画を探られる」（知六・三）。ラビのハナンヤ（紀元後七〇年頃）は、「政府の繁栄のために祈れ。なぜなら、それを恐れるものが存在しない時に、我々は互いに生き生きと組み合わされるからである」（Mアボート三・二）、と教えた。すなわち、ユダヤ教的伝統によれば、神が国家的秩序を制定したのは、悪の権力が優位に立つことなく、人間が共に生き得るためである。国家的権力が神の制定によるものとして承認され、その権力の担い手が正義を守る課題を実際に果たすよう執り成しがなされる時に、神の意志は崇め讃えられる。

このように、パウロはヘレニズム世界のディアスポラ・シナゴグで形成されていた特徴ある倫理的教示を受容し、それを教会勧告にも有益なものとして組み入れる。ここで彼は、世界構造とそこに据えられた行政機関を何ら理論的に詳述しようとはせず、むしろいかにキリスト者が日常生活の中で理性的な判断と愛の創意的力をもって振る舞うことによって神礼拝を捧げ得るのか（ロマ一二・一―二、九―二一、一三・八―一〇）を、ここでも一貫して問題にする。ただし納税の特殊なケースに関して、彼はイエスの教えをも背後にもっているに違いない（ロマ一三・七をルカ二〇・二二およびその並行記事と比較せよ）。第一ペトロ書二章一三―一七節（と一テトニ・一―二）を読むならば、原始キリスト教時代に使徒一人だけがそのような勧めを促して孤立していたわけでないことが分かる。

②　教会の務めとこの世の権威

当時のローマ帝国属州の一般的状況は、次のようなものであった。各地域の行政機関は国家的権威の代表者として、市民の間で法が守られ、人間の共存が平和的に進展することに気を配らねばならなかった。安寧に仕えるべき彼らの命令や指示に、キリスト教徒も当然ながら応じなければならなかった。したがってそこでは、キリスト者が自分には人間よりも神に従う必要があると見なすような、良心の二者択一的葛藤が起こり得ることは考えられていない。確かに、その間に種々の恐るべき闘争と市民戦争が繰り広げられたが、それらの混乱の果てに、遂にローマ帝国内に通常の秩序ある状況が訪れ、それが人々に平和の恩恵として感じ取られるようになった。パウロはまさにそのような状況を眼前に見ていた。

しかし、どうして使徒はローマ書の倫理的勧告の中で、キリスト者の市民的義務について取り立てて指示するのであろうか。彼はここでおそらく、一般的な秩序の状況をとりあえず前提にしつつ、なおもローマのキリスト教徒たちが何か困難な諸条件に取り囲まれていたことを前提にしていると思われる。

ここで我々は、国家との関わりを語るローマ書一三章一―七節の背景に、二つの時代的状況があることを知っておく必要がある。その一つとして、ユダヤ教共同体に隣接していたローマの家の諸教会は以前に述べたように、クラウディウス皇帝の勅令以後、もはやシナゴグの特権の傘下にはなく、自由な宗教結社として存在しなければならなかった。したがって家の諸教会は、政治的な宣伝と陰謀のあらゆる嫌疑を掛けられて、ローマ当局による即時解散を命じられるような事態を極力避けねばならなかった。それに加えて、タキトゥスの記録（『年代記』一三・五〇―五一）から明らかなのは、ローマ書執筆時期の全ローマ帝国内の税金や関税の負担が、かなり耐え難い規模に及んでいたことである。こうした特殊状況があることと、信仰の目が捉えた切迫した審判の日を前にして（ロマ一二・一九―二一、一三・一一―一四）、パウロはローマのキリスト教信徒たちに、可能な範囲で国家の諸要求に応ずるよう助言した。そうでなければ、彼らはこの世における自己の存在とあらゆる伝道的証言の可能性を危険にさらすことになる。パウロのこの勧めは、当時の一般的秩序の維持を前提にしているとは言え、しかもそこにおける今述べたやっかいな状況の中で、忍耐をもって実行すべき含蓄ある発言となっている。

しかし、初期キリスト教は明らかに、常に平常な秩序が支配するわけでなく、信仰者がしばしば危険な脅威にさらされ、神に果たすべき服従のゆえに人間的諸機関の全体主義的要求に抵抗せざるを得ない境遇に追いやられる場合があることを知っている。それゆえにローマ書一三章の詳述は、時代と境遇を越えた不変かつ普遍妥当な合法的指示として判断されてはならない。また、その国の市民たちと気ままに付き合うために、政府に認可された特許状が発行されるのでもなければ、市民たちから無制限の服従が要求されるのでもない。むしろキリスト者は良心のために、神に捧げるべき栄誉が一体どこで人間社会における服従に限界と歯止めを設けねばならないのかを熟慮し、検証しなければならない。こういった事情を鑑みるならば、国家に関する新約聖書の教えをもっぱらローマ書一三章一―七節からのみ展開するのは賢明ではない。それに他のテキスト（二者択一を迫る状況の使五・二九と黙一三・一―七など）がさらに加えられねばならない。

だがいずれにせよ、パウロの書簡に戻るならば、先に挙げた第一コリント書六章一―一一節とローマ書一三章一―七節から見えてくるのは、使徒が信徒たちに対して、この世に対する教会の独自性を堅持しつつ、この世の外的秩序を維持すべき国家諸機関に対して可能な限り忠実にあるいは積極的に対応することを勧める。このことは、教会の存在と福音の証言のために求められている。無政府的傾向の言葉を、パウロはどこにも語っていない。

6　恵みによる生と服従――倫理――　注

（1）M. Dibelius, Die Formgeschichte des Evangeliums, Tübingen（1919）1971[6], 239.

（2）K.-W. Niebuhr, Gesetz und Paränese. Katechismusartige Weisungsreihen in der frühjüdischen Literatur, WUNT II/28. Tübingen 1987.

（3）R. Bultmann,Theologie des Neuen Testaments, 9. Aufl., hrsg. v. O. Merk, Tübingen 1984, 334-335.　R・ブルトマン『ブルトマン著作集４　新約聖書神学Ⅱ』川端純四郎訳、二一〇―二一二頁。

（4）E. Käsemann, An die Römer, HNT 8a, Tübingen（1973）1980[4], 168.　E・ケーゼマン『ローマ人への手紙』岩本修一訳、日本基督教団出版局、一九八〇年、三三六頁。

（5） S. Vollenweider, Freiheit als neue Schöpfung, 1989, 405.

（6） H. L. Strack/P. Billerbeck, Kommentar zum Neuen Testament aus Talmud und Midrasch, Band III, München (1926) 1965^{4}, 362f.

結び――パウロの神学を振り返って――

「パウロの生涯と神学」を辿る道のりも、いよいよ終着点に近づいた。我々はまず最初に、使徒パウロの生涯をおもに伝記的に辿った後に、彼の神学を主要テーマに沿って考察してきた。今ここで改めて、使徒の神学を全体的に回顧しつつ、いくつかの特徴を要約的に確認して結びとしたい。

初めに、ダマスコおよびアンティオキアから出発したパウロの諸民族伝道は、神学的独自性を獲得した。しかしそれは、エルサレム教会とそこからさらにイエス自身に遡り得る流れを遮断した独善的なものではない。むしろ逆に、イエスがメシア的な人の子および和解者として理解され得、さらに、地上におけるイエスの人格と教えがパウロ以前の原始キリスト教のキリスト論的諸伝承の基底を形作り、しかも今一度それらの伝承が（キリスト信仰による神なき者の義認という）パウロ神学の基礎であるとすれば、そこに一つの繋がりが見えてくる。すなわち、パウロはイエスの活動を独特な仕方で神学的に一貫させつつ、それを彼の伝道神学の基礎に据えた使徒である、と理解することが許される。

次に、パウロの教説は内容的に、派遣・十字架・復活・高挙、および「主イエス・キリスト」の終末的到来において実現される「神の義」を巡って展開される。この神の義は旧約聖書において創造神学的な意味をもつが、それに対応してパウロは義認の視点から、キリストによる神の支配／国が貫かれていく、全宇宙に関わる漸進的出来事を把握する。それゆえに、キリストはパウロのキリスト論において、全コスモスの（古い存在と）新しい存在の拠り所である唯一の神の子、主として現れる。

ところが、パウロの義認教説がもつこの宇宙的地平は、人間救済の実存的次元を排除することはない。否、むしろ、神によりキリストにおいて全宇宙に及んだ救いは、あらゆる個々の人間に、しかもまさに罪の奴隷となり、逃げ道をなくして様々な罪過に巻き込まれた人間に差し向けられている。人間はそれをピスティス（信仰）によって受け取ることが許される。つまり、福音の語りかけに応える信仰によって、救いへの参与は個々の罪人に開かれている。パウロは、個々のキリスト者の救いと命に関わるピスティスの意味を、彼以前のあらゆる原始キリスト教の証人たちよりも厳密に規定し、仕上げた。使徒の教えによるピスティスは、神の前でもたらされる生命を総括する概念である。

使徒の教会理解については、キリストへの信仰と洗礼によって、異邦人とユダヤ人、女と男、奴隷と主人は、イエス・キリストの救済共同体の中に統合される。パウロはそれを、霊に満ちた「キリストの体」と呼ぶ。この体を通してキリストは世界と交わり、またこの体の肢体として信徒たちは、この世での献身と生活を通して神と主キリストを崇め告白する。キリスト者はこのような生の感謝によって、神に栄光を帰す。パウロによれば、イエス・キリストの存在と派遣のもつ最も深淵な最後の意味は、まさに神を讃え崇めることである。

二千年の伝道史を視野に入れるならば、確かにパウロの働きは断片的なものに留まるであろうが、彼が自己の使徒的派遣について眼中に捉えたエキュメニカルかつ終末論的な視点は、彼個人の存在を越えた先を指し示す。その限りにおいて、使徒の教えと働きはただ注意深く保存されるのみでなく、生き生きと継承されていく。パウロが生存中にすでに伝道の教えの中で育てた指導者たち（学派）は、この保存と継承の課題を引き受けた。

さらに、パウロの伝道旅行には二重の誤った展開がつきまとったゆえに、彼と彼の学派はそれに敏感に反応せねばならなかった。すなわち、使徒がキリスト信仰へと導いた信徒たちの内の一部は、霊的熱狂主義に傾斜した。それによって彼らは、地上のあらゆる諸制約から解き放たれて、何の抑制もない自由な実践に走り、さらに聖別されたわずかばかりの人々のみ近づき得る秘義的な認識へと突き進んだ。しかし他方において、使徒の人柄と伝道と神学は、彼の生存中にユダヤ主義的キリスト教徒たちに攻撃された。彼らは、キリストへの信仰のみによる神なき者の義認というパウロの律法批判的な教説を、過激なものとして受けとめ、従ってそれに対抗して、イエス伝承と福音とトーラーとをパウロ自身よりはるかに途切れのない繋がりにおいて調和させる教説を主張した。

このような両極的な二つの問題に直面して、パウロの教説はそのつど厳密化とまた部分的な補足が必要なものと思われてきた。確かに、パウロ書簡と彼の影響下にある諸書簡はそのような発展的性格を残しているゆえに、人はパウロ神学を聖書正典の中で孤立させたり、固定化・絶対化したりする試みを避けなければならない。パウロが聖書的伝承全体の中で聞かれ受けとめられる時に初めて、彼の教説の啓示史的、および神学的な地位は正しく評価され得るに違いない。

聖書に見られる伝承の発展的性格ということで、もう一点確認することがある。先に我々は、イエスの人格と教えが復活事件後の原始キリスト教会と使徒パウロのキリスト論形成の基礎として独自に受容されたことを指摘し、同じくその延長線上で、使徒の教えと働きもまた新たに設立された諸教会の中で次世代に向けて保存され継承された、と述べた。ここに、終末待望の歴史意識に伴う伝承・継承の一貫した行為が読み取られる。ちなみに、諸福音書の様式史研究はパウロに先立つ原始キリスト教団に照準を合わせて、イエス伝承の諸様式の「生活の座」を礼拝・宣教・教育・論争等、多様に設定したのであるが、パウロ研究からは、イエス伝承とキリスト告白伝承が概して一世紀の初期キリスト教会の中で、すでに洗礼学習を中心とする教育的場面において自覚的に受容され、発展的に継承されたことを特徴づけている。新約聖書時代のこのような伝承行為の中に、確かにその後の教会と今日の我々もまた立っている。

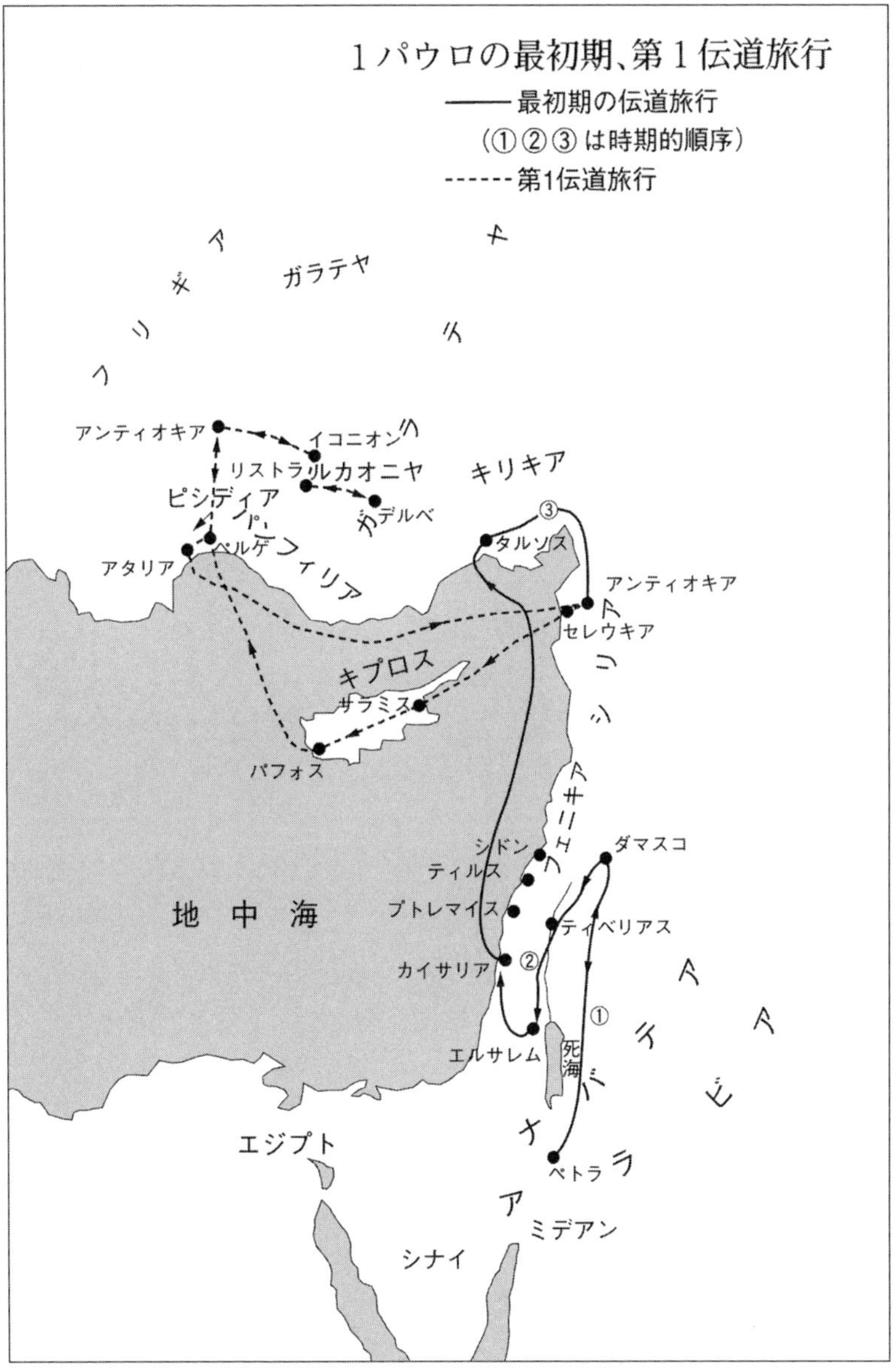

1パウロの最初期、第1伝道旅行

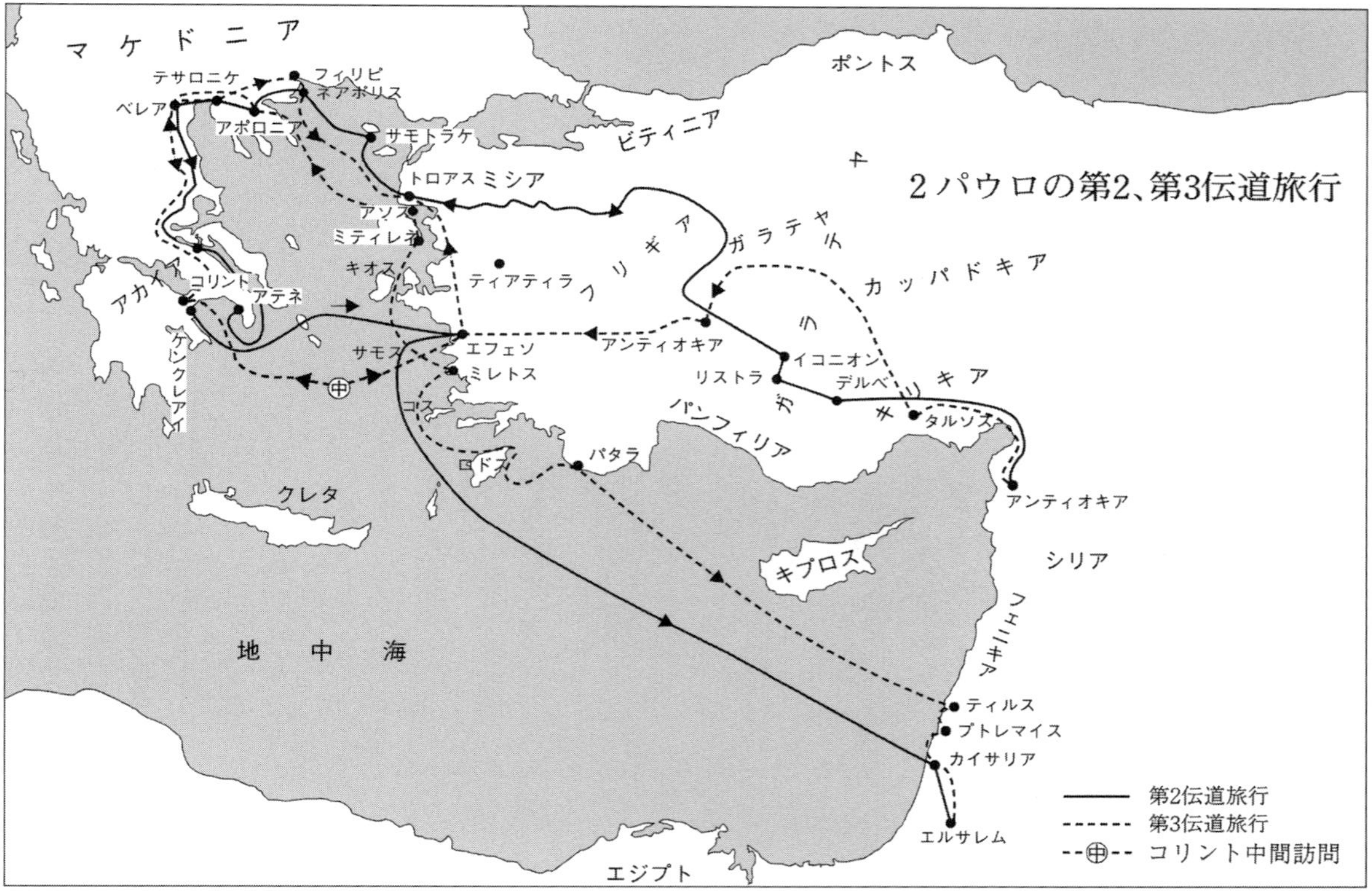
2パウロの第2、第3伝道旅行
マケドニア
テサロニケ
フィリピ
ネアポリス
ベレア
アポロニア
サモトラケ
トロアス
ミシア
ビティニア
ポントス
アソス
ミティレネ
キオス
ティアティラ
フリギア
ガラテヤ
カッパドキア
アカイア
コリント
アテネ
ケンクレアイ
サモス
エフェソ
ミレトス
コス
ロドス
アンティオキア
イコニオン
リストラ
デルベ
ガラテヤ
キリキア
タルソス
パンフィリア
パタラ
アンティオキア
クレタ
キプロス
シリア
フェニキア
地中海
ティルス
プトレマイス
カイサリア
エルサレム
エジプト
第2伝道旅行
第3伝道旅行
コリント中間訪問

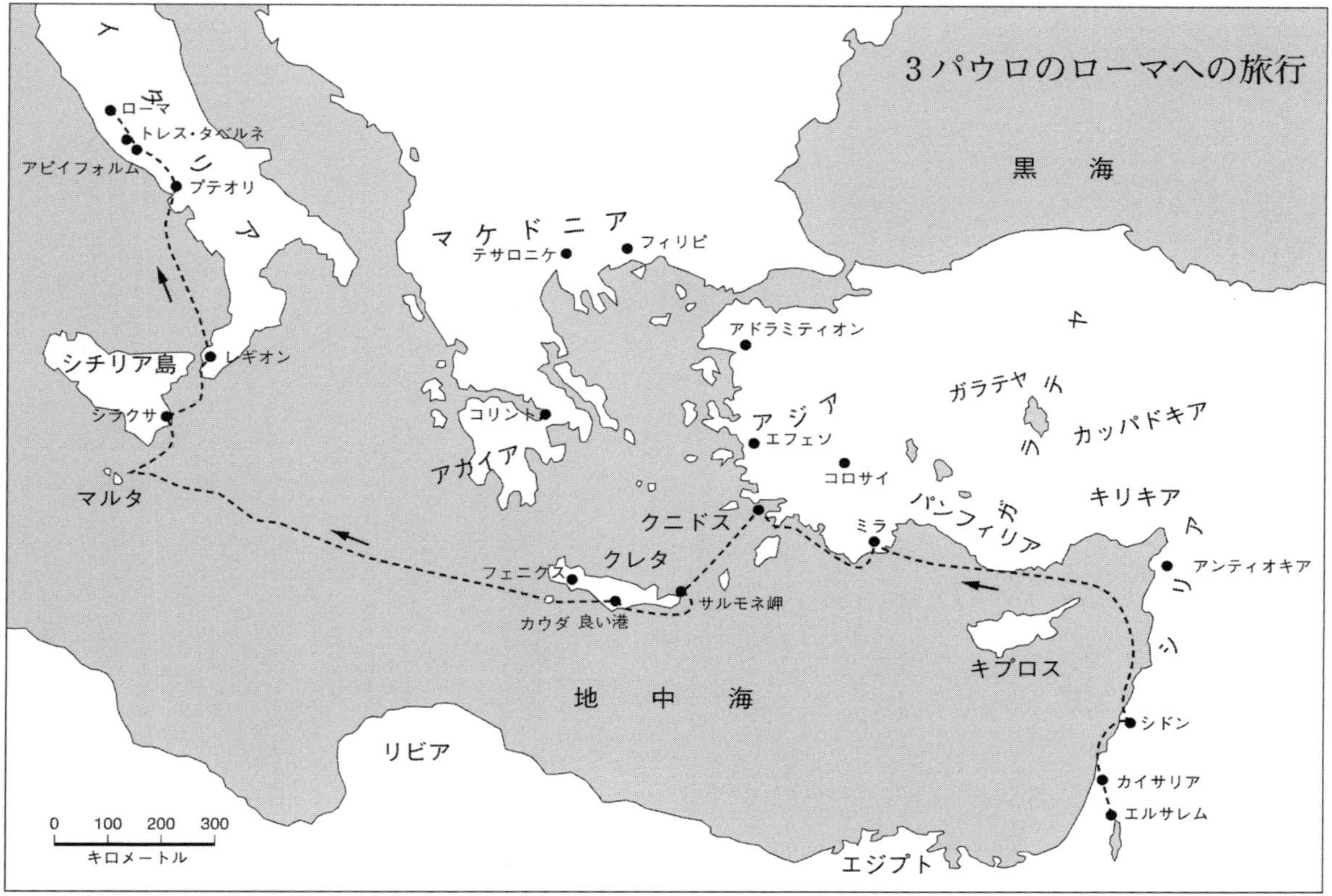

3パウロのローマへの旅行
黒海
イタリア
ローマ
トレス・タベルネ
アピイフォルム
プテオリ
レギオン
シチリア島
シラクサ
マルタ
マケドニア
テサロニケ
フィリピ
アドラミティオン
アジア
エフェソ
コロサイ
ガラテヤ
カッパドキア
キリキア
パンフィリア
ミラ
アンティオキア
シリア
キプロス
シドン
カイサリア
エルサレム
コリント
アカイア
クニドス
クレタ
フェニクス
サルモネ岬
カウダ
良い港
地中海
リビア
エジプト
0 100 200 300
キロメートル

＜パウロの年代表＞

［時代史］	［パウロ/原始キリスト教］
・ティベリウス皇帝の統治　紀元後14～37年	
・ポンテオ・ピラトがユダヤ総督　26～36年 後にピラトはウィテリウスにより解任（36年）	・イエスの十字架死、過越祭　紀元後30年
・大祭司カイアファの指導　18～36年	
・アレタス四世がナバテア王国を統治 紀元前９年～紀元後39/40年	・ヘレニストたちへの迫害、ステファノの殺害 32～33年頃
・ヘロデ大王の三人の息子の内、北トランス・ヨルダンの分封領主（テトラルキー）であったフィリッポスの死去　33/34年	・パウロの回心／召命　33年 ・ダマスコとアラビアに滞在　33～35年
・フィリッポスの領土をめぐるアレタス四世とヘロデ・アンティパス（ヘロデ大王の子）との対立と戦争終結　34～36年	・ダマスコからの逃亡　35年頃
・ヘロデ・アンティパスの敗北　35～36年頃	・エルサレム訪問とタルソスへの旅　35年頃
・シリア総督Ｌ.ウィテリウス（在職35～39年）はカイアファを解任し（36年）、翌年にはティベリウス帝の指令によってナバテア王国への軍事行動を起こすが、エルサレムでティベリウス帝の死を報知された（37年３月16日）後、彼の軍事行動は中断	・タルソスとキリキアで伝道　35～39/40年頃 ・アンティオキアでヘレニストたちの伝道開始 36/37年頃
・ガイウス（別称カリグラ）帝の統治 37年３月18日～41年１月24日	
・アンティオキアで大地震　37年４月	
・ヘロデ・アグリッパ一世（ヘロデ大王の孫）はカリグラ帝からリザニアとフィリッポスの領土を譲渡される　37年	
・アグリッパ一世、アレクサンドリア滞在　38年夏 同年秋にアレクサンドリアで、続いてパレスチナで（ヤムニヤ事件）、反ユダヤ主義騒動が起きる	
・カリグラ政権の危機　38年秋～41年春	
・ヘロデ・アンティパスの追放により、アグリッパ一世がアンティパスの領土をも手中にする　39年	・バルナバのアンティオキア旅行　38/39年
・カリグラ帝はエルサレム神殿内に彼の皇帝像を建立することを命じ（39年夏）、その実行をシリアの総督Ｐ.ペトロニウスに指示したため、パレスチナで反乱　39年秋より	
・カリグラ政権3年目、ペトロニウス総督の支配期に、アンティオキアで反ユダヤ主義騒動が勃発　39/40年	・バルナバはパウロをタルソスからアンティオキアに連れて来る。　39/40年頃
・アレタス四世の死去　40年	
・パレスチナでユダヤ人は、カリグラ帝の脅しに抗して、種蒔を拒否　40年秋	・パウロとバルナバはアンティオキアで共働 40/41年頃
・カリグラの死去。アンティオキアで騒動　41年	
・クラウディウスが皇帝に即位 41年１月25日～54年10月13日 その後、彼はアレクサンドリアとアンティオキアに	・シリア、フェニキア、キリキアでの共同伝道 41～46/47年頃

［時代史］	［パウロ/原始キリスト教］
クラウディウス勅令を発布	
・アグリッパ一世は全ユダヤの王として君臨し、エルサレムを再訪　41年春	
その後、彼はエルサレムの第3城壁の建設を計画したが、クラウディウス帝にその停止を命じられる	
・安息年。ローマでは飢饉　41/42年	
・アグリッパ一世によるキリスト教徒迫害　43年過越祭	・ゼベダイの子ヤコブの殺害。ペトロは監禁された後、エルサレムから逃避　43年過越祭
・アグリッパ一世、病死　44年春	
・ユダヤは再びローマの属州となり、C. ファドゥス（在職44～46年）がユダヤ総督となる。ユダヤで物価高騰が始まる　44/45年	
・T. アレクサンドロス（在職46～48年。ユダヤ人哲学者フィロンの甥）がユダヤの総督となる　46年	・パウロとバルナバはキプロス、キリキア、南ガラテヤに伝道旅行（いわゆる第1伝道旅行）　46/47年頃
・V. クマヌスがユダヤ総督の代（48～52年）に、ユダヤの領土とその特権はアグリッパ一世の息子アグリッパ二世に譲渡される。アンティオキアではユダヤ人騒動　48年	
・安息年　48/49年	・エルサレムで使徒会議　48年末／49年初頭
・クラウディウス帝の下で、ユダヤ人（キリスト教徒含む）ローマ追放令　49年	・アンティオキアでの衝突事件　49年春
・A. フェリックスがユダヤの総督（在職49～59年）となる　49年	・パウロは小アジア、エーゲ海に旅立つ（第2伝道旅行）。バルナバから分かれる　49年
この頃から、熱心党の反ローマ武力闘争が顕在化し、広がる	
	・コリントに滞在、（第1テサロニケ書執筆、50年）　50/51年
・ガリオンがアカイア州の地方総督　51～52年	・パウロはガリオンの前で審問を受ける　51年
	・エフェソを通って海路でエルサレムを訪問　52年
	・第3伝道旅行（その間にテモテ、テトスらが同行）エフェソに滞在（第1コリント書、ガラテヤ書、フィリピ書、フィレモン書を執筆）。その間に一時コリントを訪問（中間訪問）　53～56年
・クラウディウス帝が殺害され(54年10月13日)、ネロが政権の座に着く（17歳、在職54～68年）　54年	・ユダヤ人（キリスト教徒）のローマ帰還　54～55年
・安息年　55/56年	
	・エフェソからコリントへの伝道旅行（第2コリント書執筆）　56年
	・コリント滞在（ローマ書執筆）　56年冬～57年
	・献金を携えてエルサレム訪問（第3伝道旅行の終わり）　57年初頭
	・エルサレムで捕縛　57年五旬節
	・カイサリアで監禁　57～59年
・ユダヤの総督にP. フェストゥスが着任（在職59～62年）　59年	・ローマに護送　59年
	・60/61年にフィリピ書3章執筆？
	・主の兄弟ヤコブがエルサレムで石打ちによる殉教　62年頃

[時代史]		[パウロ/原始キリスト教]	
		・パウロがローマで殉教	62年
・ローマで大火が発生 これを契機に、ネロによるキリスト教徒迫害	64年7月19日	・ペトロがローマで殉教	64年
・ユダヤ戦争が勃発	66年5月		

《著者紹介》

朴　憲郁（ぱく・ほんうく）

1950年岐阜県出身。1974年東京神学大学大学院修士課程修了。1975-76年韓国・基督教大韓監理教神学大学研修。1978年韓国・長老会神学大学大学院修士課程修了。1988年ドイツ・テュービンゲン大学神学部博士課程修了（神学博士）。

在日大韓基督教会京都教会、岡山教会、西新井教会での牧会を経て、1997-2002年在日大韓基督教会関東地方会牧師、2002年在日大韓基督教会より日本基督教団への国内宣教師の身分となり、東京神学大学で神学教師。2003-18年日本基督教団千歳船橋教会牧師。2020年在日大韓基督教会牧師定年退職。

1994年東京神学大学常勤講師、1997-2002年助教授を経て、2002-18年教授。その間に2002年8月より7ヶ月間エモリー大学神学部で客員研究員。

現在、東京神学大学名誉教授、特任教授。2020年より山梨英和学院院長、2021年より山梨英和大学学長を兼務。

著　書　『10代と歩む 洗礼・堅信への道』（共著、日本キリスト教団出版局、2013年）、『現代キリスト教教育学研究――神学と教育の間で』（日本キリスト教団出版局、2020年）ほか。

[増補改訂版] パウロの生涯と神学

2021年4月10日　増補改訂版初版発行

著　者　朴　憲郁
発行者　渡部　満
発行所　株式会社　教文館
〒104-0061　東京都中央区銀座4-5-1
電話 03(3561)5549　FAX 03(3561)5107
URL　http://www.kyobunkwan.co.jp/publishing/
印刷所　株式会社　三秀舎

配給元　日キ販　〒162-0814　東京都新宿区新小川町9-1
電話 03(3260)5670　FAX 03(3260)5637

ISBN 978-4-7642-7451-8　Printed in Japan